RALF STAUFENBIEL

BRÄNDE / MORDE
EXPLOSIONEN

RALF STAUFENBIEL

BRÄNDE / MORDE
EXPLOSIONEN

Kriminal- und Brandfälle aus den Altkreisen Wernigerode, Halberstadt, Oschersleben, Wanzleben, Aschersleben, Staßfurt und Quedlinburg

EIN KRIMINALTECHNIKER UND BRANDURSACHENERMITTLER ERZÄHLT

KIRCHSCHLAGER

Meiner Familie gewidmet

INHALTSVERZEICHNIS

»Wo sich Dummheit und Frechheit verbinden,
ist die Kriminalität nicht weit.«

Prof. Dr. Horst Friedrich

ZUM AUTOR

Ralf Staufenbiel wurde am 5. Februar 1950 in Deesdorf im damaligen Kreis Halberstadt geboren. Nach der Lehre als Ofensetzer war Ralf Staufenbiel bis zu seinem 28. Lebensjahr auf dem Gebiet des Kachelofenluftheizungsbaus tätig. Seine Mitgliedschaft in der Freiwilligen Feuerwehr begann mit dem 14. Lebensjahr im kleinen Ort Deesdorf. Am 1. Januar 1978 begann seine Laufbahn im Kommando Feuerwehr Halberstadt. An der Feuerwehrschule Nard qualifizierte er sich zum Gruppenführer. Kurz danach wurde er zunächst Stellv. Wachabteilungsleiter und ab 1984 Wachabteilungsleiter.

Von 1987 bis 1988 absolvierte Ralf Staufenbiel an der Fachschule Feuerwehr in Heyrothsberge ein Externer-Studium und schloß dieses als Ingenieur für Brandschutz ab. Im Januar 1989 wurde er zum Unterleutnant der Feuerwehr befördert. Da Ende 1989 das Kommando Feuerwehr, welches noch bis Ende 1990 in die Strukturen der Kreispolizeibehörde eingebunden war, aufgelöst werden sollte, bot man ihm als Alternative den Posten des Offiziers für Aus- und Weiterbildung in der Polizei Halberstadt an. Er nahm die neue Herausforderung an und zog im Juni 1989 schweren Herzens die grüne Uniform an. Im Zuge der politischen Ereignisse im Herbst wurde Ralf Staufenbiel in das Lagezentrum der Polizei umgesetzt und auf seinen Wunsch 1990 als ABV in seine Heimatstadt Gröningen versetzt. Nach einem Brandeinsatz mit einer toten Person versetzte man ihn aufgrund seiner Fähigkeiten in das Volkspolizeikreisamt Oschersleben, um ihn zum Kriminaltechniker umzuschulen. Kurze Zeit später ging er in dieser Tätigkeit nach Halberstadt zurück und wurde bis 1994 im Kriminaldauerdienst eingesetzt, wo er sich ein umfangreiches Wissen auf dem Gebiet der Kriminalistik aneignen konnte. Im Zuge von Umstrukturierungen innerhalb der

9

Polizei konnte er sich nochmals in der Polizeischule in Aschersleben qualifizieren und wurde zum Kriminalkommissar ernannt. Von da an war er im Fachkommissariat 2 (»Leben und Gesundheit«) und im Bereich Kriminaltechnik tätig. Sein Spezialgebiet war in all den Jahren die Brandursachenermittlung.

Bei Lehrgängen forcierte er seine berufliche Laufbahn als Brandursachenermittler nicht zuletzt mit dem Ziel, sein Fachwissen weiterzuvermitteln: auf Veranstaltungen der Fachhochschule der Polizei in Aschersleben, im Innenministerium, bei Freiwilligen Feuerwehren und an Praktikanten. Die in Halberstadt entwickelten »Checklisten zum Ersten Angriff bei Bränden« standen europaweit in der kriminalistischen Fachpresse. Seit 2007 ist Ralf Staufenbiel im Ruhestand und widmet sich publizistisch der Heimatgeschichte. Er ist verheiratet und hat zwei Kinder. Am 19. August 2016 wurde ihm das Goldene Brandschutz- und Katastrophenschutz-Ehrenzeichen am Bande verliehen.

Nach dem Auszeichnungsakt im Innenministerium in Magdeburg konnte Ralf Staufenbiel im Rahmen eines kurzen Gespräches dem Innenminister Holger Stahlknecht seinen Entwurf zu diesem Buch überreichen.

VORWORT

Aufgrund meiner ehemaligen Tätigkeit bei der Berufsfeuerwehr und im Kriminaldienst war ich in unzähligen Brand-, Mord- und anderen Kriminal- sowie Unglücksfällen im Einsatz, von denen ich eine repräsentative Auswahl der geschätzten Leserschaft in diesem Buch vorstellen möchte.

Ausgeklügelte Raffinessen und spezielle Techniken, gepaart mit Fachwissen und einer abgestimmten, kollegialen Arbeit im Team, sorgten letztendlich für die Auflösung der meisten Fälle, von denen mir jeder einzelne noch so gut in Erinnerung geblieben ist, als wäre er heute geschehen.

Wir Kriminalisten können keine Gerechtigkeit herstellen; das können nicht einmal Gerichte. Aber wir können Morde aufklären, Brandursachen ermitteln und Unglücksfälle erklären. Um dieses Wissen weiterzugeben und die vielen persönlichen Schicksale nicht in Vergessenheit geraten zu lassen, habe ich mich entschieden, dieses Buch zu schreiben. Es ist eine übersichtliche Dokumentation meines Lebens als Kriminaltechniker und Brandursachenermittler.

So manchem Kollegen, der gegenwärtig in diesem Metier arbeitet, könnten die ausgewählten Fälle womöglich gute Hinweise und Gedankenansätze vermitteln. Ein Fachbuch zur Kriminaltechnik unter besonderer Berücksichtigung der Brandursachenermittlung kann es und will es auch nicht ersetzen, denn die Thematik würde den Rahmen sprengen.

Die teils schrecklichen Fotos zeigen in eindrucksvoller Weise, welche Schäden an Mensch, Tier und Gebäuden durch Flammen entstehen können und welche undenkbaren Brandursachen und Schicksale es gibt.

Der Verlag Kirchschlager ist ein Sachbuchverlag, der sich auf das Publizieren wahrer Kriminalfälle spezialisiert hat. Wir Autoren, hauptsächlich Kriminalisten und Historiker, dokumentieren die Fälle und arbeiten mit diversen Quellen, darunter auch Fotos. Wir bringen einer interessierten Leserschaft umfassend historische Polizeiarbeit nahe. Den Opfern wird dabei nicht die Würde genommen, ganz im Gegenteil. Wir halten der Menschheit den Spiegel vor. Das Grauen ist nicht nur mit Worten zu beschreiben, es ist auch darstellbar. Ohne Bilder würde das Grauen auf dieser Welt, welches uns täglich entgegentritt, schnell vergessen. Werden die Opfer deshalb wieder zu Opfern? Ich sage, nein.

Mir ist bewußt, daß jeder Fall bei den Betroffenen und beteiligten Kameraden der Feuerwehr schlimme Erinnerungen und starke Emotionen wecken kann. Aber dieses Buch soll auch aufklären und der aufmerksamen Leserschaft die Möglichkeit bieten, Vorsorge zu treffen, um Brände und andere Unglücke zu verhindern, eventuell sogar – was mir das Wichtigste ist – Leben zu retten.

Mein ehemaliger Praktikant Frank D. Stolt, der als Sicherheitsfachwart (FH) ein national und international viel gefragter Brandursachenermittler und Gerichtssachverständiger für Brand- und Explosionsursachenermittlung wurde, prägte sinngemäß den Satz: »Mit der Arbeit der Pathologen und der Brandursachenermittler kann gewährleistet werden, daß die Lebenden von den Toten lernen können.« Das ist auch meine Botschaft an die Leser!

Als gelernter Ofensetzer, der sich immer über das lodernde Feuer im Ofen freute, als studierter Berufsfeuerwehrmann, der froh war, wenn das Feuer wieder aus war, und als Kriminalist mit der Spezialausbildung auf dem Gebiet der Brandursachenermittlung, die nach dem Dresdener Landgerichtsdirektor Dr. Albrecht Weingart auch als »Krone der Kriminalistik« bezeichnet wurde, konnte ich in dieser außerordentlichen Konstellation viele ungewöhnliche Brandursachen erforschen und aufklären.

Meine Dienstmarke, abgegeben am 31. Juli 2007.

Von 1990 bis 1995 legte ich im Kriminaldauerdienst, einer in Schichten arbeitenden Diensthabenden Gruppe (DHG), für mich die allgemeinen Grundlagen auf dem Gebiet der Kriminalistik. Von da an bis zum vorzeitigen Ruhestand im Jahr 2007 war mein Tätigkeitsfeld vorwiegend von der Brandursachenermittlung geprägt, wobei meine größten Fälle der Brand des Schlosses in Groß Germersleben und die Tragödie um die neun Brandopfer im Obdachlosenheim in Halberstadt waren. Leider unterliegen ausgerechnet diese beiden Brände noch einer Schutzfrist, so daß ich auf die veröffentlichten Presseartikel und mein Erinnerungsvermögen angewiesen war. Sie haben unser gesamtes kriminalistisches Wissen und Können erfordert und trugen wahrscheinlich mit zu meiner Ernennung zum Kriminalhauptkommissar bei.

Nach der Auswertung des Großbrandes auf Schloß Groß Germersleben fanden im Regierungspräsidium und im Institut für Brand- und Katastrophenschutz Heyrothsberge fortwährend Vorträge statt, die zu vielen positiven Veränderungen und Ausbildungsmaßnahmen in ganz Sachsen-Anhalt führten. Aus diesen Unterlagen stammen auch die eingefügten Brandfotos. Als Brandermittler war ich sozusagen »Pathologe und Archäologe« zugleich und mußte mich ständig den neuen Herausforderungen der Naturwissenschaften und der Computertechnik stellen. Viele Brandortzeichnungen fertigte ich aufgrund besserer Möglichkeiten abends zu Hause an. Ich ging in diesem interessanten Beruf auf – er wurde zu meiner Berufung.

Bedingt durch die vielfältigen psychologischen Anspannungen, die die »Berufung« mit sich brachte, einem dadurch bedingten Hörsturz und der familiären Belastung mit unserer behinderten Tochter suchte ich eine Art »Ventil«, das ich in der Erforschung der Heimatgeschichte und dem Schreiben fand. So entstanden in meiner nebenberuflichen Tätigkeit als Orts-Chronist die Bücher: »Von der Wallburg zum Renaissanceschloss Gröningen«, »Kriegsende im nördlichen Harzvorland« und die beiden Teile »Heimatbuch Kloster Gröningen«. Beim Eintauchen in die Geschichte meiner Heimat verwand ich auch die vielen schrecklichen Bilder, die sich mir im Dienst als Kriminalist geboten hatten. Mancher Kollege hätte einen Psychologen gebraucht, um diese unschönen Erlebnisse zu bewältigen.

Möge das Buch eine interessierte Leserschaft finden sowie dazu beitragen, Kriminal- und Unglücksfälle besser zu bewerten und Brände zu verhüten.

Ralf Staufenbiel

Kriminalhauptkommissar im Ruhestand
(KHK i. R.)

EINLEITUNG

Die Polizei ist das Exekutivorgan eines Staates, deren Befugnisse unter anderem im Polizeirecht geregelt werden. Zur Zeit gibt es 17 unterschiedliche Polizeirechte, auch die Dienstmarken sind von Land zu Land unterschiedlich. In den meisten Staaten hat sie die öffentliche Sicherheit und Ordnung zu gewährleisten, den Straßenverkehr zu regeln und als Strafverfolgungsbehörde strafbare und ordnungswidrige Handlungen zu erforschen. Des weiteren ist sie im Bereich der inneren Sicherheit tätig und leistet Dienste bei der Gefahrenabwehr.

Hinter dem allgemein gebräuchlichen Begriff »Polizeiarbeit« verbirgt sich eine umfassende Reihe von spezialisierten Tätigkeiten. Die Todesursachenermittlung oder Tatortarbeit durch Kriminaltechniker zählte dabei zu meinem langjährigen Fachgebiet.

Gerade im fachspezifischen Bereich der Brandursachenermittlung kann die Arbeit zu einer wahren Sisyphusarbeit werden. Den Weg zur Zündquelle findet man nur durch die Analyse aller am Brandort befindlichen Spuren, die man in den unterschiedlichsten Facetten kennen und unter dem Brandschutt suchen muß. Bei jeder Brandursachenermittlung besteht bei ungenügender Fachausbildung die Gefahr, daß man sich voreilig auf subjektive Aussagen von Betroffenen und Zeugen verläßt und sich nach Fertigung von Fotos erleichtert vom Brandort entfernt. Gibt man den Brandort dann auch noch vorschnell zur Aufräumung frei, ist eine sichere Aufklärung in weite Ferne gerückt.

In der Praxis gab es schon zahlreiche solcher Fehlbeurteilungen der Spurenlage, die letztendlich zum Teil vor Gericht

15

landeten. Daß es hierbei um Menschenschicksale geht, das sollte man nie, auch nicht in der Hektik, vergessen.

Um Trugschlüsse zu vermeiden fertigte ich damals diverse Checklisten für den ersten Überblick, die selbst jüngere Kollegen gern annahmen, die sich aber auch manchmal als nachteilig erwiesen, wie uns die Praxis zeigte ... Aufgrund mangelnder Praxiserfahrungen mag man demnach geneigt sein, so viele Brandursachen wie nur möglich offen zu lassen. Genau das führt jedoch in der Regel zur schnellen Einstellung des Verfahrens. In diesem Zusammenhang sei mir ein Verweis auf die Gesetzeslage gestattet.

Das Bestehen eines begründeten Verdachts einer Straftat, eines sogenannten »Anfangsverdachts«, verpflichtet die Ermittlungsbehörden, tätig zu werden.

§ 163 I STPO sagt aus:

»(1) Die Behörden und Beamten des Polizeidienstes haben Straftaten zu erforschen und alle keinen Aufschub gestattenden Anordnungen zu treffen, um die Verdunkelung der Sache zu verhüten. [...]«

Das Wort »erforschen« läßt die Kernaussage erkennen: Grob verallgemeinert könnte man sagen, daß man sich aufgrund mangelnder Fachkenntnis nicht leichtfertig über den Brandort begeben sollte. Notfalls muß man Experten vom LKA an den Brandort beordern.

§ 152 II STPO

»(2) Sie [die Staatsanwaltschaft] ist, [...] verpflichtet, wegen aller verfolgbaren Straftaten einzuschreiten, sofern zureichende tatsächliche Anhaltspunkte vorliegen.«

Aus den §§ 163 und 152 II StPO ergibt sich das sogenannte »Legalitätsprinzip«. Dieses verpflichtet die Strafverfolgungsbehörden, alle Straftaten zu verfolgen, sofern zureichende tatsächliche Anhaltspunkte vorliegen.

Das Beweisen einer Straftat oder das Entlasten von einer solchen ist die Aufgabe der Prozeßbeteiligten, genauer der Staatsanwälte und Verteidiger. Die Aufgabe der Polizei besteht nur in einer Hilfsfunktion beim Beschaffen geeigneter Beweismittel für die Staatsanwaltschaft. Die geeigneten Beweismittel bei Bränden wurden in der ehemaligen Polizeidirektion Halberstadt durch die »Kriminaltechnik« (kurz: KT) gesichert, welcher drei Beamte im Bereich der Brandursachenermittlung angegliedert waren. Alle drei hatten zu DDR-Zeiten ein Ingenieurstudium an der Brand- und Katastrophenschutzschule in Heyrothsberge bzw. ein Maschinenbaustudium absolviert. Dadurch war es möglich, die Gesamtheit der naturwissenschaftlichen sowie technischen Mittel und Methoden zur Suche, Sicherung und Untersuchung von Spuren und Sachbeweisen höchst effektiv einzusetzen.

Am Wichtigsten bei der Untersuchung von Brandorten hat sich aber trotz der geschilderten Möglichkeiten immer wieder die »große und kleine Schaufel« erwiesen. Methodisch bedeutet das, daß man die tiefste Stelle des Brandes unbedingt auf vorhandene Zündquellen und die dortigen brennbaren Stoffe untersuchen muß. Am »Buddeln« geht kein Weg vorbei. Man muß aus der Asche lesen können.

Aber so leicht, wie es sich anhört, ist es nicht, denn die Suche erfordert Geduld, Feingefühl, vor allem Berufserfahrung und eine ständige gedankliche Analyse, wie es zu den einzelnen Spurenbildern kommen konnte. Kein Spurenbild gleicht dem anderen. Man könnte das Erforschen vereinfacht mit

17

dem Fährtenlesen eines Scouts vergleichen, der sich in der Prärie auf der Suche nach Jagdbeute befindet. Hat man anhand der geschilderten Spurenlage die Brandausbruchsstelle grob auf zirka einen bis zwei Quadratmeter eingegrenzt, muß man den vorhandenen Brandschutt schichtweise abtragen und dabei stets analysieren, wie es zu den einzelnen Pyrolyse-Erscheinungen[1] kam.

In den überwiegenden Fällen meiner beruflichen Praxis erbrachte das schon fast archäologische Suchen mit spielzeuggroßen Sandschaufeln eindeutig den größten Erfolg, zumal sich das Eliminationsverfahren[2] erübrigte. Ist diese Feinarbeit aufgrund meterhoher Brandschuttschichten nicht möglich, so sollte man zumindest die unterste Brandschuttschicht nicht mit groben Geräten wie Baggerschaufeln abtragen. Ein Diktiergerät stellt eine gute Hilfe bei der späteren Dokumentation dar, um die Beweisführung abzurunden. Bei dieser Tätigkeit ist Besonnenheit gefragt. Man fragt sich immer wieder, wie die Spurenbilder entstanden sind und wie die eigentliche Ursprungslage aussah. Erst, wenn die Reihenfolge der Brandabläufe herausgefunden wurde, kann auf die dort mögliche Zündquelle geschlossen werden. Findet sich keine schlüssige Erklärung, bekamen meine Praktikanten von mir zu hören: »Wurde keine Zündquelle gefunden, hat jemand eine dorthin getragen!« Diese einfache Erklärung blieb bei allen hängen. In solchen Fällen mußte eine subjektive Bearbeitung des Brandereignisses vorangetrieben werden.

Die Brandstatistik von 2002 zeigt alarmierende Zahlen: Rund 600 Menschen sterben jährlich in Deutschland bei den zirka 200 000 gemeldeten Bränden. Beinahe jedes dritte

---

1 Pyrolyse: die Zersetzung von Stoffen durch Hitze.

2 Bei diesem Verfahren eliminiert man gedanklich alle möglichen Zündquellen Stück um Stück.

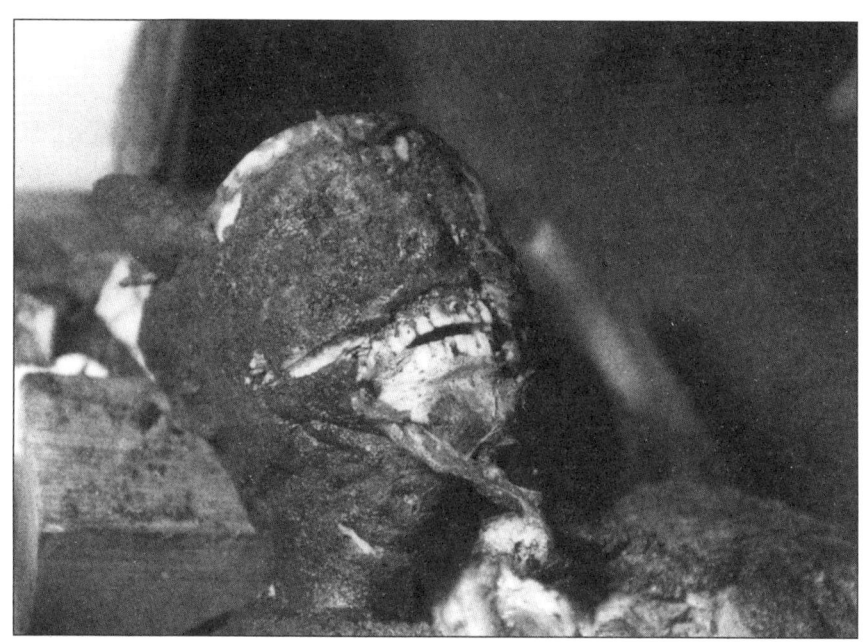

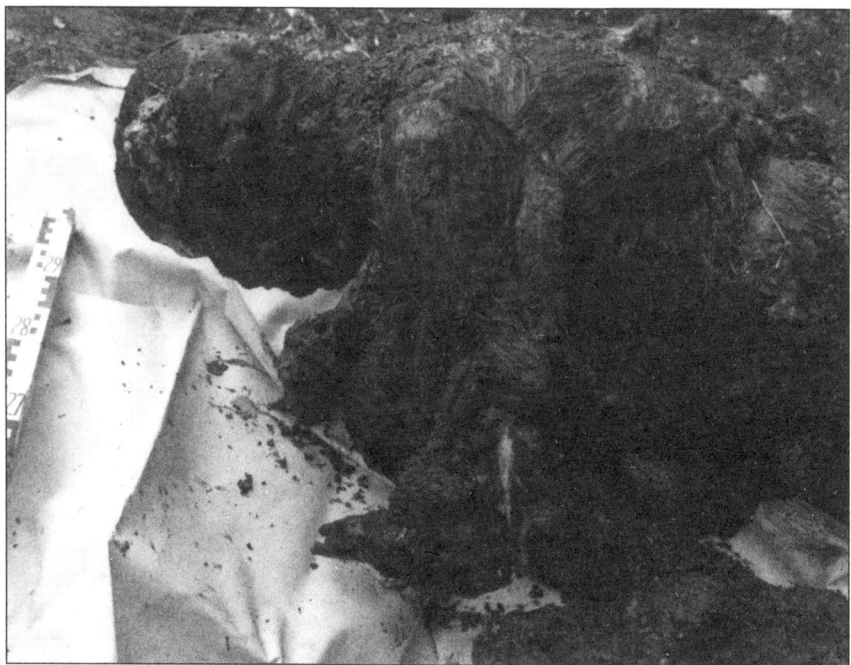

Brandleichen mit hochgradigen Verbrennungen waren Teil meiner Arbeit.

19

Brandopfer ist ein Kind. Rund 6000 Menschen pro Jahr erleiden schwere Brandverletzungen, die oftmals zu bleibenden Körperschäden führen. Außerdem werden etwa 60 000 Menschen leicht verletzt. 95 Prozent aller Brandtoten fallen nicht den Flammen zum Opfer, sondern sterben an einer Rauchvergiftung. 70 Prozent der Brandopfer werden nachts zwischen 23 und 7 Uhr im Schlaf überrascht. Vier Fünftel der Brände entstehen in Privathaushalten, nicht in der Industrie. Nur sieben Prozent aller deutschen Haushalte sind mit Rauchmeldern ausgestattet, in Großbritannien und Schweden sind es – zum Vergleich – 75 bzw. 70 Prozent.[3]

Von den etwa 200 000 Brandeinsätzen, zu denen die Feuerwehren 2015 ausrückten, wurde lediglich die Hälfte der 25 000 fahrlässigen oder vorsätzlichen Brandstiftungen aufgeklärt. Bei der anderen Hälfte blieben die Täter unbekannt und die Versicherungen zahlten, soweit die Betroffenen eine abgeschlossen hatten. Hier spiegeln sich Probleme und Schwierigkeiten, die bei der Ermittlung von Brandursachen auftreten. Unser damaliges Team um Hans-Detlef Hahn, Volker Knappe und mir erzielte eine Aufklärungsquote von zirka 80 bis 90 Prozent!

Mit der Feststellung der Brandursache ist es aber – wie ein Teil der beschriebenen Fälle zeigt – leider nicht getan. Zu oft bleiben Unsicherheiten in der Beweisführung, zu oft können falsche Alibis nicht widerlegt werden, so daß Freisprüche an der Tagesordnung sind.

Die nachfolgend aufgeführten Brandfälle stehen für die Schwierigkeiten im Bereich der Brandursachenermittlung, die ein langjähriges Stiefkind der Polizei ist. Dieser Aufgabenbereich wird womöglich verkannt, weil kein höherer Vorgesetzter eine Ausbildung auf diesem Fachgebiet hat und sich

---

3   Brandstatistik (2002): https://www.test.de/Rauchmelder-Rechtzeitig-aufwachen-1063379-1063408/

auf die untere Ebene verlassen muß. In Deutschland gibt es keine reguläre Ausbildung im Bereich Brandursachenermittlung, die in erster Linie Sache der Polizei ist. Neben einer allgemeinen Einführung in die Ausbildung gibt es spezielle Weiterbildungsangebote bei den einzelnen Länderpolizeibehörden. Ein eigenes Studium für Brandermittlung wie in den USA oder Australien gibt es in Deutschland nicht, so Frank D. Stolt, der erst im Ausland zum Abschluß seiner vielfältigen Qualifikationen kam.

Bei uns überläßt man das Feld der nicht aufklärbaren Brände den Gutachtern der Versicherungen, die dann – erfahrungsgemäß – gegeneinander klagen ...

In einem Fall, der auch im Buch geschildert wird, erklärte mich der Richter kurzerhand zum Gutachter, um endlich »Klarheit« in das dem Strafverfahren angeschlossene Zivilverfahren zu bekommen. An diesem einen Tag verdiente ich fast achtmal so viel pro Stunde wie bei der Polizei. Mich hat das natürlich sehr erfreut, aber letztendlich bezahlt das der Versicherte im Zuge stetiger Beitragserhöhungen obendrauf, oder?

Im Interesse des Schutzes der Persönlichkeitsrechte der Opfer, Zeugen und Täter wurden teilweise die Namen der Beteiligten sowie die Namen von Ortschaften verfremdet, sofern sie nicht in Zeitungen oder Büchern bereits veröffentlicht wurden. Bei allen anderen Daten, die bereits öffentlich publiziert wurden, entfällt diese Regelung. Soweit möglich, wurden die meisten Fälle mit Literaturangaben im Anmerkungsapparat versehen oder in »Quellen und Literatur (Auswahl)« erwähnt.

Die auf den Fotos abgebildeten Brandleichen sind nicht identisch mit den Opfern der beschriebenen Fälle.

1

MEIN ERSTER BRANDTOTER
ALS POLIZIST

Nachdem ich im Juni 1989 von der Berufsfeuerwehr, die sich damals »Organ Feuerwehr« nannte und der Polizei angegliedert war, zur damaligen Schutz-Polizei der DDR wechselte, übernahm ich die dortige Sport- und Schießausbildung. Doch schon im August kam es aufgrund der politischen Wendeereignisse zum Abbruch jeglicher Ausbildung. Ich wurde im Zuge dieser Entwicklung zunächst als Protokollführer des Lagefilms im Lagezentrum der Polizei Halberstadt eingesetzt und erlebte die kritischen Stunden der politischen Wende hautnah. Bis zum Januar 1990 hatte ich mich immer noch nicht eingewöhnt, so daß ich froh über die Anfrage der Gröninger Stadtverordneten war, ob ich nicht ABV (Abschnittsbevollmächtigter) in Gröningen werden wolle.

Die neue Tätigkeit als »Dorfpolizist« oder »Dorf-Sheriff« lag mir wesentlich besser. Bis auf die politischen Schulungen, die man sich bis zu diesem Zeitpunkt immer noch nicht abgewöhnt hatte, gefiel mir die neue Herausforderung durchaus, zumal ich zu vielen Gröningern schon immer einen guten Kontakt hatte. Mit meiner Dienstschwalbe war ich zu vorgeschriebenen Zeiten auf Achse, zeigte Präsenz und vermittelte ein Gefühl von Sicherheit.

So auch an einem Tag im April, als ich in den späten Nachmittagsstunden unterwegs war und die Feuerwehrsirenen von Kloster Gröningen und Gröningen hörte. Plötzlich erblickte ich über Südgröningen eine riesige schwarze Wolke, die nichts Gutes zu verheißen hatte. Am Brandort angekommen, stellte ich fest, daß ich noch vor der Feuerwehr eingetroffen war. Schnell drehte ich eine Erkundungsrunde auf dem offenstehenden Grundstück. Das straßenseitige Wohnhaus der betroffenen Familie war noch nicht vom Brand erfaßt, wohl aber die angebaute Scheune von zirka 6 x 10 Meter Größe. Die ersten Flammen hatten das Ziegeldach bereits durchbrochen, wodurch der Rauch heller wurde.

Bei meinem dortigen Erkundungsgang traf ich auf den etwa 30jährigen Siegfried, den Sohn des dort wohnhaften Ehepaares, den ich noch aus meiner früheren Tätigkeit als Ofensetzer kannte. (Wir arbeiteten damals beide in einem Baubetrieb in unterschiedlichen Gewerken.) Er stand völlig gelassen im Garten, mit dem Kinn auf einem Grepenstiel aufgestützt, und schaute relativ teilnahmslos auf den Brandort, so, als verbrenne er Gartenabfälle. Auf meine ersten Fragen sagte er dann wie nebenbei: »Da drinne verbrennt mein Alter, er hat sich selber anjesteckt!« »Und du guckst hier nur völlig entspannt zu?« schrie ich ihn total entsetzt an.

Er aber versuchte mir fast emotionslos und stotternd zu vermitteln, daß sein Vater, dort oben, wo die Leiter stehe, mit dem Rücken im Stroh liege. »Ich kam nicht mehr anne ran, die Flammen waren zu heiß, da ist nüscht mehr tau [zu] maken!« so seine Worte.

Dem war tatsächlich so, als ich im noch unversehrten Teil der Scheune nachsehen ging. Die Leiter war oben schon angekokelt, aber darüber tobte der Feuerteufel. Auch die ersten Dachlatten fielen in Brandresten nach unten, so daß selbst ich, als ausgebildeter Feuerwehrmann, machtlos war. Als die Kameraden der Feuerwehren eintrafen, konnte ich ihnen nur noch schnell meine Lageerkenntnisse mitteilen, bevor ich mit meinen Vorgesetzten im Oscherslebener Polizeirevier telefonischen Kontakt aufnahm und weitere Fotos fertigte.

Kurze Zeit später stand die Scheune im Vollbrand, da der Aufbau der Wasserversorgung seitens der Feuerwehr einige Zeit in Anspruch nahm. Nachdem der Brand nach knapp ei-

Der Pfeil zeigt auf die abgebrannte Bodenluke,
hinter der sich der tote Rentner in Rückenlage befand.
Sein Sohn Siegfried sah dem Geschehen tatenlos zu.

ner Stunde gelöscht war, wobei sich ein Feuerwehrkamerad auch noch ein Bein brach, trafen die ersten Kriminalisten ein und ermittelten zunächst im Umfeld des Brandortes.

Meine ersten Erkenntnisse aus der Befragung des Sohnes fanden sie sehr aufschlußreich und widmeten ihm und seiner Mutter, die sich in sicherer Nachbarschaft befand, ihre

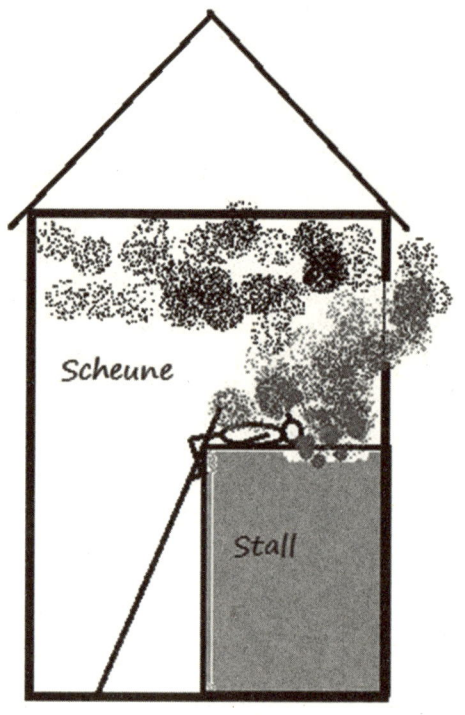

Querschnitt von der Scheune.

besondere Aufmerksamkeit. Nachdem der Brand gelöscht war und man das Brandopfer oberhalb der angelegten Holzleiter auf dem Rücken liegend und mit herabhängenden Beinen im Stroh fand, stiegen in mir starke Zweifel bezüglich der Glaubwürdigkeit des Sohnes auf. Wie kommt der Mann in solch eine Lage, wenn er doch vorwärts die Leiter hochgestiegen ist? »Da hat doch jemand nachgeholfen!« schoß es mir durch den Kopf.

Um meine These zu untermauern und zu dokumentieren, borgte ich mir von einem Feuerwehrmann eine Atemschutzmaske, spülte den Leichnam oberhalb leicht mit einem D-Schlauch ab und fotografierte dessen unveränderte Ursprungslage. Das Gesicht des Toten war nicht mehr als solches erkennbar, da der blanke knöcherne Schädel schon frei von Hautgewebe und die Augen schon ausgebrannt waren. Ein schrecklicher Anblick, zumal ich den alten Mann persönlich kannte.

Bei der näheren Sichtung fiel mir noch auf, daß die Beine des Opfers beidseitig auf den Leiterholmen herunterhingen. Ich war überzeugt davon, daß der Mann, auf der Schulter lagernd, von jemandem die Leiter nach oben getragen und nach vorn in das Stroh ablegt oder abgekippt worden sein mußte. Mit dieser Vermutung begab ich mich schnell nach Hause und entwickelte den Film in schwarz/weiß in meinem kleinen Fotolabor, welches ich mir schon zu Zeiten der Berufsfeuerwehr eingerichtet hatte. Das Fotografieren ist noch heute mein Hobby.

Gegen 23 Uhr lagen die Fotos dem Untersuchungsführer im Gröninger Rathaus vor, wo sich schon eine kleine Untersuchungsgruppe aus Feuerwehrexperten und Kriminalisten zusammengesetzt hatte. Damals lag die Brandursachenermittlung noch bei der Abteilung Feuerwehr.

Zum »Dank« durfte ich die Witwe des Opfers und ihren Sohn noch die ganze Nacht im Gröninger Wohnheim für Lehrlinge bewachen, da ihr Wohnhaus durch Rauch und Löschwasser unbewohnbar geworden war. »Rein zufällig« an ihrem Fenster lauschend, vernahm ich noch einige Gesprächsfetzen des Sohnes, der sinngemäß seiner Mutter zuflüsterte: »Wir müssen jetzt beide aufpassen, wir stehen unter Mordverdacht.«

Was niemand je vermutet hätte: Siegfried war trotz seines dümmlich wirkenden, beschränkten Aussehens einfach nur ausgebufft und unberechenbar. Dementsprechend verliefen am nächsten Tag die Vernehmungen von Mutter und Sohn.

Als ABV, heutzutage sagt man zu dieser Tätigkeit »Kontaktbeamter«, besaß ich eine gute Verbindung zur Gerüchteküche der Stadt, und schon bald kam die fürchterliche Vermutung von Inzest ans Tageslicht. Befragten zufolge hätte der Sohn angeblich seine Mutter des Öfteren befummelt und sogar mit ihr geschlafen. Dem Vater – er war eigentlich sein Stiefvater – soll dies nicht verborgen geblieben sein. Nachbarn hörten ihn oft sagen: »Siegfried lat det sein.«

Noch am selben Tag fand unter Berücksichtigung dieser Gerüchte eine Hausdurchsuchung statt, bei der auch nach Spuren von Gewalteinwirkungen gesucht wurde. Schnell entdeckte man auf der Wäscheleine des Gartens eine frisch gewaschene, noch feuchte Jeans, die rotbräunliche Flecke und Strohreste aufwies. In der Küche fand man ein Taschentuch mit klebrigen, spermaähnlichen Substanzen und schließlich Strohreste im Trap des Waschbeckens. Die Vermutung lag nah, daß Mutter und Sohn beim einvernehmlichen Sex durch den Vater erwischt wurden, als dieser von einem nachweislichen Kneipenbesuch aus der »Bodeperle« zurückgekehrte.

Der Verdächtige erwies sich in den Vernehmungen cleverer, als so mancher dachte, und hielt Ausreden parat, die später durch die gesicherten Spuren nicht widerlegt werden konnten. Leider befanden sich die kriminalistischen Methoden von heute damals noch in den »Lauflernschuhen«. Die blutähnlichen Substanzen an der ausgewaschenen Jeans stammten nach Siegfrieds Aussagen von zwei Ziegenlämmern, die er am Vortag für einen Bekannten aus der Nachbarschaft geschlachtet hätte. Besagter Nachbar bestätigte

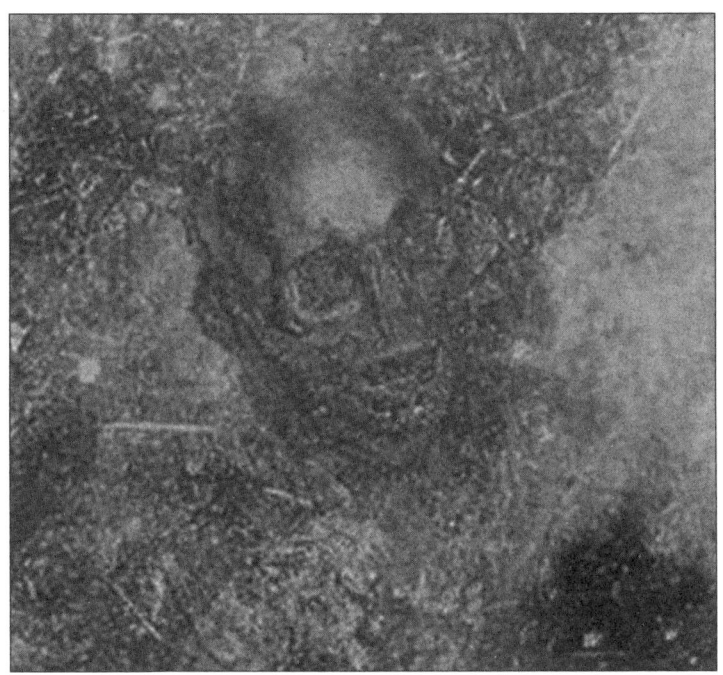

Brandleiche des Rentners nach Beseitigung der oberen Brand-
schuttschicht. Der aufsteigende Wasserdampf verhinderte
eine klare Aufnahme. Werner B. war regelrecht gar gekocht
worden und die austretenden Körpergerüche und Flüssig-
keiten, im Gemisch mit verkohltem Körpergewebe,
offenbarten, was man unter dem Begriff »Brodem« versteht.

das. Das Stroh stamme vom Auswaschen der Jeanshose und
das Taschentuch nutze seine Mutter immer zum Ablegen ihres Gebisses, wie er meinte.

Um es kurz zu machen: Es kam zu keiner Anklage, da die
Obduktion keine Hinweise auf eine Gewalteinwirkung erbrachte. In dubio pro reo.[4]

---

4   Lateinisch: Im Zweifel für den Angeklagten. Bei diesem terminus technicus
     handelt es sich um einen Verfahrensgrundsatz (Prozeßmaxime) des Straf-
     rechts, der sich aus Art. 1 I GG, Art. 20 III GG, Art. 6 I, II EMRK, §§ 261 und
     267 I 1 StPO ergibt.

Der Angeklagte darf vom Gericht nur dann für schuldig befunden – und verurteilt – werden, wenn das Gericht von seiner Schuld überzeugt ist, es also keinerlei Zweifel an dessen Schuld gibt. Ich komme darauf noch mehrmals zurück. Erschwerend kam hinzu, daß die Mutter zu den Vorfällen schwieg.

Für mich zog die kurze Anwesenheit mit meiner Fototechnik am Brandort eine ungeahnte berufliche Veränderung für die nächsten 17 Jahre nach sich, denn schon eine Woche später ersetzte ich die Stelle des scheidenden Kriminaltechnikers des Polizeireviers Oschersleben, was zunächst mit viel Selbststudium verbunden war.

Die tragische Familiengeschichte endete hier jedoch noch nicht, denn schon kurze Zeit später tauchte Siegfried bei seiner Hausärztin auf und äußerte sich sinngemäß mit den Worten: »Ich glaube, meine Mutter hat sich in der Bode ertränkt, sie ist heute nicht mehr nach Hause gekommen.« So war es dann auch. Seine Mutter wurde kurze Zeit später durch die Freiwillige Feuerwehr tot aus dem Mühlgraben, einem Nebenarm der Bode, geborgen.

Wieder stand der Mann im Mittelpunkt der Ermittlung zu einem Todesfall, denn er hatte Kenntnis vom Ort des Geschehens. Doch auch diesmal kam er ungeschoren davon: Seine Mutter hatte nachweislich Wasser in der Lunge, was tatsächlich für einen Suizid sprach, es sei denn, er hätte sie noch lebend selbst zur Bode gebracht und sie unter Wasser gedrückt ...

Siegfried fand schließlich doch noch ein unrühmliches Ende, denn seine verkorkste Lebensweise mit ständigem Alkoholmißbrauch holte ihn bald für immer ein. Es war wohl eher ein Zufall, daß ich zwei Jahre später mit dem Team des Kriminaldauerdienstes der Polizeidirektion Halberstadt zu einem Gröninger Grundstück an der Bode gerufen wurde. Ge-

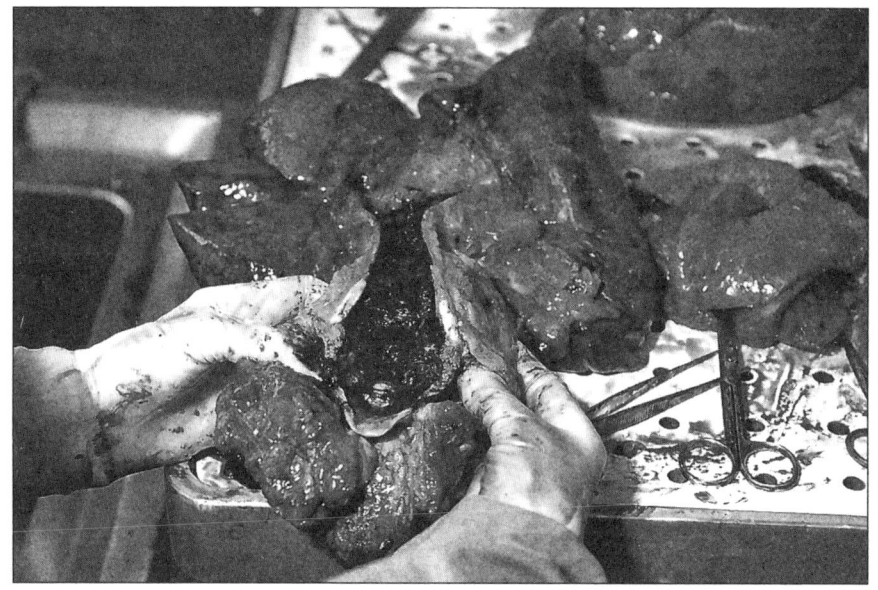

Vergleichs- und Obduktionsfoto einer geöffneten Luftröhre, die durch Einatmen von Brandgasen innseitig berußt ist. Solch ein Befund spricht dafür, daß die Person zum Brandzeitpunkt noch gelebt hat.

meldet war ein versuchter Totschlag an einem älteren Herrn, der sich mit starken Verbrennungen an den Beinen auf der Notfallstation im Krankenhaus Neindorf befand.

Am Einsatzort angekommen, trafen wir einige mir bekannte Personen, denen man das vorangegangene Zechgelage schon ansah. Unter den Betrunkenen befand sich der langzeitarbeitslose Siegfried mit hochgekrempelten Ärmeln sowie diversen Anhaftungen von blutähnlichen Substanzen an den Händen und seinem Arbeitshemd. Augenscheinlich demonstrierte er nach außen hin eine Kampfhaltung gegenüber den anwesenden Schutzpolizisten. Meine Anwesenheit als ehemaliger Kollege seines Handwerksbetriebes beruhigte ihn ein wenig. Mich erinnerte seine Gegenwart jedoch schnell an seine damaligen Alkoholexzesse im Betrieb. Vorsicht war bei ihm schon immer geboten. Damals lag er einmal nackt auf

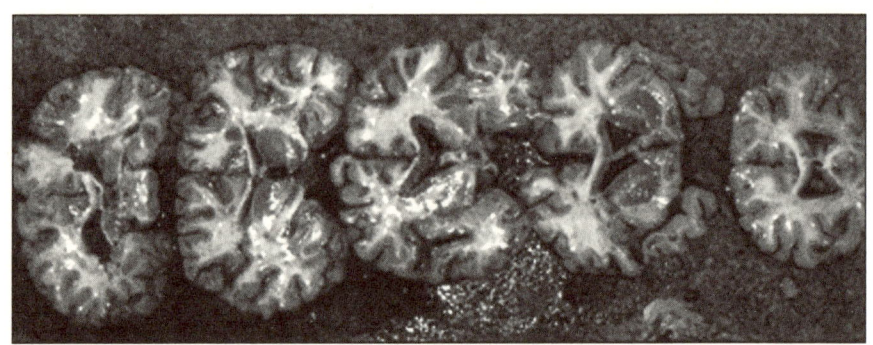
Schnitt durch ein Gehirn eines Brandtoten, der CO-Gase eingeatmet hat.
Die glänzenden und schillernden Stellen sind ein sicheres Anzeichen dafür.

der Bundesstraße 81 und versoff die Frühstücksgelder seiner Kollegen. Ein anderes Mal versuchte er sich im Objekt des Ministeriums für Staatssicherheit in Oschersleben zu erhängen, weil er bei den Handwerksarbeiten von den dortigen Stasi-Leuten für drei Jahre zum Wachregiment Felix Dzierzynski in Berlin angeworben worden war. Ein anderer Kollege schnitt ihn gerade noch rechtzeitig ab. Der Statur nach zu urteilen war Siegfried vom damaligen Dienst, den er dort tatsächlich drei Jahre absolviert hatte, noch ziemlich gestählt. Mit Sicherheit bestand er noch so manchen Zweikampf, womit er sehr oft prahlte.

Schnell ging er am Tatort in die Offensive und berichtete unserem Team übereifrig, wie es zu den Verletzungen des Gröninger Rentners gekommen war: »Ich leistete doch die erste Hilfe und folglich kam das Blut an meine Finger und Kleidung«, so seine erste Strategie. Doch es waren zu viele Zeugen zugegen, und somit war seine Festnahme nach deren Befragungen und der Tatortarbeit, die weitere Details der Tat hervorbrachten, unvermeidlich. Offensichtlich hatte er den Geschädigten im Suff zusammengeschlagen, bis dieser wehrlos auf einer Couch zusammensackte. Zu allem Überfluß, und man mag es nicht glauben, setzte er unter ihm auch

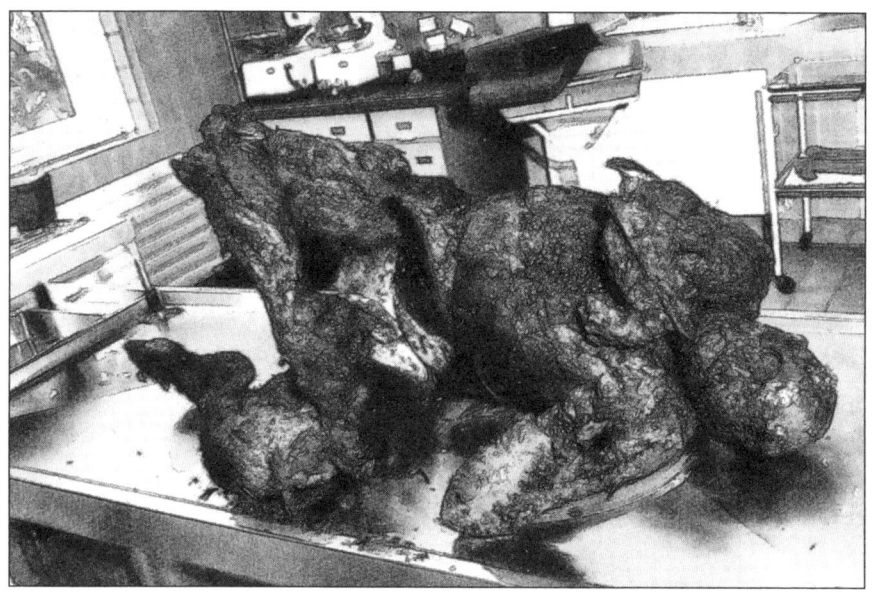

Brandleiche in Fechterstellung.
Die Arbeit der Rechtsmedizin erfordert Professionalität und Nerven.

noch die Fußlehne in Brand. Noch in derselben Nacht konnten wir den geschädigten Rentner im Krankenhaus kurz sprechen, was für uns alle rein optisch schon eine Herausforderung war. Solch ein entstelltes Gesicht habe ich in all meinen Kriminalfällen nie wieder gesehen! Die linke Gesichtshälfte war blutunterlaufen, leuchtete in allen nur erdenklichen Lila-Rot-Tönungen und war um zirka vier Zentimeter angeschwollen. Das rechte Auge quoll regelrecht aus der Augenhöhle und war zudem stark blutunterlaufen. Beide Beine waren mit schweren Brandwunden versehen; ein Bein mußte ihm kurze Zeit später abgenommen werden. Die Anzeige lautete »Versuchter Totschlag«, die im Laufe der Ermittlungen zu einer Verurteilung zu vier Jahren Freiheitsentzug führte.

Bei der abschließenden Gerichtsverhandlung, bei der ich als Zeuge geladen war, konnte ich den Unbelehrbaren in einer Verhandlungspause kurz sprechen. Überschäumend er-

33

zählte er mir, daß er vom Alkohol weg sei, in der Küche des Untersuchungsgefängnisses als Koch arbeite und daß ihm alles sehr leid tue.

»Nach Gröningen kann ich bestimmt nicht mehr zurückkommen, da ich wohl bei allen verschissen habe. Der Sohn des Rentners würde mich dann bestimmt auch um die Ecke bringen wollen«, äußerte er sich letztmalig, bevor das Urteil verkündet wurde.

Nach der Verbüßung seiner Haftstrafe sprang er von der Saale-Brücke in Bernburg und wurde erst nach mehreren Wochen an der Fähranlegestelle »Gottes Gnaden« bei Calbe aufgefunden. Er hatte den gleichen Tod wie seine Mutter gewählt und war laut Obduktion nach dem Sprung ins Wasser sofort tot gewesen, da sich nachweislich kein Wasser in den Lungen befand. Er wurde auf der »Grünen Wiese« in Bernburg in Gottes Gnaden beigesetzt.

2

RAUBÜBERFALL
AUF DIE GRÖNINGER SPARKASSE

Am 15. März 1991 befand ich mich gerade auf dem Polizeirevier Oschersleben in der Mittagspause, als eine Notrufmeldung in der Zentrale einging. Es handelte sich um einen Raubüberfall auf die Gröninger Sparkasse im damaligen Kreis Oschersleben. Da ich erst einige Tage zuvor mit einem erfahrenen Kollegen die Einsatzpläne für solche Fälle überarbeitet hatte, erteilte uns der K-Leiter sogleich den Auftrag für diesen Einsatz. Wir schnappten uns rasch den Spurensicherungsfotokoffer sowie die Einsatzunterlagen, die unter anderem Zeichnungen und Fotos vom Objekt der Sparkasse enthielten, und saßen kurz darauf bereits in unserem Dienst-Trabbi. Da ich im Nachbarort von Gröningen wohnte und die Sparkasse nur zu gut kannte, hatte ich sozusagen ein Heimspiel.

Unterwegs schaute mich mein graumelierter Kollege an und fragte etwas bedrückt: »Hast Du wenigstens deine ›Plempe‹ mit?« Ich tastete automatisch danach, griff aber ins Leere. Wir beide hatten in der Hektik unsere Pistolen im Schließfach zurückgelassen, da wir am Vormittag an einem Brandort gewesen waren, wo diese beim Suchen im Brandschutt nur hinderlich waren. »Fahr lieber langsamer und laß die Schutzpolizei vor, die sind schon im Kommen«, sagte er mit unsicherer Stimme. Wohl war ihm aber nicht bei dem Gedanken, also gab ich wieder mehr Gas.

Tatsächlich kamen wir als erstes am Rathaus an, in welchem die Sparkasse integriert war. Mit einem leicht mulmigen Gefühl im Magen stiegen wir aus und waren sichtlich erleichtert, als uns die Leiterin der Sparkasse mit einem

Buch unter dem Arm auf der Eingangstreppe empfing. Dieses Szenario war vorher im Einsatzplan vereinbart worden, damit man als eintreffender Polizist weiß, wie die Lage vor Ort ist. In den dramatischen Minuten davor hatte einer der Täter einem Angestellten seine Pistole an den Kopf gehalten, um seine Geldforderung nachhaltig zu unterstreichen. Fast alle Beteiligten erlitten einen Schock, weinten und zitterten noch unter dem Eindruck des Ereignisses. Hierbei die Übersicht zu behalten und noch sinnvolle Entscheidungen zu treffen war gar nicht so einfach. Dank unserer Einsatzunterlagen konnten wir uns nach kurzer Zeit in die zweckmäßigen Handlungsabläufe einfinden.

Den zunächst wichtigsten Hinweis erhielten wir von einem Polizeikollegen, der zum Zeitpunkt des Überfalls gerade mit einem Krad an der Sparkasse vorbeigefahren war, um zur Arbeit nach Halberstadt zu gelangen. Er konnte die beiden Täter zu Fuß bis zum Fluchtfahrzeug, das etwa 150 Meter weiter in einer benachbarten Straße stand, verfolgen. Als sie in das Fahrzeug sprangen, konnte er noch einen der Täter am Arm greifen, aber der bereits gestartete Pkw rollte an und verhinderte ein weiteres Vorgehen. Auch er hatte keine Dienstwaffe dabei!

Den Tätern gelang die Flucht. Sie verschwanden, ohne eine Spur zu hinterlassen. Die nun voll angelaufene Polizeimaschinerie blieb jahrelang erfolglos. Geblieben sind bis heute die seelischen Narben der Sparkassenangestellten und der Kunden, die diesen Raubüberfall miterleben mußten. Aber wie sagt ein Sprichwort? »Gottes Mühlen mahlen langsam, aber gerecht!« Nach fast 15 Jahren konnte ich in einem beiläufigen Gespräch mit einem Kollegen erfahren, daß der Fall doch noch aufgeklärt worden war. Demnach hatte sich einer der beiden Täter des Gröninger Sparkassenraubes einem Mithäftling anvertraut, während er wegen eines anderen De-

Der Täter forderte mit seiner Pistole die Herausgabe
des vorhandenen Geldes.
Auf dem Boden liegen drei ältere Personen. (Foto: Überwachungskamera)

likts in einem Gefängnis in Niedersachsen einsaß. Jener muß wohl »gesungen« haben, weil er sich Hafterleichterung oder ähnliches versprach. Heraus kam, daß sich einer der Sparkassen-Täter von seinem ergaunerten Anteil einen Sportwagen gekauft und sich alsbald totgefahren hatte. Der inhaftierte Täter selbst verstarb kurze Zeit später; Ursache unbekannt.

Leider blieb dies nicht der erste und letzte Angriff auf die Gröninger Sparkassenfiliale. Bei einem weiteren, besonders schweren Diebstahl durchbrachen die Täter mit einer Baggerschaufel den Tresorraum der neu errichteten Filiale am Dalldorfer Weg. Der Bagger war geklaut. Da sie gestört wurden, ließen sie das Gerät am Tatort zurück. Sie entkamen unerkannt und ohne Beute.

Da die Täter vermutlich mehrere übereinstimmende Taten begingen, wurde die Serie mit besonderer Aufmerksamkeit und mit Nachdruck verfolgt. An der erfolgreichen Aufklärung war ich nur sekundär beteiligt, denn genau an dem Tag, als im Oscherslebener Amtsgericht eine Verhandlung zu solch einer Straftat angesetzt war, überstieg ein Mann die Mauer des Amtsgerichts, gelangte in den Hinterhof und warf einen Molotov-Cocktail in eines der dortigen Kanzleizimmer. Der Brandsatz erlosch allerdings und hinterließ keinen großen Schaden.

Bei der Spurensuche fand ich einen geeigneten Schuheindruck, den der Täter im Erdreich an der Überstiegsmauer hinterlassen hatte und von dem mein Kollege Andreas Lehmann unverzüglich einen Gipsabdruck im Gießverfahren fertigte. Schon am nächsten Tag streute ich das Foto des gesicherten Schuheindruckes an die relevanten Fachkommissariate. Wie der Zufall es wollte, hatte der Täter einige Tage später, als er zu einer Vernehmung in ähnlicher Sache vorgeladen wurde, die passenden Schuhe an.

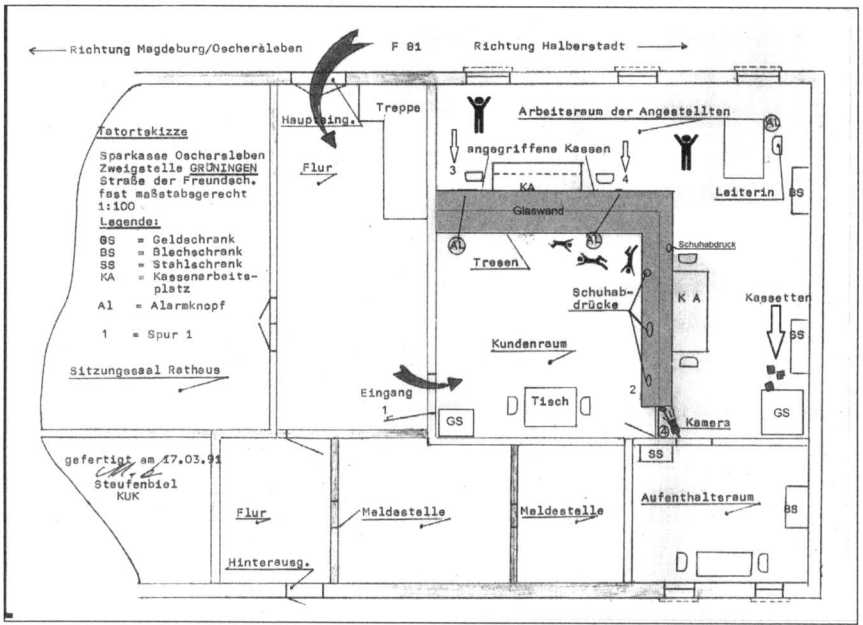

Tatortskizze

Sparkasse Oschersleben
Zweigstelle GRÖNINGEN
Straße der Freundsch.
fast maßstabsgerecht
1:100

Legende:

GS = Geldschrank
BS = Blechschrank
SS = Stahlschrank
KA = Kassenarbeits-
       platz
Al = Alarmknopf

1 = Spur 1

Sitzungssaal Rathaus

gefertigt am 17.03.91

Steufenbiel
KUK

Richtung Magdeburg/Oschersleben — F 81 — Richtung Halberstadt

Haupteing.   Treppe   Arbeitsraum der Angestellten
Flur   angegriffene Kassen
              3   KA   4
              Glaswand   Leiterin   BS
              Tresen   Schuhabdruck
                          Schuhab-
                          drücke   KA   Kassetten
              Kundenraum   BS
Eingang 1   Tisch   2   Kamera
              GS   GS
                              SS
Flur   Meldestelle   Meldestelle   Aufenthaltsraum   BS
Hinterausg.

Zwei maskierte Männer machten in der Sparkasse Gröningen 350 000 DM Beute

Von Jens-Uwe Jahns

Der traurige Vorjahresrekord, als es in Sachsen-Anhalt zu sage und schreibe 235 Raubüberfällen kam, dürfte aller Voraussicht nach 1991 noch überboten werden. Bereits in den ersten vier Wochen des neuen Jahres verzeichnete die Polizei zwischen Arendsee und Zeitz 102 Raubüberfälle, davon 35 auf Geld- und Kreditinstitute. Galten bisher die beiden Überfälle auf die Sparkasse in Kroppenstedt, die im Februar um 127 000 bzw. 140 000 DM erleichtert wurde, als Beutespitzenreiter, so ist seit dem vergangenen Freitag die Sparkassenfiliale Gröningen im Besitz der ungeliebten Krone.

Das Geldinstitut, direkt an der Bundesstraße zwischen Magdeburg und Halberstadt gelegen, wurde am Freitag gegen 12.15 Uhr von zwei jungen Männern überfallen. Die mit bommellosen schwarzen Pudelmützen maskierten Gangster forderten die sich in der Bank befindlichen Kunden auf, sich auf den Boden zu legen, und erzwangen die Herausgabe von 350 000 DM. Der Westharzer Dialekt und das Kennzeichen H-X (H für Hannover) des Fluchtfahrzeugs (ein neuerer tiefblauer VW Golf, wahrscheinlich ein GTi), deu-

Die Sparkasse Gröningen (oben) wurde von diesen beiden Männern (Phantombilder rechts) um 350 000 DM beraubt. Aufn.: Jahns

ten darauf hin, daß die Täter aus Westdeutschland stammen. Die Halberstädter Kripo glaubt, Zusammenhänge zwischen den beiden Kroppenstedter Überfällen und dem Gröninger Überfall zu erkennen. Durch einen glücklichen Umstand aber verfügt die Polizei erstmals über recht genaue Vorstellungen, wie die Täter aussehen: Bei ihrer Flucht konnten sie vor der Gröninger Bank am Freitag von einem Poli-

zisten kurz aufgehalten und erkannt werden. Wer Hinweise zum Fluchtfahrzeug geben kann, bzw. die 20- bis 25jährigen Männer (beide sollen zwischen 170 bis 175 cm groß sein) auf den abgebildeten Phantombildern erkennt, möchte bitte die Polizeiinspektion Halberstadt (Tel. 3 60 App. 2 24) oder jede andere Polizeidienststelle informieren. Hinweise werden auf Wunsch auch vertraulich behandelt.

39

Der Vergleich war so eindeutig, daß der Mann noch am selben Tag der JVA zugeführt werden konnte. Hier folgte die Strafe im wahrsten Sinne des Wortes »auf dem Fuße«.

Angriff auf die Gröninger Filiale der Sparkasse mit einem Bagger.
Mit der Baggerschaufel schlug der Täter ein Loch in die Wand zum Tresor.

Gesicherter Schuheindruck im Erdreich des Amtsgerichtes Oschersleben
mittels Gipsabdruckverfahren.

3

MEINE ZEIT
IM KRIMINALDAUERDIENST

(Halberstadt, 1991–1995)

Nachdem ich 1990 im Polizeirevier Oschersleben als Kriminaltechniker das Laufen gelernt hatte und durch diverse Schulungen von erfahrenen Kriminalisten aus Niedersachsen fit für ein neues System gemacht wurde, animierte mich im Februar 1991 ein gestandener Kriminalist, um die 50 Jahre alt, mit nach Halberstadt in die neu errichtete Polizeiinspektion zu kommen. »Da ist ein personelles Loch, weil viele alte Hasen entlassen wurden. Da hast du wesentlich bessere Aufstiegschancen«, flüsterte er mir. Er sollte recht behalten.

Nachdem ich zuvor schon elf Jahre bei der Feuerwehr in Halberstadt tätig gewesen war und alles mit meiner Frau besprochen hatte, folgte ich dem Ruf und nahm die Stelle an. Ich wurde zunächst ins Fotolabor eingewiesen und dem Bereich KT (Kriminal-Technik) angegliedert. Hier lernte ich auch, wie man Fingerabdrücke mit Rußpulver, Argentorat und Federpinsel sichert. Das weckte mein Interesse.

Schon zehn Tage später wurde eine Diensthabende Gruppe ins Leben gerufen, die im Dreischichtensystem agierte. Dafür erkor man mich als dritten Mann aus. Der gestandene »Kriminaloberkommissar« muß sich sehr für mich eingesetzt haben, denn ich gehörte fortan – zusammen mit Hartmut Helm, dem frisch von der Schule gekommenen Kommissar der K. – als Unterleutnant der Polizei zu seiner Gruppe. Das kam natürlich völlig unerwartet. Fortan hieß es lernen, lernen und nochmals lernen, um Wissenslücken auszubügeln. Bald waren wir ein eingespieltes Kollektiv.

Unter unserem ehrgeizigen DHG-Leiter Burckhard Hocke, der uns stets optimal motivierte und anleitete, machte die Arbeit Spaß. Dank des regen Austauschs von Erfahrungen und der Teilnahme an zahlreichen Schulungen waren wir bald gerüstet für die täglichen Aufgaben, die die gesamte Bandbreite der höheren Kriminalistik abdeckte.

SUIZIDE

Aus dieser chaotischen Zeit, als die DDR nun restlich unterging, resultierten sehr viele Straftaten, die wir in diesem Ausmaß vorher nicht gekannt hatten: Demolierte Telefonzellen, aufgebrochene Tresore, gestohlene Autos und Raubüberfälle standen auf der Tagesordnung. Vor allem aber waren es Suizide von Menschen, die mit dem neuen System nicht zurechtkamen. Fast täglich fuhren wir mit unserem Barkas (Kleinbus) in dem Landstrich zwischen Lüttgenrode und dem damaligen Landkreis Staßfurt umher, um die vielen Leute, die sich erhängt hatten, von den Stricken zu schneiden. Viele ABV, die nahe der Grenze gearbeitet hatten, und sogar höhere Polizeiangehörige waren unter ihnen, leider auch viele Frauen, was bei Suiziden laut Statistik eher selten der Fall ist.

Nur einige der schauerlichen Kriminalfälle sind mir in Erinnerung geblieben, da sie prägend für meine spätere Arbeit als Leiter einer dieser Gruppen waren. Sie wurden damals jedoch immer wieder von neuen Grausamkeiten verdrängt. Zum Luftholen oder zum Beinehochlegen blieb keine Zeit.

Die Arbeit machte mich reifer und gesetzter, vor allem im Umgang mit Angehörigen von Opfern durch Straftaten. Oft war ich es, der die Todesnachrichten überbringen mußte. Ich

Gesicherter Fingerabdruck
mittels Rußpulver.

habe viele weinende Mütter und Väter gesehen und konnte meine Frau in unserem persönlichen Leid oft mit den Sorgen anderer Leute trösten. Ich komme im Laufe des Buches noch einmal darauf zurück.

Unter den Delikten, die zu bearbeiten waren, befanden sich Eisenbahn- und Verkehrsunfälle mit Toten, Arbeitsunfälle, schwere Einbrüche, schwere Körperverletzungen, Vergewaltigungen, Raubüberfälle und schwere Brandstiftungen. Man mußte alles kriminalistisch bearbeiten können und im Zweifelsfall um Hilfe bitten.

Wir waren eine eingeschworene Gemeinschaft in der Stunde des Neuanfangs. Einer ergänzte den anderen. In unserem Team wurden die Aufgaben nach den Fähigkeiten jedes Einzelnen eingeteilt. Aber wehe, es fehlte jemand durch Krankheit oder Schulung! Eines Tages trat das leider ein. Unser Chef erschien nicht zum Nachtdienst und meldete sich krank. Wir waren also nur zu zweit. Ich als der Ältere, zwar schon mit allerhand Lebenserfahrung, aber noch nicht gefestigter Erfahrung als Kriminalist, und ein junger, frisch ausgebildeter Kriminalist, bei dem sich die Lebenserfahrung noch in der Warteschleife befand ...

VERGEWALTIGUNG

Natürlich kam gleich zu Beginn der Schicht der große Prüfstein ins Haus gerollt. In Quedlinburg meldete man eine Vergewaltigung. Zeitgleich lief eine äußerst wichtige Fahndung per Fax ein: Gesucht wurde ein Totschläger.

Wer sollte sich um welchen Fall kümmern? Die Fahndung lag mir nicht, daher zögerte ich nicht lange und machte mich mit dem Spurensicherungskoffer, der noch aus den beschlagnahmten Reserven des MfS stammte, und einem Fachbuch schleunigst auf den Weg. Kurz vor Quedlinburg hielt ich an einem Feldweg und suchte mir aus dem Buch die wichtigsten Untersuchungspunkte zur Spurensicherung heraus. Auf diese Weise konnte ich zumindest vor Ort gleich einige Maßnahmen einleiten, später im Krankenhaus die Spuren des Täters auf der Kleidung der Geschädigten sichern, eine ärztliche Untersuchung veranlassen und ihre Aussage zu Protokoll nehmen.

Aber so einfach, wie ich mir mit meinen 42 Jahren eine Zeugenvernehmung vorstellte, war das schlichtweg nicht. Da lag eine junge Frau mit äußerlich sichtbaren Verletzungen vor mir im Bett und wimmerte verstört vor sich hin. Ich sprach zunächst unbewußt über Gott und die Welt und fand schließlich mit viel Einfühlungsvermögen einen Zugang zu ihr, so daß durch das medizinische Personal Sperma- und Speichelspuren sowie Vergleichshaare gesichert werden konnten. Im Gespräch mit ihr erfuhr ich die wichtigsten Details der Tat und konnte folglich weitere Maßnahmen einleiten. Nach Sicherstellung einiger Kleidungsstücke für eine

Faserspurenüberkreuzung verabschiedete ich mich – ich wußte sie ja im Krankenhaus gut aufgehoben.

Infolge der unverzüglich eingeleiteten Fahndung konnte der Täter zeitnah ermittelt werden – es war der Ex-Freund des Opfers.

ENTLASSUNGEN

Im August 1991 veränderte sich einiges im Leben der altgedienten Polizisten, als die zweite Entlassungswelle über uns kam. Viele der bisher besten Leute gingen für immer. Ein fatales Vakuum im Sicherheitsgefüge entstand. Wir Verbliebenen wurden hingegen von einem dynamischen niedersächsischen Beamten empfangen, der gleich zu Beginn seiner Antrittsrede verkündete: »Alles, was ich jetzt erzähle, erzähle ich nur einmal!« Alle machten sich umgehend Notizen, denn es ging um die spätere Pension. Nach weiteren Ansprachen verschiedener Vorgesetzter, die sich damals schnell die Klinke in die Hand gaben, wurden wir unter Berufung »auf Probe« in das Beamtenverhältnis übernommen. Aus meinem »Unterleutnant der Polizei« wurde ein »Kriminalhauptmeister«, das bedeutet, ich wurde eine Stufe niedriger übernommen. Umsonst studiert?

Meinem Kollegen, der 1990 von der Polizeischule in Aschersleben als Kommissar gekommen war, erging es ebenso. Unseren Team-Chef, den man vorher noch zur Gauck-Behörde[5] zitiert hatte, sahen wir leider nie wieder. Er konnte sich nicht einmal mehr von uns verabschieden, was ich traurig fand, schließlich hatten wir persönliche Bindungen aufgebaut.

Nun übertrug man mir, vermutlich aufgrund des Alters, die Leitung meiner Wachgruppe, die durch die junge Krimina-

---

5   Im Volksmund kurz für „Bundesbeauftragter für die Unterlagen des Staatssicherheitsdienstes der ehemaligen DDR" (BStU).

listin Heike Hirschelmann aufgestockt wurde. Aus dieser Zeit blieb mir einer der schrecklichsten Einsätze in Erinnerung, den ich im nachfolgenden Kapitel beschreiben will.

4

AUTOLYSE –
EIN MENSCH LÖST SICH AUF

Eines Abends, es war Anfang der neunziger Jahre, bekam ich in meiner Bereitschaftszeit den Auftrag zur Todesermittlung in Quedlinburg. Den ersten Angaben nach lag eine in Auflösung befindliche männliche Person in einer Wohnstube und hatte ein Tischbein im Bauch. Es war Hochsommer und ich konnte nach ersten Informationen vom Lagedienst davon ausgehen, daß mich dort die widerlichsten Gerüche erwarten würden.

Am Ort des Geschehens angekommen, empfing mich der zuständige Kriminaldienst des Landkreises und wies mich kurz ein. Er war sich aufgrund des Leichenzustandes unsicher, ob hier ein natürlicher oder nichtnatürlicher Tod vorlag. Noch war der Ereignisort kein Tatort. Da die Identität der Person ebenfalls unsicher war, beauftragte ich ihn, zusammen mit der Schutzpolizei die Rundumermittlungen zu koordinieren.

Die Bearbeitung des Falles erfolgte nach gewohntem Ablauf. Zunächst schoß ich Außen- und Innenaufnahmen, fertigte eine Zeichnung vom Grundriß der Wohnung, suchte nach relevanten Einbruchsspuren, die hier aber nicht zu finden waren, und beschrieb den genauen Zustand vor Ort auf meinem Diktiergerät. Auffällig waren diverse leere Bier- und Schnapsflaschen in sämtlichen Räumen sowie offenstehende Schranktüren, die mich etwas irritierten.

Inzwischen war das Zimmer bzw. der Leichenfundort schon etwas ausgelüftet. Die kriminalistische Leichenschau bildete den Abschluß meines Arbeitstages und forderte nochmals vollen Einsatz, schließlich ist diese nicht gerade leichte Tätig-

47

keit mit vielen Erfahrungswerten und Überlegungen verbunden. Ich griff erneut zum Diktiergerät und meiner Checkliste, die ich mir akribisch selbst erstellt hatte. Sie enthielt über hundert stichpunktartige Denkhilfen. In den Jahren zuvor gab es noch zahlreiche Formvorlagen, die man direkt vor Ort mit dem Kugelschreiber auszufüllen hatte. Normalerweise untersucht man bei relativ frisch verstorbenen Personen Totenstarre, Hornhauttrübungen der Augen, den Zustand der Schleimhäute, Lage und Wegdrückbarkeit der Leichenflecke sowie die Körperkerntemperatur im After, um Hinweise über den Todeszeitpunkt zu gewinnen. Dies war aber bei dem augenscheinlichen Zustand des Mannes nicht mehr notwendig, denn er war schon vor mindestens vier Wochen verstorben. Diese lange Liegezeit, verbunden mit einer ungewöhnlich starken Aufdunstung, war vermutlich auch die Ursache für das Abrollen des Leichnams von der Couch auf den Fußboden. Die Spuren von getrockneter Leichenflüssigkeit auf der Couch ließen diesen Schluß sicher zu. Der Bauch des Toten hatte sich aufgrund der beginnenden Verwesung zirka zehn Zentimeter in ein dortiges Tischbein hineingedrückt. Es gab also Entwarnung: kein Mord oder Totschlag!

Der Zustand der Leiche ließ es zu, viele meiner Stichpunkte zu überspringen und mich statt dessen verstärkt auf die Untersuchung der Gliedmaßen und die Zeichen möglicher Gewalteinwirkung zu konzentrieren. Ich tastete den Kopf ab, betrachtete alle Körperöffnungen, suchte dabei auch nach Verletzungen, Abschürfungen, Abwehrverletzungen; ich schaute nach dem Fingernagelschmutz, Injektionsstichen und arbeitete die ellenlange Checkliste zur Todesursachenermittlung ab. Der Körper des männlichen Opfers befand sich schon in einem fortgeschrittenen Stadium der Selbstauflösung abgestorbener Körperzellen durch Enzyme, was man als »Autolyse« bezeichnet. Die Haut über der unteren Auflagestelle und der Schulter war schwarz-matt gefärbt und hatte bereits Austrittsstellen von Autolyse-Sekreten. Im Rippen- und Gesäßbereich waren noch helle Hautstellen zu sehen, während sich in den lila verfärbten Oberschenkeln schon Durchzeichnungen der großen Venen zeigten. Im Bauchbereich traten bereits grünliche Verfärbungen mit ersten Fäulnisblasen hervor. Anhand all dieser Spuren kann die annähernde Todeszeit bestimmt werden, was aber letztendlich Aufgabe der Gerichtsmediziner ist. Geschaudert hat es mich einmal mehr, obwohl ich schon über hundert solcher Fälle bearbeitet hatte. An solch einen Anblick gewöhnt man sich einfach nicht.

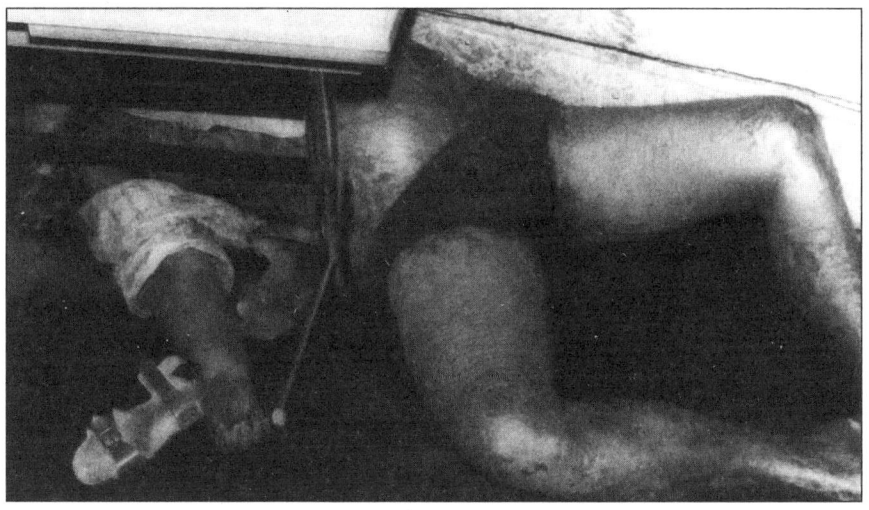

Das metallene Tischbein hatte sich bereits zirka zehn Zentimeter tief in den Bauch der Leiche eingedrückt.
Die Haut wies schon diverse Verwesungsspuren auf.

Doch dann begann es mich bei dem Versuch, die wohlgenährte Leiche in Bauchlage zu drehen, ganz fürchterlich zu würgen, denn die Haut des Toten flutschte mir regelrecht durch die Finger. Als ich obendrein die unzähligen Maden erblickte, die in dessen Mundbereich zum Vorschein kamen, mußte sogar ich mich erst einmal nach draußen begeben. Das kam ab und an vor, denn auch wir Kriminaltechniker sind nur Menschen mit Gefühlen und Empfindungen und keine Roboter, die nur stupide ihren Dienst verrichten. Kurioserweise dachte ich in jenem Moment an meine Frau und sagte mir innerlich: »Das darfst du zu Hause nicht erzählen! Die küßt dich nie wieder!« Ich war direkt froh, an Ort und Stelle allein zu sein, denn einerseits sah und hörte niemand, wie ich mir die Seele aus dem Leib würgte, andererseits konnte ich in aller Ruhe so arbeiten, wie ich es für richtig hielt. (Manchmal störte es mich ungemein, wenn jemand hinter mir stand und vor Langeweile unruhig im Kreis ging.)

Zum Glück lag nach meinen äußerlichen Untersuchungen kein Tötungsdelikt vor. Darüber hinaus konnte eine Einwirkung Dritter sicher ausgeschlossen werden. Es lag ein natürlicher Tod vor, der auf einen übermäßigen Alkoholkonsum zurückzuführen war. Offensichtlich war der Mann nach einem Erstickungsanfall der geplatzten Varizen (kleine Krampfadern), die sich in der Luftröhre befinden, gestorben. Ursache hierfür ist meist ein Versagen der Leberfunktionen. Der Mann fiel infolge der späteren Aufdunsung von der Couch.

Ich erledigte meine Arbeit und übernahm zum Schluß den Leichenschauschein vom Arzt, der ebenfalls kurz zugegen war, um den Tod des Mannes zu beurkunden.

5

AUF RAUBTIERJAGD

Zur Zeit meiner Tätigkeit im Kriminaldauerdienst kam es an einem Sonntag zu einem sehr außergewöhnlichen Einsatz im Bereich eines Tiergeheges in Halberstadt (um 1996). Unser Auftrag lautete: Spurensicherung im Tiergehege, da Jugendliche den Außenzaun aufgeschnitten und diverse Tiere aus den Käfigen »befreit« hatten.

Der Morgen dämmerte schon, als wir zu dritt relativ sorglos zum Einsatz aufbrachen und auf eine schnelle Abarbeitung dieses Falles hofften; der Feierabend war schließlich nah ... In Begleitung eines Tierpflegers suchten wir die Einstiegsstelle und sicherten mittels Gips etliche Schuheindrücke sowie mittels Klebefolien Kleidungsfasern, die an den scharfkantigen Schnittstellen des Zaunes hinterlassen wurden. Mit Sonnenaufgang kam zunehmend Leben in die Käfige und zu unserem Leidwesen auch auf den Verbindungswegen. Ziegen, Esel und Ponys rannten ungestüm die Berge hoch und runter. Es war schon eine Freude, die große Freiheit der Tiere mit anzusehen, doch sie währte nicht lange. Plötzlich bauten sich zwei stattliche Wölfe knurrend und Nase rümpfend im Abstand von acht Metern vor uns auf. Bei einem solchen Anblick bekamen wir allesamt absolutes Muffensausen und wünschten uns die Tiere hinter dem Zaun! Automatisch zückten wir unsere Pistolen. Über Funk forderten wir eine zusätzliche Besatzung der Schutzpolizei an und bildeten gemeinsam mit den zu Hilfe gerufenen Tierpflegern eine Kette, damit die Tiere nicht in andere Teile des Parks verschwinden oder gar in die Stadt entkommen konnten. Langsam schritten wir voran und trieben die Wölfe wie bei einer Treibjagd in die Richtung ihrer Käfige. Inzwischen war der Direktor eines anderen Tierparks mit einem Betäubungsgewehr eingetroffen. Er riet uns, den Wölfen nie den Rücken zuzukehren – was wir auch willig befolgten. Nach einigen Minuten war es uns endlich gelungen, die Wildtiere wieder unter Verschluß zu bringen.

Kaum wollten wir die weitere Spurensicherung fortsetzen – etliche Schlösser waren mittels Hebelwerkzeugen aufgebrochen worden –, ereilte uns eine Hiobsbotschaft: »Der Puma ist weg! Und der kann sehr gut klettern!«

Wolf (Foto: Tierpark Halberstadt)   *Puma (Foto: Internet, copyrightfrei)*

Alle schauten zeitgleich, fast wie beim Synchronschwimmen, hinauf zu den Bäumen. Ein weiteres Mal wurde uns ganz mulmig in der Magengegend. Nach Anweisung des Tierparkchefs durchstreiften wir vorsichtig das unübersichtliche Gelände und fanden den Puma nach einer halben Stunde auf einem etwa 15 Meter hohen Ahornbaum, in einer Astgabel, nur drei Meter vom Außenzaun entfernt. Es war ein ausgewachsenes, kräftiges Männchen. Aber Angst war scheinbar auf beiden Seiten mit von der Partie.

Der Tierparkdirektor ging keinen Kompromiß ein und lud das Betäubungsgewehr. Er schoß ... daneben! Mit Schrecken schaute er nach einem prüfenden Blick in seine Munitionskiste zu uns auf: Er hatte die Restmunition in seinem Büro liegen gelassen! Nun war guter Rat teuer. Einer meiner Kollegen zeigte schon nickend auf seine Pistole. Zum Glück wurde uns diese Entscheidung vom eintreffenden Leiter des Ordnungsamtes, der zugleich Jäger war, abgenommen. Nach einem kurzen Gedankenaustausch zwischen ihm und dem Tierparkdirektor war man sich schweren Herzens einig, den Puma vom Baum zu holen; die Gefahr des Übersprungs in die Freiheit war einfach zu groß. Der Ordnungsamtsleiter traf die Großkatze tödlich; das prächtige Tier mußte zumindest nicht leiden. Zwar fiel die Angst von uns ab, aber in der Seele tat es uns weh, daß der Puma nur aufgrund der Freveltat dümmlicher Jugendlicher sterben mußte, die sich über das Ausmaß ihres unüberlegten Handelns in keiner Weise im Klaren gewesen waren.

Vierzehn Tage später kam ein Reporter von »Kripo-Live« mit einem Kameramann zu uns in die Dienststelle, um über diesen Fall zu berichten. Ich mußte feststellen, daß es gar nicht so einfach ist, vor laufender Kamera die richtigen Worte zu finden.

Nur einige Tage später konnten die jugendlichen »Tierschützer« ermittelt werden. Für ihre leichtsinnige und folgenschwere Handlungsweise wurden sie zu einer längeren sozialen »Freizeittätigkeit« verurteilt.

6

DIE SCHRECKLICHSTE LEICHE MEINER LAUFBAHN

Es war Ende Juli, Anfang August Mitte der neunziger Jahre mit einer langen schwülen Hitzeperiode, als wir in den späten Nachmittagsstunden in eine kleine Gemeinde im heutigen Salzlandkreis zu einem angeblich nichtnatürlichen Tod einer männlichen Person beordert wurden.

Der vor Ort wartende Kriminalbeamte sah leichenblaß aus und deutete nur kurz mit dem Finger in Richtung eines Zimmers im ersten Obergeschoß eines Fachwerkhauses. »Ich nicht noch mal«, sagte er krampfend und mit würgenden Unterbrechungen, bevor er sich schnell wegdrehte. Anlieger hatten die Polizei verständigt, nachdem sie den 60jährigen, mittlerweile alleinstehenden, aber in geordneten Verhältnissen lebenden Mann schon seit Wochen nicht mehr gesehen hatten und Schlimmes befürchteten.

Vorsorglich – wir waren ja gewarnt und ahnten, was auf uns zukommen könnte – zogen wir unsere weißen Schutzanzüge und die blauen Einwegschuhe über. Im Obergeschoß des sonst leerstehenden Hauses waren alle Fenster geschlossen, allein die Tür vom Flur zur Wohnung stand einen winzigen Spalt offen. Einbruchsspuren waren nicht sichtbar. Dafür lag ein penetranter Verwesungsgestank in der Luft, der uns den Atem nahm. Obwohl wir noch nicht in der Stube waren, wo die Person liegen sollte, lief mir schon der Schweiß über die Stirn in die Augen. Glücklicherweise hatte ich ein saugfähiges Stirnband dabei. Langsam schlich ich mich an die Stubentür, unzählige Fliegenpuppen und fette tote Brummer unter meinen Füßen zerquetschend. Eine ziemlich eklige Angelegenheit.

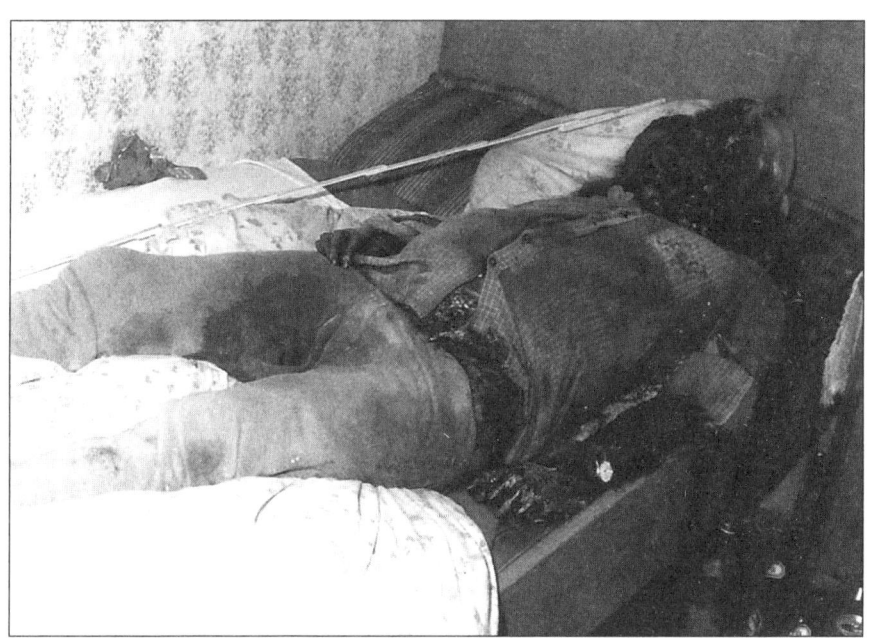

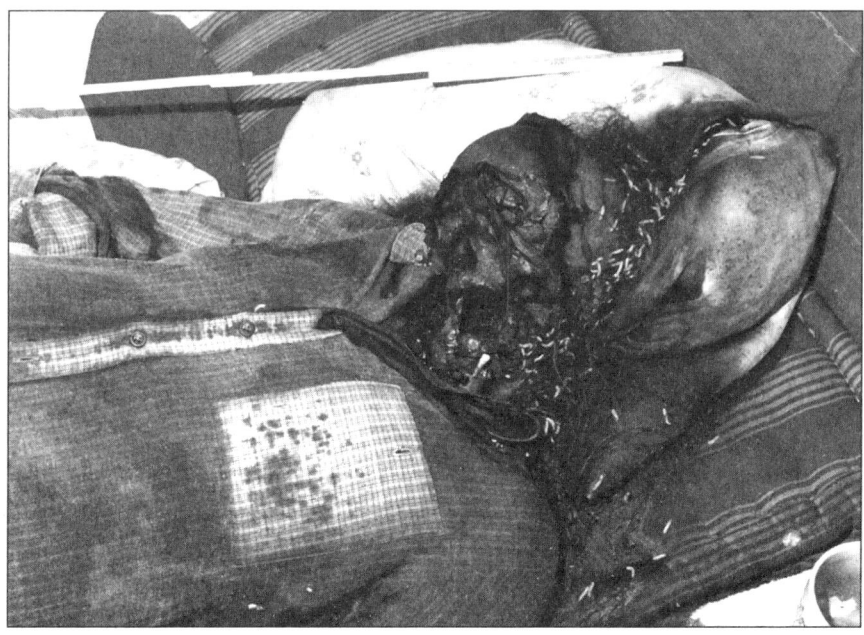

Der Tod hat viele Gesichter, und nicht immer ist es leicht,
ihm in die Augen zu sehen.

55

Als ich die Tür aufstieß, zuckte ich sprunghaft zurück, da mir Tausende von Fliegen entgegenschwirrten. Ihrem Sog folgte ein bestialischer, unerträglicher Gestank, der in meiner Laufbahn von nichts anderem übertroffen wurde. Unweigerlich hielt ich die Luft an, ging eilig hinein, öffnete die Fenster und schlug mir die Fliegen aus dem Gesicht. Ich war wie benommen und mußte erst einmal an die frische Luft. Zu diesem Zeitpunkt besaßen wir leider noch keine Schutzmasken mit Kohlefilter, so daß uns nur das Anlegen der dünnen Mundmasken aus Fließmaterial übrig blieb.

Nach etwa einer halben Stunde betraten wir erneut »die Höhle des Grauens«. Die lebenden Fliegen waren nur zum Teil geflüchtet. Vermutlich wollten sie nicht mehr von ihrer »Mahlzeit« lassen. Die Leiche, bekleidet mit einer Unterhose und einem Hemd, lag auf der Bettdecke. Der Weg zu ihr führte über einen von Leichenflüssigkeit vollgesogenen Teppich. Gummistiefel wären hier praktischer gewesen als diese dünnen blauen Einwegschuhe, die bei meiner Schuhgröße immer leicht einrissen. Also schön vorsichtig und ja nicht ausrutschen ... Der Kopf der Leiche war leicht nach rechts geneigt und ruhte auf einem Kopfkissen, welches sich durch die schon getrocknete Leichenflüssigkeit bräunlich bis schwarz verfärbt hatte. Die Kopfhaut war von zahlreichen Maden, die sich noch im Nacken und Mundbereich kringelten, durchsetzt. Einige Resthaare waren über die leeren Augenhöhlen gefallen, der Unterkiefer hatte sich schon vom Muskelfleisch gelöst. Nur flach durch den Mund atmend, ständig bemüht, mich nicht zu erbrechen, sprach ich rasch alles auf mein Diktiergerät.

Das Lüften half bei der Schwüle überhaupt nicht; kein Windhauch kam herein. Meine »kleine« Kollegin Heike Hirschelmann war ziemlich gefaßt, während sie, in der üblen Flüssigkeit stehend, die einzelnen Arbeitsschritte fotografierte. »Alle Achtung«, dachte ich. Kurz darauf brach ich den Einsatz, nachdem ich mir die Gummihandschuhe doch noch vollgeschmiert hatte, ab. »Hier ist nichts Kriminalistisches mehr zu sichern. Da müssen die Gerichtsmediziner ran«, sagte ich zu meiner Kollegin. Gemeint habe ich, daß ich hier vor Ort nicht mehr nach einem Messer im Rücken suchen mußte.

Wie so oft bei solchen schlimmen Ereignissen schaute ich dem Toten noch einmal ins Gesicht und lenkte meinen Blick zu den Füßen, die ich mir im Detail zu merken versuchte. Diese besondere Lebensweisheit und Herangehensweise stammt von meinem Vater, der sie aus dem 2. Weltkrieg und der Gefangenschaft mitbrachte. Mit ihr soll es gelingen, das entstellte Gesicht eines Toten aus dem Gedächtnis zu verdrängen.

Ich machte nur noch eine rasche Übersichtsskizze in meinem Aufzeichnungsheft, verließ den Raum und zog mir hastig meine Gummihandschuhe aus. Den glitschigen Kugelschreiber klemmte ich mir unbedacht hinter mein Ohr – ganz wie in alten Zeiten, als ich mir als Ofensetzer den Bleistift hinters Ohr gesteckt hatte. Mir standen im wahrsten Sinne des Wortes vor Ekel die Nackenhaare zu Berge. Diese Marotte habe ich mir schleunigst abgewöhnt!

Der angeforderte Hausarzt erahnte an dem fürchterlichen Gestank schon, was auf ihn zukommen würde, und drückte sich vor den Tatsachen. Er füllte den Totenschein aus, ohne die Leiche groß gesehen zu haben. Wir hätten ihm auch eine Frau unterjubeln können ... Die Bestatter holten sogleich eine Wanne mit Sägespänen.

Die spätere Obduktion ergab meiner Erinnerung nach eine Tablettenvergiftung; Fremdeinwirkung konnte ausgeschlossen werden. Der Fall kam ins Archiv.

7

TÖDLICHER WOHNUNGSBRAND

Es war ein heißer Sommertag, als die Feuerwehren zu einem Wohnungsbrand in eine Kleinstadt in der Nähe von Oschersleben gerufen wurden. Schon bei der Anfahrt konnten sie sehen, wie die Flammen aus einem Fenster des betroffenen Objektes hochschlugen. Obwohl der erste Löschangriff gut verlief, kam für die Bewohnerin des Hauses jede Hilfe zu spät. Da die Tür mit einem Sicherheitsschloß von innen her gut gesichert war, konnte eine Fremdeinwirkung oder ein vorheriger Einbruch nach Ansicht der Schutzpolizei mit großer Wahrscheinlichkeit ausgeschlossen werden. Zuvorderst interessierte die Schutzpolizei aber, wie es zu dem Brand gekommen war. Hatte gar jemand etwas durch das Fenster geworfen, da auf dem Gehweg zerborstenes Fensterglas lag? Die Kripo wurde zur Brandursachenermittlung angefordert.

Als ich mit meinem Team in den Vormittagsstunden am Ereignisort eintraf, war die Brandwache der zuständigen Feuerwehr noch vor Ort und wies uns ein. Jeder meiner Leute vom damaligen Kriminaldauerdienst bekam seinen Auftrag entsprechend seiner Fähigkeiten. Darunter fielen Rundumermittlungen, Zeugenvernehmungen, Fertigung von Skizzen, Tatortfotografie, Protokoll über den Brandort im weiteren Sinn, Protokoll zum Brandort im engeren Sinn, Brandursachenermittlung und die Todesursachenermittlung mit kriminalistischer Leichenschau.

Bedingt durch meine Erfahrungen als Ingenieur für Brandschutz, die ich mir zuvor bei der beruflichen Feuerwehr in Halberstadt erworben hatte, war mein Tätigkeitsfeld meist schon vorab festgelegt: Brandursachenermittlung. Die durchschnittliche Einsatzzeit lag damals zwischen vier bis acht Stunden, man kann auch sagen, wenn man den Einsatzort zu seiner eigenen Zufriedenheit und mit ruhigem Gewissen verließ. Im Zuge der Ermittlungen verbrachte man weitere zwei bis drei Tage mit der schriftlichen Abarbeitung des Einsatzes in der Dienststelle. Die Berichte mußten geschrieben, die Zeichnungen in den Computer übertragen und die Lichtbildanlage gefertigt werden. Solche Aufgaben gehörten nicht zu den beliebtesten Tätigkeiten. Das ist wohl heute auch noch so.

Diese beiden Fenster wurden nicht eingeworfen,
sie waren durch Wärmestrahlung hitzebelastet und fielen dann bei zirka
327 Grad Celsius von allein heraus.
Da das linksseitige Fenster intensiver belastet war, konnte man davon
ausgehen, daß die Wärmequelle sich auch linksseitig befand.

Die ausgebrannte Wohnstube war bei unserer Arbeitsaufnahme bereits rauchfrei und erkaltet. Leider hatten die Kameraden der Freiwilligen Feuerwehr etwas vorschnell den Leichnam aus dem Brandschutt gezogen, was sicherlich kei-

59

ne böse Absicht und im Eifer des Gefechts geschehen war. Eine Fremdeinwirkung auf die Fensterscheiben der Erdgeschoßwohnung konnte schnell ausgeschlossen werden, da alle auf dem Gehweg befindlichen Glasscherben nur einseitig berußt und kein unberußtes Splitterglas darunter war.

Die Zündquelle konnte anhand des gut sichtbaren Brandfächers an der Wohnzimmerwand leicht ausfindig gemacht werden. Auf der Abbildung erkennt man einen aussagekräftigen Brandfächer in den verschiedenen Phasen seiner Entwicklung. Die Kombination von Putzabplatzungen mit einer Wiederbeaufschlagung von Ruß[6] verwies auf die Brandausbruchsstelle, die sich in den Ascheresten einer Couch befand. Man konnte sie direkt unter der fußballgroßen und satten Berußung sehen.

An dieser Stelle brannte es zuerst, dann fiel der Putz ab, und nachdem der brennbare Stoff darunter verbrannt war, kühlte sich die Stelle ab, so daß sich erneut Ruß von anderen brennbaren Materialien absetzen konnte. Die Brandspur »Brandfächer«, der sich räumlich auch als »Brandtrichter« zeigt, ist eine der wichtigsten Spuren zur Auffindung der Brandausbruchsstelle. Man muß die unterschiedlichsten Putzabplatzungen, Verfärbungen und Rußanhaftungen nur gedanklich mit Linien verbinden.

Im Tiefpunkt dieser Linien befand sich in diesem Fall, nahe der ursprünglichen Leichenlage, der Rest einer elektrischen Mehrfachsteckdose, die sogleich gesichert wurde. Im LKA konnte der zuvor vermutete technische Defekt durch eine Untersuchung eindeutig bestätigt werden. Erfahrungsgemäß fehlt den Billigprodukten die Klemmkraft, so daß es bei Dauerbelastungen zur Funkenstrecke kommt. Rauchmelder hätten der Frau womöglich das Leben retten können.

---

6   Erneute Berußung nach der Putzabplatzung.

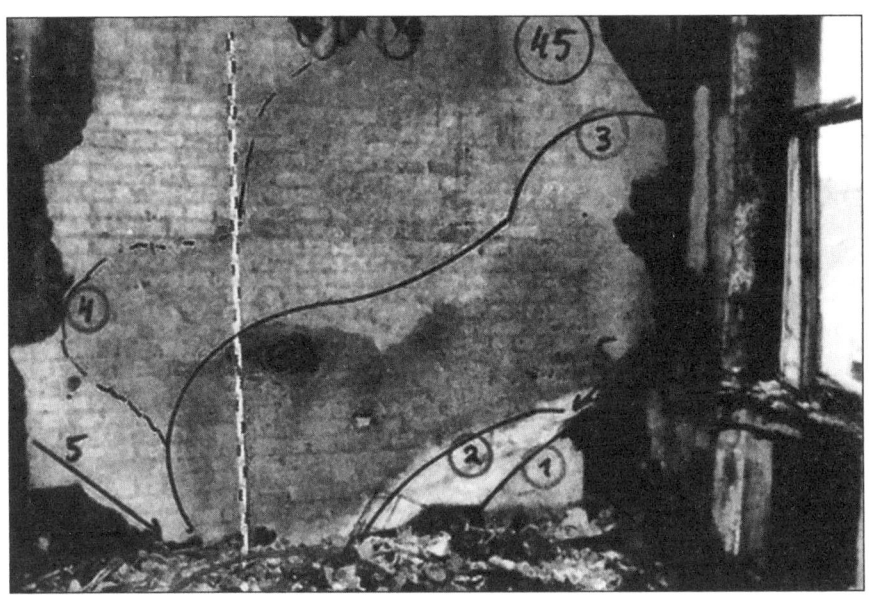

*Die Spur »Brandfächer« ist eine der wichtigsten Brandspuren
zur Auffindung der Brandausbruchsstelle. Man kann anhand der Wandputzabplatzungen und der unterschiedlichen Berußungsphasen wie
in einem Bilderbuch lesen. Im Tiefpunkt des Fächers befindet sich fast
immer die brandauslösende Zündquelle.*

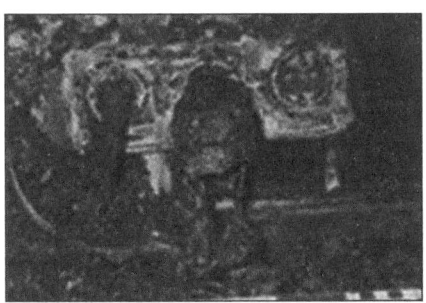

*Die Zündquelle »Funkenstrecke« in
Steckdosen haben schon viele
Brände verursacht. Man sollte schon
beim Kauf auf Qualität achten. Der
große Schwachpunkt ist die
mangelnde Klemmkraft des Metalls.*

Typisches Glas mit Hitzesprüngen.

Bei ca. 327 °C werden die Spannungen im Glas so groß, dass sich unregelmäßige, wellen- u. bogenförmige Sprünge bilden. Meist fällt die Scheibe dann bei der kleinsten Bewegung mit lautem Knall in den Brandraum hinein und man vermutet eine Explosion.
Die Spannungen entstehen durch die unterschiedlichen Temperaturen der Außen-u. Innenseite des Fensters. Es entsteht eine Art „Bimetalleffekt" – die Scheibe wölbt sich zur Energiequelle hin.

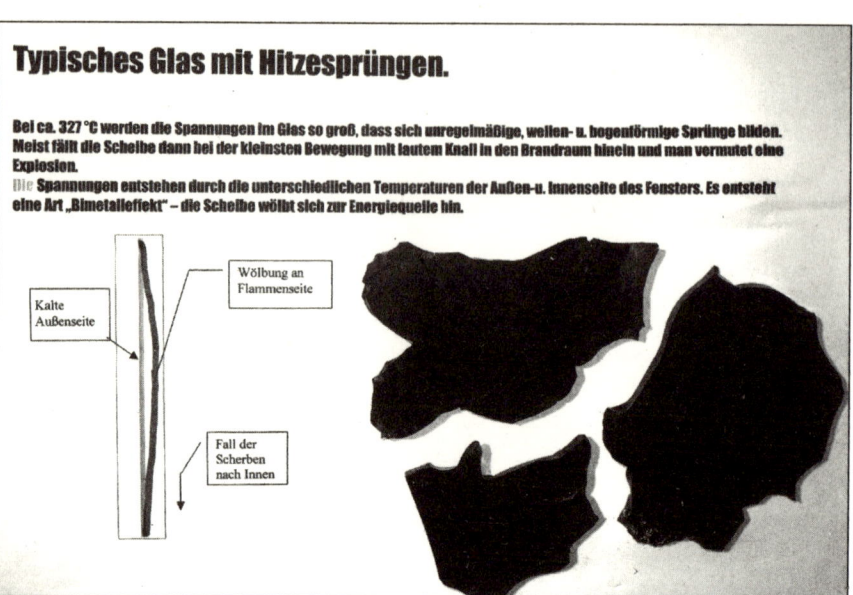

Kalte Außenseite

Wölbung an Flammenseite

Fall der Scherben nach Innen

Typisches „Einbruchsglas"
a) Radialbruchkanten
b) Konzentrische Bruchkanten

Dieses Glas wurde unter dem Brandschutt gefunden – es hat keine Rußbeauflagung und ist nicht brandbelastet.
Wertung : → Erst Einbruch → dann hat es gebrannt !

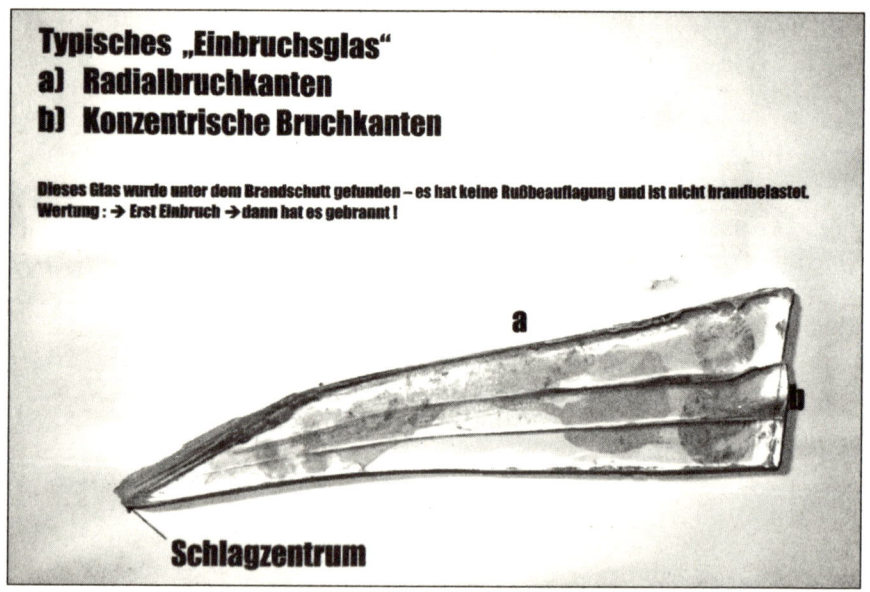

a

b

Schlagzentrum

8

DER KILLER
HATTE EIN FELL

Der Hund ist der beste Freund des Menschen«, sagt man. Wenn ich an nachfolgenden Fall denke, möchte ich einen solchen aber auch nicht unbedingt zum Feind haben. Der Fall zeigt aber auch in voller Deutlichkeit, daß man seinen »besten Freud« nicht so sträflich behandeln sollte.

In einer Spätschicht des Jahres 1995 wurde mein dreiköpfiges Team des Kriminaldauerdienstes in die Gröperstraße, die sich in der Altstadt von Halberstadt befindet, gerufen. Dort sollte ein Hund sein Herrchen tot gebissen haben.

Als wir das alte Fachwerkhaus betraten, verabschiedeten sich gerade die Kräfte des Rettungsdienstes und übergaben uns den Totenschein mit dem Hinweis: »Hier war nichts mehr zu machen. Der Mann ist bestimmt an seinen starken Blutungen verstorben. Alle Wiederbelebungsversuche waren erfolglos.« Mit einem Fingerzeig wiesen sie auf den »Übeltäter«, der zitternd, mit geneigtem Kopf und unterwürfig eingeklemmtem Schwanz an einem Treppengeländer angebunden war. Ein trauriges Bild! Was in diesem Tier gerade vorging, konnte keiner wissen, doch sahen wir ihm förmlich sein schlechtes Gewissen an.

Von der anwesenden Schutzpolizei erfuhren wir, daß sich der Tote im Zwinger des Hinterhofes befand. Ein kurzer Blick auf die Gesamtlage beschleunigte die Verteilung der Aufgaben. »Ich mache die Zeugenbefragung«, rief der eine. »Und ich die Rundumbefragung und den Tatort im weiteren Sinne«, rief schnell noch der andere. Mein Vater pflegte in solchen Situationen immer zu sagen: »In jedem Zirkus gibt es einen Clown und tu Huse bin ick es!«

63

Ich zog meinen weißen »Talar« und die gepuderten Gummihandschuhe an, streifte auch einen über mein Diktiergerät und begab mich nach den Übersichtsaufnahmen in den zirka zwei mal vier Meter großen Zwinger, der zum Teil betoniert war und teils einen natürlichen Boden aufwies.

Der Tote lag leicht an die Rückwand gelehnt, die mit intensiven Wischspuren von blutähnlichen Substanzen versehen waren. Bis zu einen Meter hoch hatte sich der Geschädigte mit seiner blutdurchtränkten Kleidung und seinem blutenden Kopf an der Wand auf einer Breite von zirka zwei Metern abgebildet. Man spürte regelrecht, welche Kampfszene sich hier abgespielt haben mußte. Ich hatte nicht an die Plastiküberziehschuhe gedacht; meine guten Halbschuhe waren jedoch schon mittendrin in einer undefinierbaren Masse aus schmierigen und auseinandergetretenen Kotbergen. Hier hätte ich Stiefel gebraucht, dachte ich, und sah mich hilfesuchend um. Niemand ließ sich bei mir blicken!

Ich mußte mit eintretender Dunkelheit die Taschenlampe halten, fotografieren, die Leiche entkleiden und den Maßstab anlegen. Ich sah bald ähnlich aus wie die Leiche: blutverschmiert von oben bis unten, an den Handschuhen, am Schutzanzug ... und die Schuhe erst! Den Ärmsten hat es ganz schön erwischt, dachte ich, als ich seinen Kopf mit den zahlreichen kleinen Bißverletzungen, die zum Teil auch noch faserig eingerissen waren, abtastete. Unter der Bekleidung waren kaum Verletzungen sichtbar, aber umso mehr an den Händen. An der rechten Hand waren die Finger zerrissen und an seiner linken fehlten sie bis hin zum Handballen. Scheinbar hatte der Geschädigte beim Angriff des total wildgewordenen Hundes die Hände schützend vor sein Gesicht gehalten – eine aussichtslose Maßnahme.

Nach dem Diktat und dem Hinweis meines Kollegen, daß das Herrchen nach jedem Kneipenbesuch immer mit einem

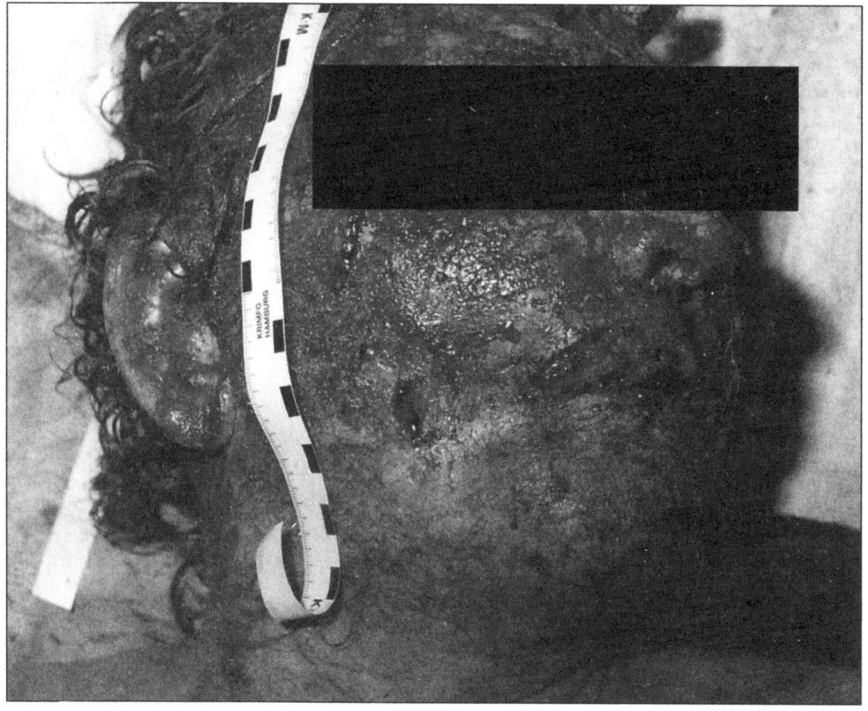

Fotos von der aufgefundenen Leiche des Hundehalters.
Sie wies unzählige Bißverletzungen auf.

Sohn des Opfers: Rex war ein Killer und auf Kehle abgerichtet

Von BERND KAUFHOLZ (Text)
und ASTRID SIEMON (Fotos)

Halberstadt (EB). Dienstag nachmittag kurz nach 16 Uhr. Eberhard ■■■■(64) trinkt im Tante-Emma-Laden, unter seiner Wohnung in der Halberstädter Gröperstraße 20, sein letztes Bier. Dann verabschiedet sich der nicht mehr ganz nüchterne Dachdecker von seinem langjährigen Freund, Bernd ■■■■, dem Inhaber des Geschäftes.

Der Ladenbesitzer gestern zur Volksstimme: „Eberhard ist seit ein paar Wochen auf Rente. Er hat noch gesagt, wie froh er ist, daß die Schufterei auf dem Bau nun vorbei ist. Über seine 1800 Mark Rente hat er sich echt gefreut." Was während der nächsten Stunde

auf dem Hof des Hauses geschieht, darüber könnte nur Eberhard ■■■■ selbst Auskunft geben. Doch der ist tot.

Als erste entdeckt ihn seine Lebenskameradin, Käthe ■■■■■■■ (59). Sie sieht aus dem Fenster den leblosen Körper im Hundezwinger sitzen. Die Frau läuft aufgelöst nach unten in den kleinen Laden und ruft: „Da ist was passiert."

„Ich hab' gleich geahnt, was los ist. Der Rex, Eberhards Schäferhund, hatte schon zweimal Leute angefallen. Einem hat das Tier das halbe Ohr abgebissen", so ■■■■. Der Inhaber des Geschäftes ruft Polizei und Notarzt.

Ihnen bietet sich ein Bild des Grauens: Boden und Gitter des Zwingers sind blutbespritzt.

Der siebenjährige Rüde läßt niemanden in die Nähe seines Herrn. Schießen wollen die Beamten nicht, weil sie nicht wissen, ob der Hundebesitzer vielleicht doch noch lebt.

Ditmar ■■■■ (31), der Sohn, wird geholt. Erst ihm gelingt es, das Tier zu bändigen. Für seinen Vater kommt jedoch jede Hilfe zu spät: Das Gesicht des Mannes ist zerfleischt, ebenso ein Arm und eine Seite des Oberkörpers. Vermutlich ist er verblutet.

„Der Rex war ein Killer. Mein Vater hat ihn ‚auf Kehle' abgerichtet. Als Schutz für sich. 25 Jahre lang hat er Hunde ausgebildet und kannte sich aus", sagt Ditmar ■■■■.

„Es war eine regelrechte Hinrichtung", so ■■■■ „Ob

er den Hund gereizt hat oder ob es aus einem anderen Grund zu diesem Drama gekommen ist? Keiner weiß es. Die Lebenskameradin des Toten: „Wenn das Tier in der Nähe war, hatte ich immer ein ungutes Gefühl."

Rex überlebte seinen Herren nur kurze Zeit. Ditmar ■■■■ verlangte, daß er an Ort und Stelle eingeschläfert wird.

Alkoholfahne verbinden Hunde mit Schmerzen

Ein „anerzogenes Verhaltensmuster", so die Magdeburger Tierärztin, Dr. Margarethe Neumann, könne für den Vorfall ausschlaggebend gewesen sein. „Besonders bei Schäferhunden aus DDR-Zucht hat man Wert darauf gelegt, daß sie ‚scharf' sind."

Auf die Frage des möglichen Auslösers für das tragische Ereignis antwortet sie: „Hunde hassen Alkohol. Auf Grund ihres viel besseren Riechvermögens nehmen sie ihn weitaus deutlicher wahr. Mit dieser Wahrnehmung verbinden sie oft körperliche Schmerzen, weil sie ihr Besitzer bei anderer Gelegenheit im alkoholisierten Zustand geschlagen oder getreten hat."

Nach Ansicht von Dr. Margarethe Neumann könnte es auch eine andere Erklärung geben: „Wenn der Besitzer aus irgend einem Grund liegt und keine Reaktion mehr zeigt, versucht der Hund sein Herrchen zu schleppen. Dabei kann es auch zu schweren Bißwunden kommen."

Links: Ditmar ■■■■, der Sohn des Toten: „Der Rex war ein Killer. Mein Vater hat ihn auf Kehle abgerichtet. Trotzdem hat es mir leid getan, als das Tier eingeschläfert wurde." Oben: Der Hundezwinger auf dem Hof des Hauses in der Halberstädter Unterstadt.

Zeitungsbericht des Falles, verfaßt von Bernd Kaufholz.

Knüppel an den Gitterstäben entlanggerasselt habe, brach ich die kriminalistische Leichenschau ab. Umdrehen wollte ich den Leichnam unter diesen widrigen Verhältnissen nicht mehr. Ohnehin lag vermutlich keine Straftat nach der Strafprozeßordnung (StPO) vor. Dennoch wurde die Leiche an den Folgetagen der Gerichtsmedizin vorgestellt.

66

In der *Volksstimme* stand am nächsten Tag folgender Bericht von Bernd Kaufholz: »Eberhard N. (64) trinkt im Tante-Emma-Laden, unter seiner Wohnung in der Halberstädter Gröperstraße 20, sein letztes Bier. Dann verabschiedet sich der nicht mehr ganz nüchterne Dachdecker von seinem langjährigen Freund, Bernd N., dem Inhaber des Geschäftes. Der Ladenbesitzer gestern zur *Volksstimme*: ›Eberhard ist seit ein paar Wochen auf Rente. Er hat noch gesagt, wie froh er ist, daß die Schufterei auf dem Bau nun vorbei ist. Über seine 1800 Mark Rente hat er sich echt gefreut.‹ Was während der nächsten Stunde auf dem Hof des Hauses geschieht, darüber könnte nur Eberhard N. selbst Auskunft geben. Doch der ist tot. Als erste entdeckt ihn seine Lebenskameradin, Käthe N. (59). Sie sieht aus dem Fenster den leblosen Körper im Hundezwinger sitzen. Die Frau läuft aufgelöst nach unten in den kleinen Laden und ruft: ›Da ist was passiert!‹ ›Ich hab' gleich geahnt, was es ist. Der Rex, Eberhards Schäferhund, hatte schon zweimal Leute angefallen. Einem hat das Tier das halbe Ohr abgebissen‹, so N. Der Inhaber des Geschäftes ruft Polizei und Notarzt. Ihnen bietet sich ein Bild des Grauens: Boden und Gitter des Zwingers sind blutbespritzt. Der siebenjährige Rüde läßt niemanden in die Nähe seines Herrn. Schießen wollen die Beamten nicht, weil sie nicht wissen, ob der Hundebesitzer vielleicht doch noch lebt. Dietmar N. (31), der Sohn, wird geholt. Erst ihm gelingt es, das Tier zu bändigen. Für seinen Vater kommt jedoch jede Hilfe zu spät: Das Gesicht des Mannes ist zerfleischt, ebenso ein Arm und eine Seite des Oberkörpers. Vermutlich ist er verblutet. Der Rex war ein Killer. ›Mein Vater hat ihn ›auf Kehle‹ abgerichtet. Als Schutz für sich. 25 Jahre lang hat er Hunde ausgebildet und kannte sich aus‹, sagt Dietmar N. ›Es war eine regelrechte Hinrichtung‹, so N. Ob er den Hund gereizt hat oder ob es aus einem anderen Grund zu diesem Drama gekommen ist? Keiner weiß es. Die Lebenskameradin des Toten: ›Wenn das Tier in der Nähe war, hatte ich immer ein ungutes Gefühl.‹

Rex überlebte seinen Herrn nur kurze Zeit. Dietmar N. verlangte, daß er an Ort und Stelle eingeschläfert werden solle.

›Ein anerzogenes Verhaltensmuster‹, so die Magdeburger Tierärztin Dr. Margarethe Neumann, könne für den Vorfall ausschlaggebend gewesen sein. ›Besonders bei Schäferhunden aus DDR-Zucht hat man Wert darauf gelegt, daß sie ›scharf‹ sind.‹ Auf die Frage des möglichen Auslösers für das tragische Ereignis antwortet sie: ›Hunde hassen Alkohol. Aufgrund ihres viel besseren Riechvermögens nehmen sie ihn weitaus deutlicher wahr. Mit dieser Wahrnehmung verbinden sie oft körperliche Schmerzen, weil sie ihr Besitzer bei anderer Gelegenheit im alkoholisierten Zustand geschlagen oder getreten hat.‹ Nach Ansicht von Dr. Margarethe Neumann könnte es auch eine andere Erklärung geben: ›Wenn der Besitzer aus irgendeinem Grund liegt und keine Reaktion mehr zeigt, versucht der Hund sein Herrchen zu schleppen. Dabei kann es zu schweren Bißwunden kommen.‹«

Zum Schluß sei angemerkt, daß der Geschädigte zu DDR-Zeiten Hundeausbilder bei der Volkspolizei war, also ein ehemaliger Kollege.

9

SPINNWEBENHÖHLE

Im Jahr 1996 waren wir zu dritt unterwegs und hatten gerade einen Auftrag erledigt, als wir vom Lagezentrum schon zum nächsten Einsatz zitiert wurden: Eine junge Frau aus Aschersleben bezichtigte sich selbst, ihr Kind umgebracht zu haben.

Als wir eintrafen, waren die Vernehmungen bereits erfolgt; uns erwartete »nur noch« die Tatortarbeit, um sicherzustellen, daß der geschilderte Kindsmord auch tatsächlich stattgefunden hatte. Leider hatte es niemand für nötig gehalten, uns vor dem Zustand der Wohnung zu warnen, denn als wir die unverschlossene Tür aufschoben, bot sich uns ein Bild ... einem Gruselfilm erster Klasse gleich.

Die gesamte Wohnung, bestehend aus Stube, Küche und Schlafraum, war komplett – von der Decke bis hinunter zum Fußboden – mit dichten, verstaubten Spinnweben versehen. Die Sichtweite lag nahezu bei null, zumal auch die Fenster verdunkelt waren. Lediglich die täglichen Laufwege der Bewohnerin, die etwa in Breite und Höhe ihrer zierlichen Figur entsprachen, zeigten ein bestimmtes Bewegungsmuster zwischen Bett, Waschbecken und mehreren zum Teil prallgefüllten – ich möchte es einmal vorsichtig ausdrücken – Fäkalieneimern. Unter unseren Schuhen drückte es sich meist weich ein, da der Fußboden mit zirka zwei bis drei Zentimeter dickem Hausmüll, darunter auch toten Mäusen, belegt war.

Wir verließen zunächst die Räumlichkeiten und zogen uns die weißen Overalls, Gummihandschuhe und Schutzmaske über, wobei uns der blanke Ekel überkam. Wir waren jedoch gezwungen, in dieser Wohnung, die mehr einer verstaubten Höhle glich, ein totes Kind zu finden. Nachdem wir die fotografische Sicherung dieses Elends vorgenommen und Küche sowie Stube intensiv in Augenschein genommen hatten, öffneten wir vorsichtig die Schlafzimmertür.

Dort mußten wir feststellen, daß dieser Bereich seit Jahren nicht mehr betreten worden war. Hier existierte kein Gangbild, also auch keine Höhle. Mit einem alten Besen drückten wir die Spinnweben herunter, um die Sicht zu erleichtern. Eine alte verstaubte Einkaufstüte aus Plastik erregte unsere Aufmerksamkeit. Als mein Kollege sie öffnete, standen uns die Haare zu Berge: Mit viel Phantasie konnte man eine mumifizierte Kinderleiche erkennen! Der tote Säugling war nicht größer als ein Kaninchen. Schlußfolgernd mußte das Kind schon bei der Geburt oder kurz danach verstorben sein. Den anschließenden Untersuchungen nach lag der Kindstod schon zirka zwei Jahre zurück.

Zu den weiteren Ermittlungen erhielt ich leider keine Kenntnis. Offenbar besaß die junge Frau keine sozialen Kontakte und lebte am Rande des Existenzminimums. Die augenfällig psychisch sehr stark angeschlagene Frau hatte sich ganz in sich selbst zurückgezogen – ihre Seele kann man sich wie die Spinnenwebenhöhle vorstellen, in der sie ihr Dasein fristete. Es schien, als habe sich die Frau über Jahre hinweg um eine vernünftige Entscheidung herumgeschlichen. Erst ihre Selbstanzeige brachte ihr Erlösung.

Ob das Kind tot geboren oder durch Unterlassung bzw. Tötung den Tod gefunden hatte, entzieht sich meiner Kenntnis. Interessante Einblicke in das Thema »Kindsmord nach der Geburt« liefert mein Kollege Kriminalrat a. D. Hans Thiers in seinen Büchern »Mordfälle im Bezirk Gera« (Band I und II).

In diesem Bereich fanden wir eine Babyleiche.
Die Zustände sprechen für sich.

10

DER VERDAMMTE STROM

Meine Zeit im Fachkommissariat 2 (1996–1999)

In den Mittagsstunden des 22. Januar 1996 kam ich in Großalsleben zum Einsatz, da die Freiwillige Feuerwehr dort eine tote Person in einem ausgebrannten kleinen Haus gefunden hatte.

Die *Volksstimme Oschersleben* veröffentlichte dazu am nächsten Tag folgenden Bericht: »Manipulation an elektrischen Leitungen/Polizei legte Untersuchungsergebnis zum Brand in Großalsleben vor. Heizstrahler war die Ursache für Ausbruch des Feuers[7].

Großalsleben. Die Ursache für den Wohnungsbrand am Donnerstag gegen 10.50 Uhr in Großalsleben, bei dem der 55jährige alleinige Bewohner des Hauses nur noch tot geborgen werden konnte, ist vermutlich geklärt. Die Brandursachenuntersuchung durch Beamte der Polizeidirektion erbrachte, daß der Brand durch Manipulationen an der elektrischen Anlage verursacht wurde. Aufgrund nichtbezahlter Stromrechnungen wurde dem Geschädigten vor längerer Zeit schon der Strom abgeschaltet. Durch eine vermutlich durch ihn illegal und unfachmännisch angezapfte elektrische Leitung wurde der Stromzähler überbrückt und ein elektrischer Strahler betrieben, der zum Zeitpunkt des Brandausbruchs in Betrieb war. Durch das Nichteinhalten eines entsprechen-

---

7   Diese Schlagzeile mag den Laien nicht aus dem Sessel reißen, aber sie ist im Wortlaut falsch. Es hätte heißen müssen »des Brandes«, denn ein Feuer ist ein gewolltes Ereignis, ein Brand hingegen ein ungewolltes!

den Sicherheitsabstandes (1 Meter) des Strahlers zu leicht entzündlichen Stoffen wurde durch die starke Hitzeabstrahlung unter anderem die Bodentür in Brand gesetzt. Schnell breitete sich der Brand auf die anderen Räumlichkeiten aus, unter anderem auch im Schlafraum, in dem der Geschädigte im Schlaf überrascht wurde. Durch die Löscharbeiten der Feuerwehren Großalsleben und Oschersleben, die mit zwei Löschzügen vor Ort waren, wurde verhindert, daß der Brand auf benachbarte Grundstücke übergreifen konnte.«

So leicht, wie es geschrieben ist, war die Arbeit jedoch nicht, denn immerhin habe ich lange in den brandtypischen Spuren lesen müssen, um zu der Feststellung zu gelangen, daß der Brand nicht in dem Raum ausgebrochen war, in dem der Mann verstorben war, sondern im Flur! Zunächst fand ich die Leiche auf einer Couch liegend, die gleichmäßig vom Brand belastet war. Zudem gab es keinerlei Brandfächer oder -trichter. Die gesamte Brandlast war gleichmäßig in Brand geraten, was schon ungewöhnlich war. Mögliche Zündquellen fand ich keine. Lediglich im Flur, der eher wenig brandbelastet war, gab es Brandübergriffsspuren, die aus Richtung Bodentreppe kamen.

Als ich mir den Treppenbereich anschaute, fand ich endlich die ersehnte, in Frage kommende Zündquelle: einen Heizstrahler! Bei Verfolgung der Kupferlitze, die zum Glück nicht durch die Feuerwehr beschädigt wurde, fand ich den »schwarz« angelegten Stromanschluß, der den Stromzähler überbrückte.[8]

Aber wie kam es zum Brand? Sollte der Mann so unvernünftig gewesen sein und den Strahler gegen die verschlossene Holztür geblasen lassen haben? Offensichtlich war der Strahler seine einzige Wärmequelle, die er bei Besuchen

---

8 In der Not wird man erfinderisch, wobei angemerkt werden muß, daß die Entziehung von elektrischer Energie ungewöhnlich hart bestraft wird.

Vergleichsfoto: Ein typischer Wohnungskleinbrand.
Der Verursacher war mit seiner Zigarette eingeschlafen.

immer schnell hinter dieser Tür versteckt hat. Ansonsten lief das Gerät wohl den ganzen Tag auf voller Leistung. So wurde die warme Luft über die Treppe ins Haus gedrückt. Und genau das wurde dem Mann zum Verhängnis: Es ist anzunehmen, daß die Holztür, während er schlief, durch einen Zug – wie auch immer – zuschlug und somit aufgrund des Abstandes von weniger als 30 Zentimetern in Brand geriet.

11

MEINE ERSTE
RAUMEXPLOSION

Im April 1995 erfolgte eine Strukturreform, woraufhin aus der Polizeiinspektion eine Polizeidirektion wurde. Folglich drehte sich das Personalkarussell in allen Führungsebenen, und der Kriminaldauerdienst wurde auf die Fachkommissariate verteilt.

Ich landete im FK 2, »Fachkommissariat für Leben und Gesundheit«. Ich konnte mich nicht beklagen und fand einen gut strukturierten Kriminalbereich mit älteren, erfahrenen Experten sowie jungen, dynamischen Kriminalisten und Kriminalistinnen vor. Unter ihnen war auch ein sehr guter Bekannter, mein ehemaliger Leiter von der Abteilung Feuerwehr Halberstadt, Hauptmann der Feuerwehr, nunmehr Kriminaloberkommissar (kurz: KOK) Hans-Detlef Hahn. Ihm wurde ich zugeteilt, da er das Fach Brandursachenermittlung noch zu DDR-Zeiten in der Brand- und Katastrophenschule Heyrothsberge gelehrt bekommen hatte. Ich selbst hatte dort nur ein externes Studium unter erleichterten Bedingungen absolviert, aber auch den Titel »Ingenieur für Brandschutz« erhalten.

Mein neues Aufgabengebiet war, was die Anforderungen anbelangte, wesentlich höher angesiedelt: Ich ermittelte in Fällen von Mord und Totschlag sowie damit verbundenen Großbränden mit schweren Folgen. Erneut mußte ich mich mit einem neuen Wissensgebiet befassen und in der Bereitschaftszeit die gesamte Palette der Kriminalität abarbeiten. Zum Glück bekam ich von allen eine gute Rückendeckung und Hans-Detlef führte mich am Schreibtisch in die geforderten wissenschaftlichen Abläufe am Brandort ein. Nebenher studierte ich die Fachliteratur. Schon in der ersten Woche – Hans-Detlef war verhindert – ereilte mich der erste Einsatz.

In Aschersleben war ein Nebengebäude mit einem enormen Knall explodiert, wonach eine Person mit schweren Verbrennungen in ein Krankenhaus nach Hamburg geflogen werden mußte. Ersten Angaben zufolge handelte es sich um einen Versicherungsfachmann, der die Räumlichkeiten im Nebengebäude für sich nutzte. Als er sich in den frühen Morgenstunden eine Zigarette anzünden wollte, kam es plötzlich zur Explosion, die eine ganze Stadt aufweckte. Gebrannt hatte es in diesem Fall aufgrund weniger brennbarer Stoffe nicht mehr. Am Unfallort zog ich mir meinen neu erworbenen roten Overall über und stand nach Einweisung durch die sichernde Schutzpolizei vor einem gigantischen Trümmerhaufen – allein. Noch oft sollte ich in den Nachfolgejahren solche Situationen erleben, frei nach dem Motto: »Der Experte ist da, und nun schnell weg, wir haben eh keine Ahnung, aber dafür einen riesen Hunger!«

An einem frostigen, stark verschneiten zweiten Weihnachtstag ließen mich solche liebenswerten Kollegen sogar einmal mit einer Leiche auf einem Acker, nahe einer Tankstelle bei Hoym, allein zurück. Wahrscheinlich war ich einfach zu gutmütig – die nötige Aggression fehlt mir heute immer noch.

Die gesamte Tatortarbeit, die wir im Kriminaldauerdienst immer im Team bewältigt hatten, kam nun von Mal zu Mal auf mich allein zu. Berichte über Berichte, Vernehmungen, Fotos, Spurensicherung, Zeichnungen usw. In solchen Situationen durfte man nicht die Übersicht verlieren, das hatte ich schon bei einigen größeren Einsätzen gelernt. Nach kurzer Anlaufzeit begann mein »Räderwerk« unabhängiger zu laufen. Das Diktiergerät wurde auf all meinen einsamen Spurensuchen mein bester Freund.

Hinter der Toreinfahrt war das Gebäude rechtsseitig eingestürzt.

Doch zurück zu unserem Fall: Inmitten dieses enormen Trümmerfeldes drehte ich zunächst eine große Runde, um mir ein Bild vom Ausmaß der Zerstörung zu machen. Das 1908 von einer Fabrikantenfamilie errichtete Haus war massiv und von monolithischem Bau. Von den Sanierungsarbeiten um 1991 war augenscheinlich nicht mehr viel übriggeblieben: Das Trümmerfeld hatte einen Durchmesser von etwa 20 Metern. Es bestand aus kleineren, aber auch großen Bauteilen, wobei eine Wand von 25 Zentimeter Stärke mitsamt dem noch intakten Fenster herausgebrochen war.

Einige andere Zimmer- sowie Gebäudeaußenwände waren im Ganzen seitlich versetzt. In den Nachmittagsstunden kamen aus dem Krankenhaus erste Hinweise vonseiten des Geschädigten, der angab, daß in der Woche zuvor Arbeiten an der Gasleitung durchgeführt worden waren. Diese lagen direkt vorm Haus unter dem Gehweg, welchem auf einer Länge von etwa fünf Metern Pflaster fehlte.

Hier setzte ich meine Ermittlungen an. Als Zündquelle kam ein Feuerzeug in Frage, das mir im Büro in die Hände fiel. Dort befand sich offensichtlich auch das Explosionszentrum, da sich die Baumaterialien von der Raummitte aus nach allen Seiten kreisförmig ausgebreitet hatten. Die lokalen Brandspuren an den Wänden und Papieren, auf Tischen und Ablagen deuteten auf eine Explosion mit Flammenbildung hin, die wiederum auf ein energiereiches Gas-Luft-Gemisch schließen ließ. Dieses Gemisch muß aufgrund der extremen Auswirkungen im idealen Mischungsverhältnis zwischen unterer und oberer Explosionsgrenze vorhanden gewesen sein. Es könnte sogar im sogenannten »stöchiometrischen Gemisch«, das unter stärkster Druckäußerung bei gleichzeitigem Auftreten der maximalen Temperatur explodiert, vorgelegen haben. Aber wie kam das Gas in den Raum, der zur Straßenseite keine Tür hatte?

Hier war ich nun doch etwas ratlos und forderte für den nächsten Tag meine beiden Kollegen vom FK 2 zur Unterstützung an. Pünktlich um 8 Uhr fanden wir uns an der Einsatzstelle ein. KOK Hans-Detlef Hahn ließ sich vom anwesenden Mitarbeiter des Gasanbieters ein einsatzbereites Methan-Gas-Meßgerät geben und begab sich in das Explosionsobjekt. In der dortigen Raumluft konnte keine Gaskonzentration festgestellt werden, wohl aber bei Näherung der Meß-

Sonde im Bereich zwischen Fußboden und Wand. Die Zeigerausschläge waren über die gesamte Skala des Gerätes zu verzeichnen. Da es nur Methan registriert, muß davon ausgegangen werden, daß Methan als brennbares Gas zur Zeit der Explosion vorhanden gewesen war. Diese Vermutung stützte sich auf die Tatsache, daß das Büro weder über einen Erdgasanschluß noch über eine andere Gasversorgungsanlage verfügte. Es wurde daraufhin die Möglichkeit des Eindringens von Methan untersucht.

Das Versicherungsbüro war nicht unterkellert. Die umfassenden Wände könnten auf einem Streifenfundament, in der Regel 90 Zentimeter tief, gestanden haben. Am nächsten Tag untersuchte der KOK zusammen mit Kriminalhauptmeister Volker Knappe das Fundament des Explosionsobjektes. Dazu wurde am Fundament straßenseitig zirka 40 Zentimeter tief gegraben mit dem Ergebnis, daß sich zwischen Erdreich und dem Büroraum genügend poröse Öffnungen und Zwischenräume befanden, durch die ein Gas hindurchdringen konnte. Einen weiteren Tag später wurde der Gehweg vor dem teilweise beräumten Explosionsgebäude aufgebrochen. Der Aushub erfolgte parallel der Häuserfront in 1,75 Meter Entfernung und 1,05 Meter Tiefe auf einer Länge von etwa sieben Metern vorerst mittels Kleinschaufelbagger und unmittelbar über dem sichtbar werdenden Gasrohr durch Handschachtung. Von wegen »faule Beamte«!

Auf der freigelegten Länge des Rohres zeigten sich zwei Bereiche, die mittels Schrumpffolie ummantelt waren. Die Bereiche hatten einen lichten Abstand von 2,20 Meter. Mittig dazwischen, unterhalb des Fensters des zerstörten Gebäudes, wurde auf dem sonst feucht erscheinenden Rohr eine handflächengroße Erdscholle gefunden, die sichtbar heller und fühlbar trockner war als die sonstige Erde. Dies war ein Hinweis auf Gas.

Eingebettet zwischen der Rohroberfläche und der aufliegenden trocknen Erdscholle befand sich ein welkes und unverrottetes Lindenblütenblatt. Im Bereich des Ereignisortes standen Lindenbäume im Gehwegbereich, die derzeit ihre Blüten abwarfen. Damit war klar, es handelte sich um eine frische Schachtung. Nach Entfernung der Erdscholle zeigte sich die Rohroberfläche ebenfalls trocken. In diesem Bereich war eine quer zur Rohrachse verlaufende Linie sichtbar. Es erfolgte das Abdrücken der Gasleitung mittels Druckluft durch die Monteure des Gasanbieters. Dazu wurde die Gasleitung bereits etwa 20 Meter vor und hinter der Explosionsstelle getrennt und abgedichtet. Das Abdrücken erfolgte von der Gasuhr im Keller des Hauptgebäudes mittels Kompressor. Beim Absprühen des freigelegten Rohres mit Hilfe von Leck-Spray zeigte sich bald ein deutlicher Riß im oberen Bereich. Dieser wurde mit einer Kautschukbinde abgedichtet, um den Druck im Rohrsystem konstant zu halten.

Damit war erwiesen, daß das Rohrsystem nur ein einziges Leck hatte. Zu dessen möglicher Verursachung fertigte mein Kollege ein Befragungsprotokoll mit folgendem Inhalt:

»Der Leiter der Hauptabteilung Gas N. in Halle erklärte dem Unterzeichnenden auf Befragung, daß in den Tagen vor dem Ereignis eine Leckstelle in der Leitung lokalisiert wurde. Diese wurde freigelegt und mit Schrumpffolie abgedichtet. Eine Kontrollmessung zeigte eine weitere, rechtsliegende Gaskonzentration im Erdreich an. Es wurde auf dem Rohr nach rechts weiter aufgeschachtet. In 2,20 Meter Entfernung wurde eine weitere undichte Muffe festgestellt. Diese wurde ebenfalls mit Schrumpffolie abgedichtet. Zum Anlegen der Schrumpffolie ist die Anfertigung eines sogenannten Kopfloches notwendig, das heißt, das Rohr wird an dieser Stelle untergraben.«

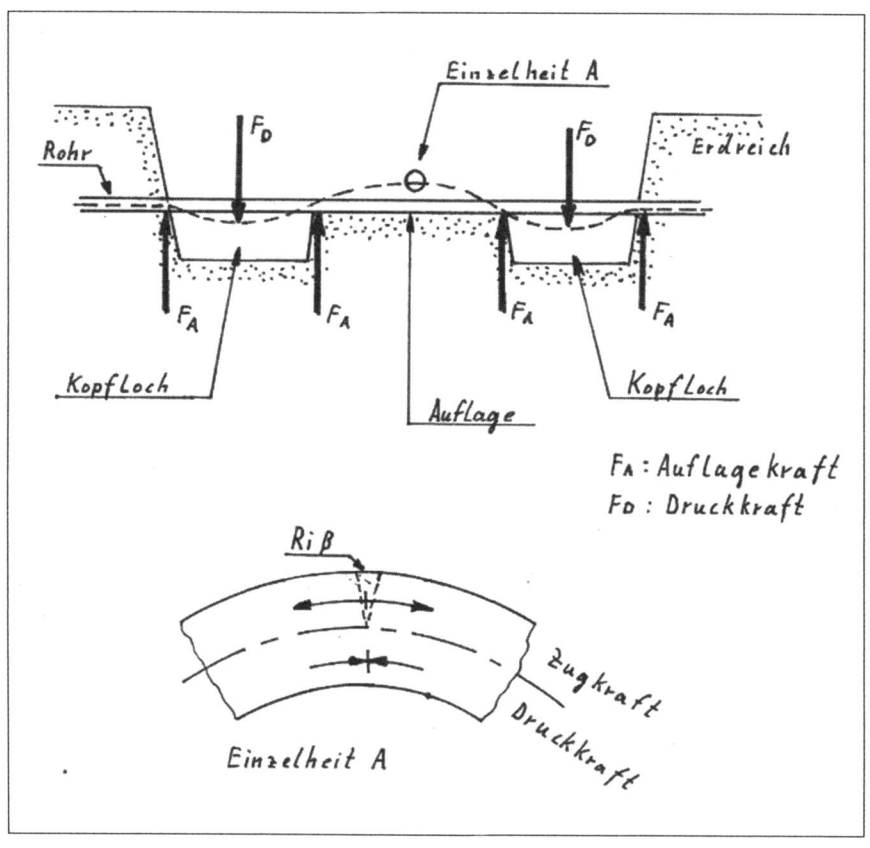

Skizze von Hans-Detlef Hahn.

Aus diesen Aussagen schlußfolgerte KOK Hahn: »Das Rohr wurde an zwei Stellen untergraben. Dazwischen bleibt auf 2,20 Meter Länge das feste, ursprüngliche Erdreich unter dem Rohr als Auflage erhalten. Wird die Ausschachtung später wieder verfüllt, ohne auf besondere Erfordernisse zu achten, entsteht durch die Last des Erdreiches ein Kräfteverhältnis auf das Rohr. So drückt die Last der Erde über den beiden Reparaturstellen (Bereich der Kopflöcher) das Rohr nach unten, was wiederum ein Durchbiegen nach unten nach sich zieht. Dabei treten solch starke Spannungen im Rohr auf, die sich aufgrund der relativen Nähe von 2,20 Meter in der Mitte des Rohres verdoppeln können. Da das Rohr aus Guß besteht und dieser keine so hohe Elastizität wie beispielsweise Stahl aufweist (Stahl hat eine 2,0- bis 2,8fach höhere Dehnbarkeit gegenüber Guß), können die Spannungen zur Zerstörung des Gusses führen.«

Gemeinsam mit dem hinzugezogenen Experten vom LKA konnten wir ermitteln, daß sich unter der Feuchtigkeitssperre des Büros erst eine Gasblase gebildet hatte, die sich anschließend einen Weg nach draußen suchte. Ursächlich hierfür war ein zu flaches Fundament, wodurch das Gas durch lockere Bodenschichten hindurch diffundieren, sich ausbreiten bzw. vermengen konnte.

Mit dem Ausgang des Verfahrens hatte ich nichts mehr zu tun. Vermutlich hat man es aus polizeilicher Sicht eingestellt oder zivilgerichtlich bezüglich der Wiedergutmachung am Versicherungsfachmann weiterverfolgt.

Die nachfolgenden arbeitsintensiven Jahre führten uns zu vielen erfolgreichen Aufklärungsergebnissen. Leider mußten wir in unseren Bereitschaftszeiten auch in vielen Fällen des Bereiches »Leben und Gesundheit« oder der Mordkommission mitarbeiten, was unsere Zeit wiederum einschränkte. Auf unser Betreiben hin wurden wir nach vier Jahren dem Bereich Kriminaltechnik angegliedert – ein Glücksfall für uns! Die Erfolge blieben nicht aus, und immer öfter konnten wir unser breites Wissen im Rahmen von Schulungen und Weiterbildungen als Lektoren an den Mann bringen. Leider hat man dieses Erfolgsmodell inzwischen wieder gekippt.

12

EISTOD UNTER DEM HEXENTANZPLATZ

Es war am 28. Januar 1997 und der Feierabend war schon in Sicht, als das FK 2 eine beklemmende Meldung über eine tote Person auf dem Eis der Bode, unterhalb des Hexentanzplatzes, erhielt. Beunruhigend war der Hinweis, daß die weibliche Person teilweise entblößt war. Wir machten uns mit fünf Kollegen des FK 2 unverzüglich auf den Weg. Unser Experte für die Todesursachenermittlung Gerd Pötter, ein älterer Kollege mit glasklarem Verstand, war zugegen und wirkte beruhigend auf uns.

In Thale angekommen, mußten wir uns zirka 300 Meter linksseitig des Hexenstieges halten. Das erwies sich als zunehmend schwierig, denn vom Hexentanzplatz lief langsam Tauwasser herunter, welches ausgerechnet zu unserer Zeit auf dem unbefestigten Weg gefror. Plötzlich hatten wir Blitzeis! Gerd Pötter, ein Original von einem Kriminalisten, für diese Witterungsverhältnisse mit einer zu dünnen und zu kurzen Lederjacke bekleidet, lief wie ein junger Hirsch, seine Arbeitsmappe unter den Arm eingeklemmt, allen voraus. Ihm schien die Witterung nichts auszumachen, während wir, eingepackt in dicke Winterjacken, schon mächtig auf dem Glatteis herumeierten und uns kaum halten konnten.

Es kam, was kommen mußte. Auf einer leicht abschüssigen Strecke schlugen dem Gerd die Beine weg und er rutschte unaufhaltsam dem Abgrund entgegen, der in der Kurve zu erahnen war. »Der ist jetzt gleich dahin«, ging es mir schlagartig durch den Kopf, und ich hechtete mit vollem Schwung hinterher. Das war wohl der Vorteil meiner Feuerwehrausbildung, in der ich gelernt hatte, blitzschnell und intuitiv die richtigen Entscheidungen zu treffen; wir nennen das auch »Helfersyndrom«. Nun rutschten wir beide mit zunehmender Geschwindigkeit in Richtung Abgrund. Bedingt durch meine höhere Geschwindigkeit, erreichte ich nach knapp zehn Metern endlich Gerd und konnte mich an seinem Hosenbein festhalten. Nun lief alles wie bei der Feuerwehrausbildung ab: Beine abspreizen, Körperfläche vergrößern, mit den Schuhspitzen bremsen. Es fehlte nur ein Meter, und wir wären in den zehn Meter tiefen Abgrund gestürzt.

»Mensch, Staufi, hab meinen riesen Dank, jetzt haste mir das Leben gerettet!«

Das Lob verpuffte schnell, als wir unterhalb dieser felsigen Wand die Leiche der gesuchten Frau auf einer zirka 50 Zentimeter dicken Eisschicht erblickten. Mein Kollege Hans-Detlef Hahn und ein zweiter Kriminalist stiegen waghalsig an einer anderen Stelle den Hang hinunter und sahen sich die Leiche genau an. Sie wies diverse Schürfverletzungen auf, die auf ein Herabrutschen auf felsigem Untergrund schließen ließen. Auffallend waren aber auch die hellrote Farbe der Totenflecke an den Knien sowie grobfleckige, scharlachrot gefärbte Hautbezirke an den Ellenbogen und Händen. Es handelte sich hierbei um sogenannte »Kältetotenflecke« infolge der festeren Bindung des Sauerstoffs an den roten Blutfarbstoff, das Hämoglobin. Hinweise auf eine eventuelle Straftat mit sexuellem Hintergrund verdichteten sich nicht.

Sollte die Person etwa vom Hexentanzplatz gestürzt oder gar in Suizidabsicht gesprungen sein? Das wäre aufgrund der vielen Bäume, Sträucher, Felsabsätze usw. so gut wie unmöglich. Nach Absprache entschieden wir uns, die Leiche durch die Feuerwehr bergen zu lassen. Nicht nur die Lage, auch die zunehmende Dunkelheit erschwerte den Einsatz der Einsatzkräfte. Hans-Detlef Hahn begab sich anschließend auf den Hexentanzplatz, da er dort einen verlassenen

Pkw vermutete. Er sollte recht behalten. Anhand des Kennzeichens war es ein Leichtes, den Halter zu finden.

Der Ehemann ahnte schon Schlimmes, als meine Kollegen vor der Tür standen. Daß die Frau suizidgefährdet war, bestätigte sich, als wir von ihrer schlimmen Krankheit erfuhren. Die Entblößung erklärte dieser Umstand allerdings nicht.

Leichenfundort auf dem Eis, siehe weißer Pfeil.

Es handelte sich in diesem außergewöhnlichen Fall um ein paradoxes Entkleiden Erfrierender, auch »Kälteidiotie« genannt. Betroffene beginnen sich auszuziehen, obwohl der Körper bereits stark unterkühlt ist. Das liegt daran, daß sich bei großer Kälte die Gefäße in den Extremitäten stark zusammenziehen, um den Organismus zu schützen und um das Blut zu den lebenswichtigen Organen zu transportieren (deswegen treten Erfrierungen auch zunächst an den Händen,

Füßen oder der Nase auf). Kurz vor dem Tod weiten sich die Gefäße wieder und das Blut schießt zurück in die unterkühlten Extremitäten. Dem Betroffenen wird plötzlich warm, er beginnt zu schwitzen und zieht sich im Wahn aus.

Diese Erscheinungen trafen offensichtlich auch auf die Tote zu. Demnach war die Frau beim Absprung von der oberen Plattform des Hexentanzplatzes vermutlich nicht gleich tot gewesen, sondern fand weitere terrassenförmige Absätze, wo sie ausruhte, bevor sie sich erneut hinunterstürzte. Auf einem dieser Ruhepunkte, entkleidete sie sich teilweise.

»In unseren Klimaten ist der Kältetod relativ selten, da sich der Mensch bei geeigneter Kleidung und normaler Ernährung gut an Kälte anpassen kann. Besonders unterkühlungsgefährdet sind Menschen mit erhöhter Wärmeabgabe (z. B. alkoholisierte Personen, kleine Kinder) oder mit geminderter Wärmebildung (z. B. Erschöpfte, Kranke, Hungernde), aber auch psychisch erschöpfte Personen. Feuchtigkeit und Wind begünstigen die Auskühlung des Körpers teilweise um ein Vielfaches. Durch ein Zusammentreffen dieser ungünstigen Umstände kann es bereits bei Temperaturen über dem Gefrierpunkt zum Kältetod kommen. [...]

Die bei einem Kältetod an der Leiche feststellbaren Befunde sind nicht unbedingt charakteristisch, auch wird man nicht immer alle nachfolgend aufgeführten Veränderungen bei jeder infolge Unterkühlung verstorbenen Person beobachten können. [...] Todeseintritte infolge Unterkühlung stellen in der Mehrzahl Unfälle dar. Vorsätzlich herbeigeführt können sie bei unterlassener Hilfeleistung (Säuglinge, Kleinkinder, hilflose Personen), aber auch beim Einsperren in Kühlräume sein.

Ein Erfrieren mit suizidaler Absicht kann, sofern der Suizident nicht bewusstlos aufgrund einer anderweitigen Suizidmethode unterkühlt und daran verstirbt, als Seltenheit bezeichnet werden.«[9]

Dieser Einsatz zeigte einmal mehr, wie vielfältig die Arbeit und wie hoch das Gefahrenpotential für einen Kriminalisten ist. Oft mußte ich mit meinen Kollegen waghalsige Einsätze bewerkstelligen, um Spuren zu sichern und Hinweise auf Straftaten oder Unfälle zu finden. Ich denke hierbei allein an zwei Bergsteigerunfälle im Harz, wo wir den Steilhang hoch und wieder hinunter mußten, und einen Arbeitsunfall auf einem sehr hohen Kran.

9   http://rechtsmedizin.uni-leipzig.de/home/content/wissen_a_z/kaeltetod/
     index.htm.

13

RAUCHTE
DER WELLENSITTICH?

Am 14. August 1997 wollte ich gerade Feierabend machen, als ich um 18 Uhr nach Quedlinburg gerufen wurde. Anlaß war ein Schwelbrand in einer Wohnstube eines Neubaublocks. Kurioserweise sollte sich die Brandausbruchsstelle in einem Vogelkäfig befinden. Darin befanden sich jedoch definitiv keine Zündquellen. Der Entstehungsherd mußte geklärt werden.

Unterwegs sagte ich noch scherzhaft zu meinem Praktikanten: »Na, da hat doch wohl nicht der Wellensittich heimlich geraucht?«

Die Sonne brannte an diesem Tag unerbittlich – wir hatten in unserem geschlossenen Pkw 46 Grad Celsius; auf unserem Spezialthermometer auf dem schwarzen Armaturenbrett kletterten die Temperaturen sogar auf 57 Grad! Wie wichtig diese unbewußte Messung war, stellten wir erst später fest. Gegen 20.30 Uhr trafen wir in Begleitung des K-Dienstes, eines Kriminalhauptmeisters, am Einsatzort ein. Zugegen war die Tochter der geschädigten alten Dame, die inzwischen schon anderweitig untergekommen war. Sie vermerkte, daß ihre Mutter am Nachmittag außer Haus gewesen war. Als sie gegen 18.00 Uhr zurückkam, fand sie eine verrußte und verqualmte Wohnung vor. Beim Betreten der Wohnung bestätigte sich der Sachverhalt. Ein Einbruch konnte von vornherein ausgeschlossen werden, da der Doppelschließzylinder und die Tür intakt waren. Zudem lagen die beiden Originalschlüssel vor und weitere existierten nicht.

Das Corpus Delicti war schnell gefunden: ein kleiner Vogelkäfig, der auf der Flachstrecke einer kleinen schwarzlackier-

*Die Sonnenstrahlen (Pfeile) fielen ungehindert
auf die schwarze Schrankwand, wo zuvor ein Vogelkäfig stand.*

Abstellfläche des Käfigs. Die Tapete hat schon gebrannt.

ten Schrankwand stand. Um ihn herum war das furnierte Spanplattenmaterial verrußt, wobei ein Glimmbrand bereits erste Brandzehrungen[10] von einem Millimeter Tiefe verursacht hatte. Auch die Tapete darüber war schon leicht in Pyrolyse übergegangen. Aus dem Bad meldete sich lauthals kreischend und krächzend der Wellensittich, dessen Überleben die kühlen Bodenfliesen gesichert haben mußten. Der kleine Flattermann erfreute sich glücklicherweise des »Freigangs«, andernfalls hätte er womöglich als »Grill-Sittich« geendet.

Bei genauerer Betrachtung des Käfigs fielen mir an der hinteren rechten Ecke Anlaufspuren an den einzelnen Gitterstäben auf. Das mußte die Brandausbruchsstelle sein, kein Zweifel! Aber wo war hier eine Zündquelle? Da war weder Strom noch sonst etwas, nur ein Geschirrtuch, das sich unter dem Vogelkäfig befand und an den Rändern verkohlt war. Nun griff ich zu meiner kleinen Checkliste, in der die geläufigsten Zündquellen von etwa 30 000 Möglichkeiten aufgeführt waren. Und siehe da, mein Blick blieb am Eintrag »Sonneneinstrahlung« haften.

Nun mußte diese Möglichkeit dingfest gemacht werden, das heißt, wir dokumentierten die Spurenlage in aller Ruhe und ziemlich penibel. Zu dieser Dokumentation gehörten auch die Himmelsrichtung und die Entfernung des Käfigs zum Fenster, die hier mit 160 Zentimeter vermessen wurde.

Es folgte die genaue Beschreibung – dazu mein Protokolleintrag: »Bei der Betrachtung konnte festgestellt werden, daß sich im rechten, hinteren Bereich Glühfarben an den goldfarbenen Gitterstäben befinden. Diese Glühfarben sind kegelförmig zu sehen. Das heißt, im unteren Bereich des Käfigs sind die Glühfarben breiter angelegt und nach oben hin neh-

---

10 Brandzehrungen sind fehlende Bereiche an brennbaren Stoffen, die vollständig verbrannt sind.

*Der Käfig hat an den Gitterstäben kupferfarbene Anlauffarben,
die für eine Temperatur von etwa 270 Grad Celsius sprechen.*

men sie ab. Glühfarben sind auch im linksseitigen und vorderen Bereich des Käfigs sichtbar. Hier sind sie jedoch wesentlich geringer und auf zirka fünf Zentimeter Breite verteilt. Der Intensität nach war die Hitze also im hinteren, rechten Bereich des Käfigs am größten, wo sich zudem auch noch eine senkrechte Schrankfläche anschloß. Das Untergestell des Käfigs, bestehend aus einem schwarzen Plastikrahmen sowie einem hellen PVC-Boden, wurde ausgiebig untersucht, wobei festgestellt wurde, daß der gesamte Unterboden verformt ist. Der Streusand, der sich im Käfig befand, ist mit dem Plast verklebt. Unter diesem Plastikboden befindet sich ein Geschirrhandtuch, welches sich wiederum fest mit dem PVC verbunden hat. An den Rändern des Geschirrhandtuches erkennt man ringsherum Abbranderscheinungen. Der Stoff ist also verkohlt. Im Randbereich des Geschirrhandtuches befinden sich schwarze, geschmolzene Plastikbestandteile. Diese Teile konnten dem schwarzbraunen Plastikrahmen des Vogelkäfigs zugeordnet werden. Der Zustand des Wohnzimmerfensters läßt den Schluß zu, daß das doppelglasige Fenster im geschlossenen Zustand war. Auf der Innenseite der Scheiben hat sich ebenfalls Ruß abgelagert.«

Solch eine komplizierte Situation hatte ich bisher noch nicht für möglich gehalten und hielt im Hinterkopf die Eventualität einer Selbstentzündung durch feucht gewordenes Vogelfutter fest. Mein anwesender Kollege des Polizeireviers gab mir bei unserer Verabschiedung noch einen Hinweis mit auf den Weg: »Mensch, Staufi, laß mir doch wenigstens den bösen Enkel über, der eventuell kein Taschengeld von der Oma bekommen hat und doch noch einen Schlüssel zu ihrer Wohnung hatte! Diese Brandentstehung glaubt mir doch kein Staatsanwalt!«

Am nächsten Tag wälzte ich bezüglich des außergewöhnlichen Brandverlaufs die neueste Fachliteratur im Bereich der Brandchemie, und kam so noch auf folgende Möglichkeiten bezüglich des Wärmestaus: Eine dominante Rolle bei dieser Zündung in Quedlinburg spielte sicherlich die vollkommen schwarz lackierte Schrankwand. Während glatte, blanke und helle Körper die Wärme gut reflektieren, ist es bei rauen, dunklen Körpern genau umgekehrt. Die gesamte Sonneneinstrahlung, also die direkte als auch die von der Schrankwand reflektierte, wurde offensichtlich fast vollständig von dem Käfig absorbiert.

Da der Unterzeichner in seinem eigenen Pkw Temperaturen um die 57 Grad Celsius gemessen hatte, ist davon auszugehen, daß es im Bereich der Schrankwand und des Vogelkäfigs zu Temperaturen um die 60 Grad oder noch höher gekommen war. Der RGT-Regel[11] zufolge konnte nicht ausgeschlossen werden, daß sich das Holz bei leicht erhöhten Umgebungstemperaturen in einen metastabilen Gleichgewichtszustand gebracht hatte. So wurde es möglich, daß die ungehinderte Sonneneinstrahlung das System aus Holz, Vogelfutter und Geschirrhandtuch im mikrobiologischen Bereich auf 70 Grad Celsius bis zur Selbstentzündungstemperatur getrieben hat.

Die Fachliteratur erbrachte aber noch eine andere Zündmöglichkeit, mit der ich auch noch nichts zu tun hatte: Der Laie mag vielleicht erschrecken, aber der einfache Hausstaub, wie er vermutlich auch im Käfig vorhanden ist, kann sich unter bestimmten Voraussetzungen als explosibel herausstellen! Allein eine 0,54 Millimeter hohe Hausstaub-Schicht reicht aus, um ein explosionsfähiges Gemisch zu bilden. Im Innern solchen Staubes ist die Wärmeableitung ebenfalls sehr gering, da die Luftzwischenräume isolierend wirken. Damit sinken die Wärmeverluste der Reaktion und es können sich Wärmestauzentren ausbilden, die zu örtlichen Überhitzungen und Punktzündungen führen können. Der Kontakt zwischen Brandstoff (Hausstaub) und dem Oxidationsmittel (Sauerstoff) ist besser und dadurch besteht auch eine größere Durchmischung. Werden Stäube aufgewirbelt, so die Fachliteratur, wozu schon Luftgeschwindigkeiten von 0,4 bis 1 Meter pro Sekunde ausreichend sind, kann ein explosives Gemisch entstehen. Die zur Zündung des Gemisches benötigte Energie ist sehr gering. Stäube können also im abgelagerten Zustand brennen, im aufgewirbelten aber explodieren. Eine Aufwirbelung des Staubes wäre im vorliegenden Fall leicht durch den im Käfig flatternden Wellensit-

---

11 Die Reaktionsgeschwindigkeit-Temperatur-Regel besagt, daß eine Temperaturzunahme von zehn Grad eine Reaktionsgeschwindigkeit um das Doppelte bis Dreifache am brennbaren Material verursacht.

tich gegeben. Begünstigend könnten ebenfalls biologisch instabile Stoffe gewesen sein, die in Form von Tierkot und Futtermittelresten vorhanden waren.

Unter ungünstigen Voraussetzungen können sich zudem noch thermophile Bakterien wie bei der Selbstentzündung von Heu bilden, die im Zusammenspiel mit der Luft Nährböden bilden. Die Bakterien siedeln sich also auf diesen Stoffen an und sorgen durch ihre Lebenstätigkeit für eine Temperaturerhöhung. Weiterhin wurde angegeben, daß sich aufgewirbelter oder bewegter Staub seine eigene Zündquelle dadurch schaffen kann, daß er sich elektrostatisch auflädt. Somit kann ebenfalls nicht ganz ausgeschlossen werden, daß durch die Luftaufwirbelung des Hausstaubes durch den Vogel eine elektrostatische Entladung erfolgte, die durch einen Funken den Staub um den Käfig herum entzündete.

Die Art der Glimmbrandentstehung durch Sonneneinstrahlung ist sicherlich eine der seltensten in Deutschland; sie sollte keinesfalls unterschätzt werden. Derart spezielle Fälle beschäftigten mich sehr. Es dauerte nicht lange, da flog auch noch ein Lager für Nitroverdünnung in die Luft!

14

BRAND DES RENAISSANCESCHLOSSES GROSS GERMERSLEBEN –

EIN DENKMAL WURDE IN SCHUTT UND ASCHE GELEGT

Meine Zeit im Bereich der Kriminaltechnik/
Bereich Brandursachenermittlung bis zur Pensionierung
(Halberstadt, ab 1999)

Vorab möchte ich betonen: Dieser Bericht stellt keine Wertung dar! Er will weder Schuld zuweisen noch neue Verdächtigungen nähren. Er will wilden Spekulationen keinen Raum geben und nicht verurteilen. Er will einzig und allein dokumentieren, und zwar das, was bekannt und veröffentlicht ist, als auch das, was meine Erinnerungen erlauben, ehe sie weiter verblassen. Ich bin es nachfolgenden Generationen einfach schuldig.

Der Brand im Schloß Groß Germersleben, nahe Oschersleben gelegen, in der Nacht vom 2. zum 3. November 1999 übertraf alle meine bisherigen Fälle und war – von der Aufklärungsarbeit her gesehen – ein Brand der Superlative. Ich war eine ganze Woche am Brandort, und allein der Brandortbericht nahm einen Umfang von über 28 A4-Seiten ein; über 150 Brandfotos füllten die Bildanlage. Bis heute ärgert es mich außerordentlich, daß der oder die Täter nicht überführt und bestraft werden konnten, obwohl die ganze Maschinerie der damaligen Polizeidirektion Halberstadt mit ihren besten Leuten in Gang gesetzt war. Mir persönlich, als Heimatforscher gesprochen, war der stolze Bau seit frühen Zeiten ans Herz gewachsen. Geblieben ist von diesem bauhistorisch wertvollen Denkmal nach dem Brand einzig eine Ruine.

In den Morgenstunden des 3. November traf ich relativ früh am Brandort ein. Mein Kollege KHM Hartmut Helm informierte mich darüber, daß der Brand in der Nacht zuvor ausgebrochen war und seither nicht restlos abgelöscht werden konnte.

Mit dem Diktiergerät bewaffnet, umrundete ich mehrfach und zunächst ziemlich ziellos meinen bisher größten Brandort, der noch an allen Ecken qualmte und tatsächlich immer wieder in den verschiedenen Geschossen nachzündete. Die Feuerwehr ertränkte von der Drehleiter aus die Misere, denn zu diesem Zeitpunkt hatte man es immer noch nicht geschafft, das Schloß zu betreten, um einen sogenannten »Innenangriff« zu fahren. Mittels meiner Checkliste zur Brandortarbeit fand ich schließlich wieder meine Linie und suchte im Erdgeschoß nach Einstiegsmöglichkeiten. Hierbei kamen nur zwei Möglichkeiten in Frage: Zum einem gab es ein vergittertes Fenster in einer Tordurchfahrt, hinter welchem das Schutzsperrholz fehlte und innen ein Schuhabdruck auf dem Fensterbrett zu sehen war. Der Fensterwirbel stand in Stellung »auf«. Ein Kind hätte vielleicht hindurchkriechen können. Zum anderen gab es die Schloßeingangstür an der Südseite, die sich als äußerst vakant herausstellte. Außen fehlte die Klinke. Sie war nicht ohne Hilfe zu öffnen. Im Brandort im engeren Sinn sprach ich auf mein Diktiergerät: »Im linksseitigen Drittel der Fassade ist eine Tür eingebaut. Sechs Steinstufen führen zu ihr herauf. Das Material der Tür besteht aus 25 Millimeter dicken Eichenholzbrettern. Die Blendrahmentür macht augenscheinlich einen festverschlossenen Eindruck. In den Türspalt paßt nicht mal eine Messerspitze. Die Türklinke fehlt. Hinter der Schloßlocheinführung sieht man keine Dreipunktsicherung. Der vom anwesenden Schloßbesitzer, der den Groß Germerslebern namentlich bekannt ist, besorgte Schlüssel findet keinen Halt, stochert im Leeren. Daraufhin wurde die Tür mit einer Kreuzhacke geöffnet und es konnte festgestellt werden, daß die Tür nur im Türstulp eingeklemmt war.

Das innere Kastenschloß fehlt samt den zugehörigen Holzschrauben. Es sind nur noch die ehemaligen Abdrücke des Metalls am Holz sichtbar. Der Abdruck läßt auf eine Schloßgröße von 8,5 x 12,4 Zentimeter schließen. Die Tiefe des Schlosses betrug nach subjektiven Angaben der Handwerker zirka zwei Zentimeter. Die Schraubenlöcher von zirka drei bis vier Millimeter Durchmesser und die Gewindegänge sind noch gut erkennbar.

Das Holz sieht nicht ausgerissen aus, eher wie ausgeleiert oder herausgeschraubt. Den Angaben nach fehlen vier ältere angerostete Holzschrauben. Die Suche nach dem Schloß und den drei Schloßschrauben verlief negativ. Das Schließblech der Tür ist unbeschädigt und weist keinerlei Deformationen auf. Der Zustand läßt auf einen ständigen Gebrauch schließen.«

Fazit: Die Gewindegänge der Holzschrauben waren im eichenen Türblatt nicht herausgerissen, sie waren fein säuberlich mit einem Werkzeug herausgedreht worden. Wer aber kann bei einer verschlossenen Tür das Schloß von innen abbauen? Und warum?

In Frage kamen nur zwei Personen, die über einen Schlüssel verfügten: der Hausmeister und der Schloßbesitzer. Der Hausmeister konnte seinen Schlüssel später vorlegen. Im Zuge der weiteren Ermittlungen wurde der geschädigte Schloßbesitzer nach einer Woche aufgefordert, seine Schlüssel der Kripo vorzulegen. Die Ermittler erreichte daraufhin ein Brief, an einer Stelle aufgerissen. Aus diesem Loch mußte einer der zwei Schlüssel herausgefallen sein. Somit war die kriminaltechnische Untersuchung des Schlosses, soweit wir es noch gefunden hätten, auf schließfremde Werkzeuge nicht mehr möglich.

»In dubio pro reo« lautet in solchen Fällen für gewöhnlich das Urteil.

Als ich vom Heizungsraum aus als erster das Schloß von innen inspizieren konnte, fielen mir die Unbedachtheiten der psychisch stark angespannten Feuerwehrmänner sofort auf. In den unteren Räumen des Schlosses war kein Ruß und zudem verfügte der Südflügel über Gewölbedecken, die auch jeden Krieg überstanden hätten. »Von hier aus hätte man auch ohne Schutzausrüstung arbeiten können«, dachte ich für mich, da ich ja zehn Jahre zuvor im Prüfungsfach »Taktik der Feuerwehr« an der Feuerwehr-Fachschule in Heyrothsberge eine gute Note erbracht hatte. Ich dokumentierte die gesamte Spurenlage mit Diktiergerät und Fototechnik. Bei Eintritt der Dunkelheit verabschiedete ich mich bis zum nächsten Tag, da ich noch nicht alles erfaßt hatte.

Am nächsten Tag war ich geschockt, als ich das Chaos an der Großbrandstelle erblickte. Während der Nacht waren einige Raumdecken durch Glimmbrände wieder in Brand geraten. Dabei war der große Glockenturm, den man am Tag zuvor gerettet geglaubt hatte, der unzureichenden Kontrolle zum Opfer gefallen.

Sein Dachstuhl geriet in Vollbrand, stürzte in dieser Phase brennend nach unten und entzündete zwei Türen im Erdgeschoß. Nachdem diese dann durchgebrannt waren, war der Weg der Flammen ins Erdgeschoß des westlichen Gebäudetraktes frei. »Wo war hier die Brandwache?« mußte ich kritisch hinterfragen.

Während meiner Anwesenheit am 4. November 1999 in den noch erhaltenen Schloßresten begann nun auch noch der

Inferno am Südostturm des Schlosses. Die ein Meter dicken,
vorgeheizten Turmwände rissen bis hinunter zu den Fundamenten,
als das Löschwasser auf sie traf.

Südostturm im Deckengebälk der 2. Etage zu brennen. Als
ich den verantwortlichen Feuerwehrmann fragte, ob er und
seine Kameraden denn nicht handeln wollen, lehnte er dies
aufgrund angeblicher Einsturzgefahr und fehlender Atem-
schutzgeräte ab. Dabei lag der Schlauch mit Strahlrohr griff-
bereit. Ich informierte die Einsatzleitstelle, wo man sich fol-
gerichtig zu einem Innenangriff entschied. Ich fotografierte
die Kameraden ohne Schutzmaske vor dem Inferno. Kein
Rauch, keine Flammen behinderten die Löschversuche im
ventilationsgesteuerten Brand. Von unten zog also frische,
sauerstoffreiche Luft durch die Türen in den Turm und zog
oben wieder – mit Pyrolyseprodukten versetzt – hinaus.

Schloß Groß Germersleben nach der Rekonstruktion mit neuem Dach im Jahr 1996. (Foto: Werner Neum, Kreisverwaltung Börde)

Dann eskalierte der Brand aufgrund des verzögerten Einsatzes. Das Dach des letzten verbliebenen Turmes konnte den Flammen nicht standhalten.

Geblieben sind für mich schreckliche Minuten, aber wertvolle Fotos.

Geschockt und verbittert nahm ich meine Arbeit wieder auf, denn ich hatte die Brandausbruchsstelle noch nicht gefunden. Sie war nicht im Erdgeschoß, nicht im ersten und auch nicht im zweiten Geschoß. Alle dortigen Brandverlaufsspuren wiesen nach oben. So blieb nur das Dachgeschoß übrig. In dieser Phase bekam ich die angeforderte Hilfe vom LKA-LSA, die mit dem Sachverständigen für Brandursachen Heinz Fiedler, der Chemikerin Frau Dr. Pflüger und zwei neu ausgebildeten Brandmittelsuchhunden anrückten.

Wir suchten in den Räumen unterhalb des Dachgeschosses, da der Dachboden selbst nicht mehr zu betreten war – er lag im Brandschutt! Die beiden Brandmittelsuchhunde waren bei der sehr hohen Brandschuttschicht eine sehr gute Hilfe und gaben den Experten vom LKA den Weg vor. Dort, wo die beiden sich hinlegten, wurde gegraben und wurden Proben zur Nachfolgeuntersuchung entnommen. Das Ergebnis sprach für sich und ging in die Akten ein (für Fachleute: 15 ppm), sprich Verkippung von brennbaren Flüssigkeiten![12]

Letztendlich konnten wir aufgrund des nächtlichen Nachfolgeschadens, der von vielen Glimmbränden begleitet war, die Brandausbruchsstelle nicht anhand der üblichen Brandzehrungsrate auf den genauen Punkt festlegen. Positiv für die Eingrenzung erwies sich aber ein von einem Anlieger gefertigtes Video. Dieses veranschaulichte eindeutig, daß sich der Brand von einem Punkt aus nach beiden Seiten hinweg ausbreitete. Brandausbruchsstelle war demnach das linksseitige Drittel der Schloßsüdseite. Aus ermittlungstaktischen Gründen kann und möchte ich mich nicht genauer dazu äußern, denn Gottes Mühlen laufen langsam, aber sie laufen!

Nun stand noch die Frage nach der Zündquelle im Raum: Da das Schloß nachweislich unbewohnt und stromlos war, nicht beheizt wurde und es in der Brandnacht kein Gewitter gab, war die Abarbeitung nach dem Eliminationsverfahren kein großes Problem. Es blieben nur zwei Möglichkeiten offen, und nur die Polizei und der oder die Täter wissen das.

---

12 Engl.: parts per million, entspricht dem hundertsten Teile einer Million, einem Millionstel.

Pressestimmen zum damaligen Fall:

Volksstimme **vom 4. November 1999,**
Text von Hartmut Beyer (Namen teilweise anonymisiert)

»Mittelalterliches Schloß brannte gestern in wenigen Stunden aus. Für das Schloß Groß Germersleben hatte es gerade eine neue Chance gegeben. Eine Immobilien-Firma aus Süddeutschland hatte es ersteigert und begonnen, ein Konzept für seine Nutzung umzusetzen. Wenige Stunden nach einem Lokaltermin der *Volksstimme* mit Geschäftsführer N. N. und seinem Partner N. N. brannte das Schloß in der Nacht zu gestern völlig aus. N. N. und N. N. machen das Tor der Einfahrt zum Schloß dicht, das Gelände ist jetzt ringsum abgesichert. Zu viel an Zerstörung hatte in den zurückliegenden Wochen hier stattgefunden. Das wollten sie unterbinden. Wenigen Stunden danach muß die Freiwillige Feuerwehr Groß Germersleben das Tor gewaltsam öffnen, denn gegen Mitternacht steht das mittelalterliche Bauwerk in hellen Flammen. ›Wir wurden um 0.38 Uhr alarmiert und rückten mit 13 Mann aus‹, berichtet Gemeindewehrleiter Peter Fricke. ›Da brannte das Dach schon in voller Ausdehnung. Zeitgleich mit uns traf auch die Feuerwehr Hadmersleben ein. Wir bauten sofort die Löschwasserversorgung auf und konzentrierten uns auf die Stellen, wo der Brand am meisten fortgeschritten war, um noch Teile des Dachstuhls zu retten. Aber das trockene Holz brannte so heftig, daß uns das nicht mehr gelang.‹ Auch die Brandbekämpfung von den Drehleitern der Feuerwehren Wanzleben und Oschersleben, die inzwischen eingetroffen waren, konnte das Dach nicht mehr retten. Zeitweilig waren 60 Kameraden und Kameradinnen von fünf Feuerwehren im Einsatz.

Die Vermutung, daß das Feuer an verschiedenen Stellen gleichzeitig ausgebrochen sein kann, will von den Feuerwehrleuten niemand bestätigen. ›Das Holz war alt und trocken, und in dem Haus waren keine Brandmauern. Wenn dann noch Fenster offenstehen, kann sich ein Feuer in Windeseile ausbreiten‹, so Kreisbrandmeister Peter Müller. Während die Einsatzkräfte in den Morgenstunden zwischendurch schnell eine Stärkung zu sich nahmen, trafen von der Polizeidirektion Halberstadt die Brandursachenermittler ein. Ins Schloß konnten sie zu dieser Zeit noch nicht, aber sie nahmen das Haus auf der Suche nach der Ursache später noch gründlich unter die Lupe. ›Wir ermitteln in Richtung Brandstiftung‹, so der Brandursachenermittler Ralf Staufenbiel. Das Schloß Groß Germersleben – mit einem Verkehrswert von 530 000 Mark – war im September für eine Summe von 200 000 Mark durch die Immobilien GmbH N. in Wanzleben ersteigert worden.

Von den beiden Geschäftspartnern, die hier viel vorhatten, traf N. N., der in Wefensleben eine Baufirma betreibt, gestern als erster in Groß Germersleben ein. Er war niedergeschlagen und meinte, daß sein Partner schon geweint hätte und auch er die Tränen unterdrücken müsse. Es sei auch noch nicht klar, wie das Schloß versichert war, meint er, denn es wäre noch nicht auf den neuen Eigentümer im Grundbuch eingetragen, so daß man keine Versicherung abschließen konnte. Das liege noch bei der Bank, die bisher Eigentümer war. Für beide Geschäftsleute ist ein Traum geplatzt. N. N. und N. N. hatten in Groß Germersleben nach eigenen Angaben viel vor. Mit Sicherheit hätten das Dorf und seine Bewohner ihre Vorteile davon gehabt. ›Die Nutzung des Schlosses nach unseren Vorstellungen wertet den gesamten Ort auf‹, hatte N. N. am Tag zuvor noch gesagt. Der Immobilienhändler und der Bauunternehmer hatten schon an einem Konzept gearbeitet. Danach sollten für den Innenausbau des alten Familiensitzes derer von Kotze etwa sechs Millionen Mark investiert werden. ›Es werden Appartements im gehobenen Stil entstehen und ein Restaurant. Das Schwimmbad wird wieder hergerichtet und eine Sauna aufgebaut. Tennisplätze und Trimm-Dich-Wege sind vorgesehen. Kurzum, der gestreßte Manager soll hier einen Erholungspark finden. Das ist unser Konzept, was wir versuchen zu verwirklichen‹, so hatte es in einem Gespräch mit der *Volksstimme* N. N. erörtert. In wenigen Tagen wollten sie die Gespräche führen mit einem Automobilkonzern und einer Brauerei als künftige Nutzer des historischen Balls. Beide waren sehr optimistisch, weil sich das malerische Schloß wenige Kilometer vom Motorpark Oschersleben entfernt in einer hervorragenden Lage befindet. Schon in den nächsten Tagen sollten Aufräumarbeiten und der Abriss von alten Schuppen beginnen. ›In Winterarbeit wollen wir den Park auslichten und aufräumen, damit wir uns dann ab Mai/Juni dem Ausbau widmen können‹, erläuterte N. N. Über Nacht wurde nun alles hinfällig. Bürger aus Groß Germersleben äußerten gestern ihr Entsetzen. Hannelore Swigulski, die die früheren Schloßherren von Byern noch persönlich kannte, oder Hanna Westphal können es nicht fassen. ›Das tut richtig weh‹, meinten sie, ›denn wir waren froh, daß es jetzt verkauft war, dieses Ende ist ein Jammer.‹ Bedauern äußerte auch Werner Neum von der Unteren Denkmalschutzbehörde. ›Wieder ein Objekt weniger‹, sagte er, und erinnerte sich an die über eine Million Mark, die für die Sanierung des Daches 1992 aufgewandt worden waren. Ursprünglich wollte N. N. das Schloß weiter verkaufen. ›Es ist aber so schön und hat einen so prächtigen Park, daß ich es doch lieber behalte‹, gab er am Dienstag noch zu. Gestern fehlten ihm die Worte, um seine Gemütsverfassung zu schildern. Was nun mit dem Schloß werden soll, darüber hat er keine Vorstellungen.«

Groß Germersleben

Verdacht des „heißen Abrisses": Schloss war 17-mal höher versichert

Die Magdeburger Staatsanwaltschaft hat das Ermittlungsverfahren gegen drei Jugendliche wegen schwerer Brandstiftung eingestellt. Die 16- und 17-Jährigen waren in Verdacht geraten, im November 1999 im Barockschloss von Groß Germersleben (Bördekreis) Feuer gelegt zu haben. Das Gebäude aus dem 16. Jahrhundert war bis auf die Grundfesten abgebrannt.

Von Bernd Kaufholz

Oschersleben. „Die Situation ist natürlich völlig unbefriedigend", räumt Oberstaatsanwältin Silvia Niemann ein, „aber auf Grund der Beweislage musste das Verfahren vorerst zu den Akten gelegt werden."

Am 3. November des vergangenen Jahres alarmiert ein Autofahrer fünf Minuten nach Mitternacht die Feuerwehr. Als sie eintrifft, steht das Dach des Schlosses in Flammen. Über die jahrhundertealten Holztäfelungen frisst sich das Feuer durch zwei Etagen. 60 Feuerwehrleute sind machtlos. Der Schaden beträgt mehrere Millionen Mark.

Bereits wenige Tage später schließt die Kripo eine technische Ursache aus. „Es handelt sich offensichtlich um Brandstiftung durch eine offene Flamme auf dem Dachboden", so die Staatsanwaltschaft.

Aus dem Kreis um den Geschäftsmann aus Mittelfranken, der kurz zuvor das Gebäude für 265 000 Mark bei einer Zwangsversteigerung erworben hat, bekommt die Kripo einen Tipp. 15 bis 20 Jugendliche sollen sich häufig im Schlosspark herumgetrieben haben. Ein VW Golf spielt eine Rolle. So kommen die Ermittler auf drei Jugendliche aus dem Ort.

Am Morgen des 3. Novembers 1999 löscht die Feuerwehr die letzten Flammen. Archivfoto: Hartmut Beyer

Sie werden als Beschuldigte vernommen. Der Verdacht erhärtet sich nicht.

Doch es gibt viele Fragen, auf die es bis heute keine Antworten gibt. Dazu gehört auch, dass nicht geklärt ist, wie der Täter ins Gebäude kam. „Die Fenster des Erd- und 1. Obergeschosses waren mit Holzplatten gesichert. Zusätzlich waren die im Erdgeschoss vergittert. „Die Fenster wurden nicht gewaltsam geöffnet", sagt Oberstaatsanwältin Niemann. „Ebenso wenig die Türen."

Auffallig für die Ermittler ist die Tatsache, dass sich der Täter die Mühe gemacht hat, nach der Brandstiftung in aller Seelenruhe das innen liegende Kastenschloss der Eingangstür abzuschrauben. „Daran hatte die Kriminaltechnik nachweisen können, ob der Brandstifter mit einem Schlüssel ins Innere gelangt ist oder mit einem so genannten schließfremden Werkzeug, zum Beispiel mit einem Dietrich", so die Staatsanwaltschaft. Wer hat Interesse daran, dass nicht nachgewiesen werden kann, ob zum Beispiel mit dem Originalschlüssel geöffnet wurde?

Wenige Tage vor der Brandkatastrophe hatte der Besitzer ein Konzept vorgestellt. Der Mann aus Süddeutschland wollte ein Nobelhotel aus dem Schloss machen. Absprachen mit dem Moto-Park Oschersleben soll es dazu bereits gegeben haben. Der Mann gegen den mehrere Ermittlungsverfahren liefen, die jedoch alle eingestellt wurden, kann nun mit einer stattlichen Versicherungssumme rechnen. Nach Volksstimme-Informationen ist die 400 Jahre alte Kastellanlage mit den charakteristischen dreiviertelrunden Ecktürmen mit 4,2 Millionen Mark bei der ÖSA versichert.

Versicherungssumme und dann Zaun drum?

„Es wird wohl so kommen, dass sich Eigentümer und Versicherung in der Mitte der Summe einigen", vermutet Jörg Güldemeister von der Verwaltungsgemeinschaft Bodeaue. „Dann wird der Besitzer einen Zaun um das Schloss ziehen, das Gebäude sichern und Groß Germersleben hat seine Schlossruine." Die obere Denkmalbehörde des Landes Sachsen-Anhalt hatte das Dach des Schlosses kurz vor dem Brand für 1,4 Millionen Mark sanieren lassen. Das Gebäude gilt als eines der wertvollsten Bau-Denkmäler in der Börde.

Wie die Volksstimme aus Niedersachsen erfuhr, geht die Braunschweiger Kripo einem Tipp nach, der besagt, dass im Raum Oschersleben mehrere kleine Brände gelegt wurden, um eine Serie vorzutäuschen und somit von der „Einzeltat Schloss" abzulenken. In Verbindung damit wird ein Bekannter des Schlossbesitzers gebracht.

Die Nachwendegeschichte des Barockschlosses stand unter keinem guten Stern. Anfang der 90er Jahre hatte die Gemeinde das Gebäude für 1,5 Millionen Mark an einen „Investor" verkauft. Der wollte dort ein Büro-Hotel einrichten. Er belastete das Schloss mit 3,5 Millionen Mark. Als der Käufer pleite ging, wurde das Baudenkmal am 28. September 1999 zwangsversteigert.

Volksstimme vom 30. Juni 2000.

Volksstimme vom 9. August 2000,
Text von Bernd Kaufholz (Namen teilweise anonymisiert)

»Thomas (17) und die beiden 16jährigen Patricks aus Groß Germersleben haben nichts mit dem Feuer im Barockschloss des Bördedorfs zu tun. Das haben sie inzwischen schriftlich. Veronika B., die Mutter des einen Patrick, meldet sich zu Wort und spricht über die polizeilichen Ermittlungen und darüber, was man im Ort über den Feuerteufel munkelt. Oschersleben. ›Nur zwei Hinweise darauf, daß sich Kinder

105

auf dem Schloßgelände herumtreiben, haben ausgereicht, daß die Polizei zwölf Jugendliche aus der Schule holte und verhörte‹, schimpft Veronika B. Wer die Ermittler mit der Nase auf die Dorfjugend stieß, ist N. N., ein guter Bekannter von Schloßeigentümer N. N. Es hat verbale Auseinandersetzungen mit den jungen Leuten gegeben, die sich ausgesperrt gefühlt haben, als ihnen der Besitzer den Zugang zum Schlosspark verwehrte, sagte N. N. nach dem Brand am 3. November 1999 bei einer Zeugenvernehmung.

Die Jugendlichen bestreiten das. ›Die Schüler wurden wie Schwerverbrecher verhört‹, sagt Veronika B. Die Krone aufgesetzt hätten die anschließenden Hausdurchsuchungen, ›ohne entsprechenden Durchsuchungsbefehl‹, wie die Groß Germersleberin schildert. Obwohl sich der Verdacht gegen drei der Jugendlichen, die als Beschuldigte vernommen wurden, letztlich nicht erhärtete, sei der Schaden für die Familien groß. ›Groß Germersleben ist ein kleines Dorf. Wenn nun wieder irgend etwas passiert, heißt es wahrscheinlich gleich: Da war doch mal irgendwas mit dem Thomas und den Patricks. Das setzt sich doch im Kopf der Leute fest‹, befürchtet Veronika B. Die Mutter des einen Verdächtigen habe sogar Angst, dass ihr das Haus über dem Kopf angesteckt wird, wen sie sich öffentlich zum Brand äußert. Patrick B. löschte als Mitglied der Freiwilligen Feuerwehr mit, als es zwei Tage nach dem ersten Feuer erneut im Schloß brannte. Die Flammen vernichteten den einzigen Rundturm, der beim Großfeuer zuvor erhalten geblieben war. ›Ich habe mit der ganzen Sache doch nichts zu tun‹, beteuert er. ›Klar, wir haben uns öfter im Park getroffen, als das noch ging, aber warum sollten wir denn das Haus anstecken?‹ Inzwischen hat Eigentümer N. N. über einen Vergleich 2,2 Millionen Mark von der Versicherung kassiert. Das ist über die Hälfte des Versicherungswertes. Dem gegenüber stehen 265 001 Mark, für die N. N.

Mittelalterliches Schloss brannte gestern in wenigen Stunden aus

Für das Schloss Groß Germers- leben hatte es gerade eine neue Chance gegeben. Eine Immobi- lien-Firma aus Süddeutschland hatte es ersteigert und begon- nen, ein Konzept für seine Nut- zung umzusetzen. Wenige Stunden nach einem Lokalter- min der Volksstimme mit Ge- schäftsführer ███████ und seinem Partner ███████ brannte das Schloss in der Nacht zu gestern völlig aus.

Von Hartmut Beyer

Groß Germersleben. ███████ ███████ und ███████ machen das Tor der Einfahrt zum Schloss dicht, das Gelände ist jetzt ringsum abgesichert. Zu viel an Zerstörung hatte in den zurückliegenden Wochen hier stattgefunden. Das wollten sie unterbinden.

Wenige Stunden danach muss die Freiwillige Feuer- wehr Groß Germersleben das Tor gewaltsam öffnen: denn gegen Mitternacht steht das mittelalterliche Bauwerk in hellen Flammen.

Alarm um 0.38 Uhr

„Wir wurden um 0.38 Uhr alarmiert und rückten mit 13 Mann aus", berichtet Gemein- dewehrleiter Peter Fricke. „Da brannte das Dach schon in voller Ausdehnung. Zeitgleich mit uns traf auch die Feuer- wehr Hadmersleben ein. Wir bauten sofort die Löschwasser- versorgung auf und konzen- trierten uns auf die Stellen, wo der Brand am meisten fortge- schritten war, um noch Teile des Dachstuhls zu retten. Aber das trockene Holz brannte so heftig, dass uns das nicht mehr gelang." Auch die Brand- bekämpfer aus den Drehlei- tern der Feuerwehren Wanzle- ben und Oschersleben, die in- zwischen eingetroffen waren, konnte das Dach nicht mehr retten. Zeitweilig waren 60 Kameraden und Kameradin- nen von fünf Feuerwehren im Einsatz.

Die Vermutung, dass das Feuer an verschiedenen Stellen gleichzeitig ausgebrochen sein

Die Geschäftspartner ███████ und ███████ einen Tag vor dem Brand an einem der Turmeingänge.

kann, will von den Feuerwehr- leuten niemand bestätigen. „Das Holz war alt und trocken, und in dem Haus waren keine Brandmauern. Wenn dann noch Fenster offen stehen, kann sich ein Feuer in Windes- eile ausbreiten", so Kreis- brandmeister Peter Müller.

Während die Einsatzkräfte in den Morgenstunden zwi- schendurch eine Stär- kung zu sich nahmen, trafen von der Polizeidirektion Hal- berstadt die Brandursachener- mittler ein. Ins Schloss konn- ten sie zu dieser Zeit noch nicht, aber sie nahmen das Haus auf der Suche nach der Ursache später noch gründlich unter die Lupe. „Wir ermitteln in Richtung Brandstiftung", so der Brandursachenermittler Ralf Staufenbiel.

Das Schloss Groß Germers-

leben – mit einem Verkehrs- wert von 530 000 Mark – war im September für eine Summe von 200 000 Mark durch die Immobilien GmbH ███████ in Wanzleben ersteigert worden.

Versicherung unklar

Von den beiden Geschäfts- partnern, die hier viel vor hat- ten, traf ███████, der in We- fensleben eine Baufirma be- treibt, gestern als erster in Groß Germersleben ein. Er war niedergeschlagen und meinte, dass sein Partner schon ge- weint hätte und auch er die Tränen unterdrücken müsse. Es sei auch noch nicht klar, wie das Schloss versichert war, meint er, denn es wäre noch nicht auf den neuen Eigentü- mer im Grundbuch eingetra- gen, so dass man keine Versi-

cherung abschließen konnte. Das liege noch bei der Bank, die bisher Eigentümer war.

Für beide Geschäftsleute ist ein Traum geplatzt. ███████ und ███████ hatten in Groß Ger- mersleben nach eigenen Anga- ben viel vor. Mit Sicherheit hätten das Dorf und seine Be- wohner ihre Vorteile davon ge- habt. „Die Nutzung des Schlosses nach unseren Vor- stellungen wertet den gesam- ten Ort auf", hatte ███████ am Tag zuvor noch ge- sagt.

Der Immobilienhändler und der Bauunternehmer hatten schon an einem Konzept gear- beitet. Danach sollten für den Innenausbau des alten Famili- ensitzes derer von Kotze etwa sechs Millionen Mark inve- stiert werden. „Es werden Ap- partements im gehobenen Stil entstehen und ein Restaurant. Das Schwimmbad wird wieder hergerichtet und eine Sauna aufgebaut. Tennisplätze und Trimm-Dich-Wege sind vorge- sehen. Kurzum, der gestresste Manager soll hier einen Erho- lungspark finden. Das ist unser Konzept, was wir versuchen zu verwirklichen", so hatte es in einem Gespräch mit der Volks- stimme ██████ erörtert.

In wenigen Tagen wollten die Gespräche führen mit ei- nem Automobilkonzern und ei- ner Brauerei als künftige Nut- zer des historischen Baus. Die beiden waren sehr optimistisch, weil sich das malerische Schloss wenige Kilometer vom Motopark Oschersleben ent-

fernt in einer hervorragenden Lage befindet.

Schon in den nächsten Tagen sollten Aufräumarbeiten und der Abriss von alten Schuppen beginnen. „In Winterarbeit wollen wir den Park auslichten und aufräumen, damit wir uns dann ab Mai/Juni dem Ausbau widmen können", erläuterte ███████. Über Nacht wurde nun alles hinfällig.

Bürger sind betroffen

Bürger aus Groß Germersle- ben äußerten gestern ihr Entset- zen. Hannelore Swigulski, die die früheren Schlossherren von Byern noch persönlich kannte, nicht fassen. „Das tut richtig weh", meinten sie, „denn wir waren froh, dass es jetzt ver- kauft war, dieses Ende ist ein Jammer." Bedauern äußerte auch Werner Neum von der Un- teren Denkmalschutzbehörde. „Wieder ein Objekt weniger", sagte er, und erinnerte sich an die über eine Million Mark, die Land, Kreis und Gemeinde für die Sanierung des Daches 1992 aufgebracht hatten.

Ursprünglich wollte ███████ ███████ das Schloss weiter verkaufen. „Es ist aber so schön und hat einen so prächti- gen Park, dass ich es doch lie- ber behalte", sagte er am Diens- tag noch zu. Gestern fehlten ihm die Worte, um seine Gemütsverfassung zu schil- dern. Was nun mit dem Schloss werden soll, darüber hat er keine Vorstellung.

Bereits einen Tag nach dem Brand berichtet die Presse.
(Mitteldeutsche Zeitung vom 4. November 1999)

das Schloß am 28. September 1999 bei einer Zwangsverstei- gerung erworben hatte. Der Geschäftsmann aus Mittelfran- ken ist vom Pech verfolgt. Seit 1990 hat er insgesamt sieben- mal Versicherungen bemühen müssen, allein sechsmal, weil ihm etwas abgebrannt ist. Über drei Millionen Mark hat ihm sein Pech eingebracht. Den zuständigen Staatsanwaltschaf- ten war diese Anhäufung von Zufällen verdächtig, und auch die Versicherungen konnten mit den Brandstiftungen nur schwer leben. Doch alle Verfahren gegen N. N. verliefen im Sande. Die Versicherungen mußten zahlen. Auch beim Brand in Groß Germersleben gibt es einige ungeklärte Fragen. So wurde das Kastenschloß von der Tür abgebaut, die in den Heizungsraum führte und durch die der Täter ins Gebäude kam. Wie bei allen anderen Bränden, denen bisher Eigentum von N. N. zum Opfer fiel, konnte dadurch auch diesmal am Brandobjekt die Verwendung von ›schloßfremden Schließwerkzeugen‹ nicht nachgewiesen werden. Alle Gebäude – außer dem Wohnhaus – wurden erst kurze Zeit vor Ausbruch der Feuer von N. N. erworben. In keinem Fall gibt es Hinweise auf das Eindringen Unberechtigter. In einigen Fällen befand sich N. N. am Tattag im Gebäude, hat aber ein Alibi. Ausgebrochen ist das Feuer in den Dachgeschossen. In zwei Fällen wurden Brandbeschleuniger nachgewiesen. Die Gebäude standen leer. N. N. wehrt sich inzwischen gegen die hinter vorgehaltener Hand getuschelten Verdächtigungen. ›Hetzkampagne‹, nennt er das. ›Ich habe durch den Brand nur Schaden‹, sagte er der *Volksstimme*. ›Das Anwesen hätte doch jeder ersteigern können, der sich heute aufregt. Warum hat denn im September keiner mitgeboten?‹ Die Staatsanwaltschaft Magdeburg hat die Ermittlungen zum Schloßbrand eingestellt. ›Sobald sich neue Hinweise ergeben, die auf einen Täter schließen lassen, werden sie wieder aufgenommen‹, sagte Oberstaatsanwältin Silvia Niemann.«

Oft denke ich an dieses Ereignis zurück und an die letzte Sichtung eines Videos vom Brand, welches ein Anlieger gefertigt hatte. Die aus dem Dachstuhl schlagenden Flammen waren zehn bis 15 Meter hoch. Man erkannte auch, daß die Löschstrahlen nur bis einen Meter über die Dachrinnen kamen. Vielleicht hätte ich auch Angst gehabt …

Blick auf den zerstörten Dachstuhl und den nordöstlichen Turm des Schlosses.

Manchmal helfen uns auch unsere vierbeinigen Kollegen, die Brandmittelsuchhunde.

Zahlreiche Zeitungsartikel beschäftigten sich mit dem außergewöhnlichen Brand.

Einige Wochen später hielt ich in Absprache mit dem Bezirksbrandmeister Lothar Lindecke im Regierungspräsidium beim Landesbranddirektor Peter Ladewig einen dreistündigen Vortrag zu den vergebenen Chancen einer Rettung des Schlosses. Es war wohl der nachhaltigste Vortrag meines Lebens mit dem Ergebnis eines nachhaltigen Hörsturzes! Er war es mir aber wert, denn seither hat sich etwas in der Ausbildung in den Feuerwehren getan.

Zwei Jahre später wurde ich als Kriminalist und Feuerwehrmann mit dem silbernen Brandschutz- und Katastrophenschutz-Ehrenzeichen am Bande in Magdeburg vom damaligen Innenminister Klaus Jeziorsky (CDU) ausgezeichnet. Ich habe mich damals sehr gefreut und wußte, daß es richtig gewesen war, die kritischen Phasen des damaligen Feuerwehreinsatzes analysiert und kundgetan zu haben. Aus Fehlern kann man nur lernen.

In diesem Zusammenhang hatte ich mit einem meiner Praktikanten einen knappen Gedankenaustausch: »Woher haben
Sie solch umfangreiches praktisches Wissen?« fragte er, und
ich antwortete: »Ich habe gebüffelt, mir auch zu Hause noch
eine Waffel gemacht und auch aus meinen Fehlern gelernt.«
Darauf seine Antwort, die mich verblüffte: »Ok, ich werde die
Anzahl meiner Fehler verdoppeln!«

Abschließend möchte ich nochmals betonen, daß der oder
die möglichen Brandstifter nicht ermittelt werden konnten
und distanziere mich von jeglichen Verdächtigungen.

15

ÜBER MÄUSEGIFT UND DIE GEFAHREN SEINER ANWENDUNG

An einem heißen Tag im Hochsommer um 2000 wurde ich zur Klärung einer Brandursache zu einem Wohnhaus in Silstedt beordert. In den frühen Vormittagsstunden des Vortages war die Freiwillige Feuerwehr an einem älteren Fachwerkhaus oberhalb des Dorfes zum Einsatz gebracht worden, da sich ein Brand von einem Zimmer im Erdgeschoß bis hoch zum Dachstuhl ausgebreitet hatte.

Am Brandort eingetroffen, stieß ich auf ein älteres, sehr verstörtes Rentnerehepaar, das vor den Trümmern seines Lebenswerkes stand. Viele Jahre waren die beiden mit dem Ausbau und der Verschönerung ihres alten Fachwerkhauses beschäftigt gewesen und hatten ihr gesamtes Vermögen da hinein investiert.

Auf meine Befragung hin teilten mir die Geschädigten mit, daß sie gerade in der neuen Küche des Obergeschosses gefrühstückt hätten, als sie plötzlich Brandgeruch wahrnahmen. Angsterfüllt rannte die Ehefrau, die angezogen war, die Treppe hinunter und zur Feuerwehrsirene im Dorf. Leider wußte das ihr Ehemann nicht, der noch schnell in seine Hosen schlüpfte. Er eilte sogleich hinunter ins Erdgeschoß, wo er den schon dichten Qualm aus den Ritzen der ehemaligen Küche dringen sah. In der Hektik vermutete er, daß sich seine Frau in dem Brandraum befand, um zu löschen. Sein Denkfehler wurde ihm sehr schnell zum Verhängnis, denn als er die Tür öffnete, schlug ihm eine riesige Stichflamme mit einer heftigen Druckwirkung entgegen (Flashover). Diese fegte ihn aus den Schlappen und riß ihn zu Boden, so daß er sich am Oberkörper schwere Verbrennungen zuzog. Geschockt und unter Todesangst rettete er sich zurück ins Obergeschoß, aus dem er sich wie ein Artist mit zusammengeknüpften Bettlaken abseilte.

Tragischerweise verzögerte sich der Einsatz der Feuerwehr, da sich die Retter für den umfassenden Löschangriff eine Ringleitung gebaut hatten – eine Art Kurzschluß, nur mit Wasser. Das bedeutete, sie hatten kurzzeitig einfach kein Wasser am Strahlrohr. In Windeseile hatten die Flammen jedoch bereits vom Ober- sowie vom Dachgeschoß Besitz ergriffen. Den Totalschaden am Haus verursachten jedoch nicht nur die Flammen; vor allem die Menge an Wasser, die nötig war, den Brand zu löschen, setzte dem Lehmbau gehörig zu.

Bei der ersten Sichtung der ehemaligen Küche war die Brandausbruchsstelle gleich anhand eines Brandfächers im Bereich einer Wandverkleidung und unterhalb eines Fensters sowie an einem Abfallbehälter zu finden. Wie genau der Brand jedoch verursacht wurde, war nicht sofort erkennbar. An Ort und Stelle befanden sich nicht einmal Elektrokabel. Schnell kam mir der Gedanke an glühende Zigarettenreste oder an Selbstentzündungsprozesse innerhalb des Abfalleimers – immerhin war der Herr des Hauses Heimwerker und hatte alles im Haus neu gestrichen! Hatte er eventuell ölige Lappen entsorgt, die sich bei hohen Außentemperaturen nachweislich schnell entzünden können?

Das Ehepaar konnte diese Verdachtsmomente in einem Nachfolgegespräch entkräften. Der Raum war nicht nur stromfrei, er wurde sogar seit der Neueinrichtung der Küche vor einem Monat nicht mehr betreten. Nach kurzzeitiger Ratlosigkeit beräumte ich die Küchenzeile, die in einem Abstand von fünf Zentimetern von der Fensterwand stand. Dabei fand ich in einem der Schränke Mäuseköttel und im Spalt zwischen Schrank und Wand verbrannte Stoffe, die auf Hausratreste hinwiesen, all die Kleinstteile, die sich über die Jahre hinweg in den Ritzen sammeln. »Liegt hier vielleicht ein Versicherungsbetrug vor?« wandte einer der anwesenden Kollegen vom Polizeirevier Wernigerode fragend ein.

In einem Gespräch erzählte uns der Betroffene, daß er Mäusegift in die Ritze hinter dem Schrank gestreut habe, zur Sicherheit auch ein wenig davor. Ob er von diesem Gift noch über einen Vorrat verfüge, fragte ich, was er verneinte. »Meine Nachbarin könnte möglicherweise noch etwas haben, denn auch sie hatte dieses Gift von dem gleichen Straßenhändler erworben.« Dieser verkaufte es höchstwahrscheinlich illegal. Kurzerhand befragten wir auch die Nachbarin; sie brachte uns aus ihrer Reserve eine kleine Originalverpackung.

Schon beim Lesen der Rückseite ahnte ich Böses, denn die orangefarbenen Kreuze, der Totenkopf und der Hinweis auf »Selbstentzündlichkeit beim Kontakt mit Feuchtigkeit« sprachen Bände.

Das letzte Gespräch mit dem Geschädigten und die Sichtung der Fensterstellung erbrachten ein bisher nicht vorgekommenes Ermittlungsergebnis: Die Witterungslage von stellenweise bis zu 38 Grad über mehrere Tage hinweg, ein Wolkenbruch am Vorabend in Form eines Schlagregens und ein angekipptes Fenster im Küchenbereich waren die unvorhersehbaren Komponenten für eine Selbstentzündung. Offensichtlich war etwas Regenwasser von der inneren Fensterbank in die Nische gelaufen, in der das Mäusegift lag. Das Gift Zinkphosphid, auf der Basis von Phosphin in Verbindung mit Feuchtigkeit und dem Kontakt mit brennbarem Hausmüll, entzündete sich also spontan und wurde durch die ausreichende Sauerstoffzufuhr begünstigt.

*In diesem alten Fachwerkhaus, das innen schon saniert war, brach der
Brand im Erdgeschoß aus und bahnte sich den Weg ins Dachgeschoß. Es
wurde später abgerissen. Der eingezeichnete Brandtrichter führte
in die alte Küche der Familie im Erdgeschoß. Auf der gegenüberliegenden
Hofseite waren die Brandschäden noch intensiver.*

Wer hätte das wohl im Vorfeld unserer Untersuchungen gedacht?!

Die anschließende Untersuchung im Landeskriminalamt
bestätigte den Verdacht. Nachforschungen erbrachten weitere kritische Hinweise zu Diphosphin, denn in der Schweiz
mußten nach einem Einsatz im Keller eines Kindergartens
neun Feuerwehrmänner mit Vergiftungserscheinungen in
Krankenhäusern behandelt werden, weil sie das Phosphin-
Gas eingeatmet hatten. Der Hausmeister hatte gleichartiges
Mäusegift im Keller ausgelegt, was zu fatalen Folgen hätte
führen können!

Normalerweise soll das Gift wie folgt angewendet werden:
Nachdem man das Gift in die Mäusegänge eingebracht hat,

*Brandausbruchsbereich unterhalb des Küchenfensters. Linksseitig befindet
sich eine Küchenzeile und rechts ein Persil-Eimer aus Pappe, der für Abfall
vorgesehen war. Der Pfeil zeigt eine Schräge am Sperrholz, die den Weg zur
Zündquelle weist. Man nennt diese Spur »Brandfächer«. Im Tiefpunkt des
Fächers liegt meist das Geheimnis, aber hier lag nicht mal ein Elektrokabel.
Den »Brandfächer« sieht man auch am Papierkorb (Pfeile).*

reagiert es mit der Bodenfeuchtigkeit. Das Gas zieht in der
Folge, da es schwerer ist als Luft, nach unten in die Laufgän-
ge und vergiftet so die dort ansässigen Schadnager. Darüber
hinaus soll das Gift mit der Magensäure der Mäuse reagieren
und Phosphorwasserstoff freisetzen. Der Tod erfolgt durch
ein Hirnödem usw.

In diesem Fall stellte die Staatsanwaltschaft das Verfahren
wegen fahrlässiger Brandstiftung ein. Die Versicherung bezahlte dem betroffenen Rentnerehepaar daraufhin ein neues
kleines Fertighaus.[13]

---

13 Wie mir ein Kollege berichtete, verunglückte der Ehemann beim Bauen an
   diesem neuen Haus so schwer, daß ihm ein Fuß halb abgenommen werden
   mußte. Als wären die beiden nicht schon genug vom Leid geplagt worden ...

16

DER BRANDFÄCHER
WIES DEN WEG

An einem eiskalten Tag im Februar 2002 wurde 20.02 Uhr die Feuerwehr von Halberstadt alarmiert. Es rückten drei Einsatzfahrzeuge und sechs Feuerwehrleute aus. Als sie am Ort des Geschehens ankamen, loderten die Flammen schon lichterloh aus den Fenstern des Gebäudes. Mit Preßluftatemmasken und Hochdruckschläuchen ausgerüstet, nahmen die Männer der hauptberuflichen Wachbereitschaft Halberstadt den Kampf gegen die unbändigen Flammensäulen auf, die sich ihnen in den Weg stellten. Wie wir erfuhren, war dieses Gebäude nicht mehr bewohnt. Strom und Wasser waren gekappt, wir bewegten uns also auf sicherem Territorium.

Nach dem Brand bot sich uns ein Bild des Grauens. Die Flammen hatten die Wohnräume total zerstört. Eine Tatortarbeit unter solch widrigen Verhältnissen ist immer problematisch, da die aus dem Brandschutt austretenden Gase meist auch noch toxisch sind. Sinnvoll ist es daher, das Erkalten des Brandortes abzuwarten – es sei denn, unter den Trümmern befindet sich eine Person! Die Männer der Feuerwehr machten uns darauf aufmerksam, daß im Nebenzimmer eine Leiche gefunden wurde; Identität und Todesursache noch ungeklärt.

In solchen Fällen besteht Zeitverzug. Aus diesem Grund begann noch in der Abdampfphase die Sichtung des Außenbereiches auf nichttypische Brandspuren und eine Fotodokumentation der Gesamtsituation. Dabei wurden vor allem die dortigen Brand- und Rußspuren über den Fenstern der Fassade und unter dem dortigen Brandschutt gesichtet und analysiert. Vergißt man z. B. die penible Untersuchung des Schichtaufbaus unter den vom Brand betroffenen Fenstern, kann man später nur erschwert den Nachweis erbringen, ob die Scheiben durch Brandhitze oder durch einen Einwurf von Brandbeschleunigern zerstört wurden. In beiden Fällen sind die Spuren, die zudem meist unterschiedliche oder keine Rußanhaftungen aufweisen, wesentlich entscheidend für die spätere Beweisführung.

Schon nach der äußeren Sichtung konnte ich mit Sicherheit sagen, daß alle Fensterscheiben des Brandraumes vor Brandausbruch intakt waren und erst durch die Hitzeentwicklung im Brandraum Risse am schon berußten Glas bekamen. Die Scheiben sind entsprechend erst nach und nach bzw. durch das Auftreffen von Löschwasser aus dem Rahmen gefallen. Findet man im Rahmen noch Glas mit rundlichen geschwungenen Rissen und weißen staubförmigen Anhaftungen vor, kann man davon ausgehen, daß das schon vor dem Brand berußte Glas zu weißer Asche verbrannte. Unberußtes oder an der Unterseite sauberes Glas – das obere ist ja meist von Brandschutt kontaminiert – mit geraden Glassprüngen läßt auf eine Gewalteinwirkung mittels harter Gegenstände schließen.

Nach gedanklicher Analyse aller Brandspuren, die durch starke Rußanhaftungen an der kalten Außenwand über den Fenstern gekennzeichnet waren, und den Brandzehrungen an einem Rundbogenfester war schnell klar, daß es zunächst einen längeren Schwelbrand mit Abgabe von unverbrannten Brandgasen durch die Fensterritzen des dahinter befindlichen Raumes gegeben hatte. Erst kurz vor Eintreffen der Feuerwehr zerplatzten die schon eingerissenen Scheiben und führten dem Brandort frischen Sauerstoff zu, wodurch der Ruß stellenweise zu weißer Asche verbrannte. Durch das schnelle Eingreifen der Feuerwehr kam es nicht mehr zum

Im Tiefpunkt des Brandfächers an der Wand befand sich ein provisorischer Tischrest mit diversen Wachsresten und Teelichtbehältern.
Im Nebenraum befand sich eine unbekannte Leiche mit schwersten Verbrennungen. Anhand der unterschiedlichen Berußungen der Wandputzabplatzungen erkennt man die Reihenfolge des Abfalls.

Vollbrand im provisorischen Küchenbereich. Jener konnte nach Erkaltung und Beleuchtung der Brandstelle mit Schutzausrüstung begangen und untersucht werden, wobei der Wasserdampf vom Löschwasser noch etwas hinderlich war. Bei dieser ersten Sichtung entdeckte ich in dem Raum, in dem der Brand ausgebrochen war, drei tote Hunde mit starken Sengspuren am Fell, die für eine Temperatur im Bodenbereich von 150 Grad Celsius sprachen. Sie lagen unregelmäßig im Raum und waren vermutlich noch vor ihrem Herrchen an CO-Gasen verstorben, da sich diese zuerst am Boden sammeln. Gleich rechts des Eingangs befanden sich drei aufeinandergestapelte und nicht vom Brand erfaßte Matratzen, die dem Verstorbenen offenbar als Schlafstätte gedient hatten. In einem leerstehenden Raum, der sehr stark verrußt war, fanden wir unterhalb des Fensters eine auf den Knien ruhende, zusammengekrümmte männliche Leiche. Diese Stellung ist typisch für CO-vergiftete Menschen.

Wo war der Brand aber ausgebrochen?

Bei dem vorliegenden Zimmerbrand konnte ich den Rest einer provisorischen Tischplatte mit einseitigen Brandzehrungen ausmachen. Sie stand mit der unteren Kante auf unverbrannten Abfällen, während die Reste daneben aus Papierasche mit eingelagerten Teelichtbehältern und stark verkohlten Brotkanten bestand. Die Ermittlung dieser Brandursache dauerte unter den erschwerten Bedingungen von Rauch, Frost und Dunkelheit tatsächlich einige Stunden! Da die Wohnung vom elektrischen Strom abgeklemmt war, kam ich – nach Ausschluß sämtlicher Möglichkeiten – zu folgendem fachlichen Ergebnis bei der Ermittlung der Brandursache in diesem Gebäudekomplex: »Der Brand wurde der Spurenlage nach durch die Zündquelle »Offene Flamme« ausgelöst. Da ich im Brandausbruchsbereich Kerzenwachs und hitzebelastete Teelichtbehälter sicherstellen konnte, kann mit an Sicherheit grenzender Wahrscheinlichkeit davon ausgegangen werden, daß diese vom Brandopfer angezündet worden waren, um den Raum zu beleuchten und etwas zu beheizen.«

Soweit meine objektiven Feststellungen, die nun obendrein mit den subjektiven Nachermittlungen abgeglichen werden mußten. Zu klären war, wie die Teelichter und die Tischplatte seitlich hatten umkippen können. Unachtsamkeit?

Die nachfolgenden Ermittlungen führten wir damals noch in getrennter Zuständigkeit durch – nicht ohne Grund: Als Brandermittler hätte man leicht dazu neigen können, sub-

Auf einen Einsatztag folgten meist zwei bis vier Tage Schreibtischarbeit.
Die Möglichkeiten zur Recherche im Internet erleichterten
die Arbeit wesentlich. Im Bild sieht man links
den Autoren Ralf Staufenbiel und seinen Kollegen Hans-Detlef Hahn.
(Foto: Meusel, Mitteldeutsche Zeitung)

jektive und objektive Erkenntnisse miteinander abzustimmen, um den Vorgang für sich schneller abzuschließen.

Nach Ende aller Ermittlungen, einschließlich der Obduktion, stand fest, daß es sich bei der toten Person um einen 35jährigen Drogensüchtigen handelte, der zudem an Aids erkrankt war und der sich mit seinen drei Hunden in den leerstehenden Räumen des ehemaligen Kasernengeländes einquartiert hatte. Todesursache war eine Rauchgasintoxikation ohne Fremdeinwirkung, deren Ursache durch den Brand bedingt war. Als Brandursache konnte die »Offene Flamme« in Form von Teelichtern, die vermutlich durch die hungernden Tiere von der Tischplatte geworfen wurden, bestätigt werden.

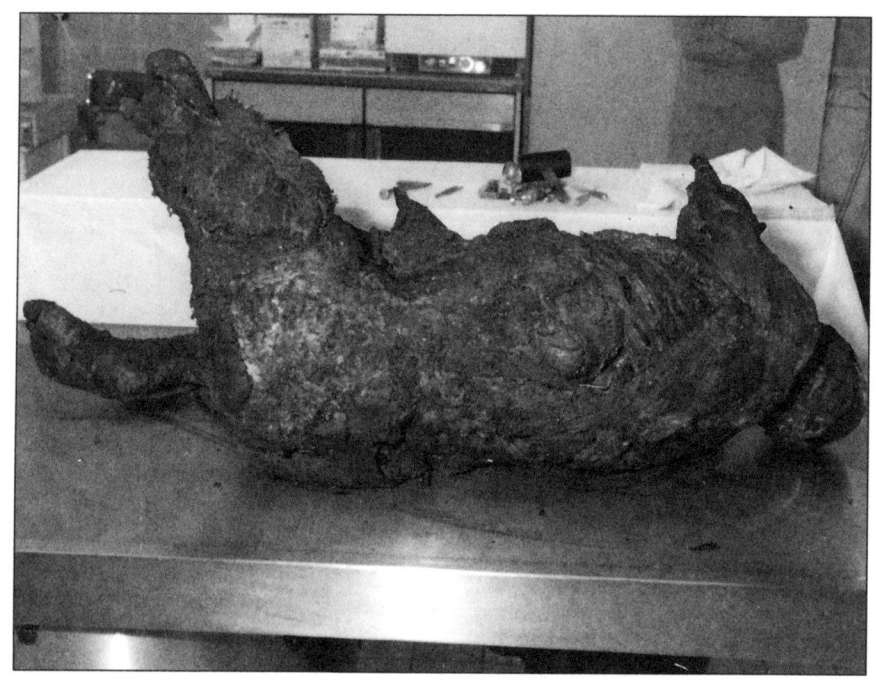
Vergleichsfoto: Brandleiche vor der Obduktion.

Äußerlich gesehen, stellte unser Team an den freiliegenden Körperregionen der Brandleiche große bräunliche Brandblasen und rötlich zusammengekräuselte, angesengte Haare fest, während die auf dem Boden aufliegenden Hautpartien nur leicht berußt waren. Nachdem wir die Leiche umgedreht hatten, stellten wir direkt unter dessen Körper unberußte Abdrücke fest, die dafür sprechen, daß er noch zu Lebzeiten dorthin gelangt war, um vermutlich das Fenster zu öffnen. Solche Fluchtversuche gelingen den Betroffenen fast nie, da das Kohlenmonoxid die Sinne stark beeinträchtigt. Verstärkt wurde diese Annahme durch den Fakt, daß sich im oberen Rachenraum schon starke Rußablagerungen zeigten. Er hatte also offensichtlich noch geatmet! Sicherheitshalber wurde die Auflagestelle noch mit einem Meßgerät auf Brandbeschleuniger geprüft, da sich diese Stellen besonders gut zur Messung eignen.

Die Identität des Toten konnte in diesem Fall über den Zahnstatus geklärt werden. Unser Verdacht einer CO-Intoxikation ließ sich nur mittels Obduktion beweisen. Nach Abgabe der Ermittlungsakte an die Staatsanwaltschaft wurde der Todesursachenermittlungsvorgang gegen »Unbekannt« eingestellt.

Bei einer kriminalistischen Leichenschau werden immer alle Körperregionen gründlich in Augenschein genommen, um Feststellungen über die mögliche Todesursache treffen zu können. Dabei muß vor allem geprüft werden, ob eine Fremdeinwirkung durch dritte Personen stattgefunden hat und somit eventuell eine Verdeckungsstraftat vorliegt – was oft nicht auszuschließen ist. Das Beisein an solch einer Obduktion ist für die Erstteilnehmer immer eine besonders große Herausforderung und trennt sozusagen die Spreu vom Weizen. Wer solchen Anblicken nicht gewachsen ist, wählt erfahrungsgemäß eine andere Fachrichtung innerhalb der Polizei. Während der Obduktion fertigt der zuständige Todesursachenermittler Fotos an, um bei eventuellen Gerichtsverhandlungen anhand dieser Aufnahmen beweiskräftige Aussagen tätigen zu können. Die Gerichtsmediziner fertigen zur Beweisführung entsprechende Gutachten.

17

HURRA, HURRA,
DIE SCHULE BRENNT
ODER
WIE MAN AUS GOLD RUSS MACHT

In Osterwieck wurde zum Tag der offenen Tür in einer Schule der Chemieraum neu eingeweiht. Um den Eltern etwas Attraktives zu zeigen, »vergoldete« man kupferne Cent-Stücken unter Verwendung verschiedenster Chemikalien. Die Lehrerin zeigte sich sehr engagiert, was die Schüler und deren Eltern freute. Nach diesem interessanten Beitrag gingen alle Gäste und Schüler zufrieden – und um einen »Gold-Cent« reicher – nach Hause, während die Lehrerin sich stolz um ihren neuen Klassenraum kümmerte, alle Chemikalien wieder an Ort und Stelle stellte und den Arbeitsplatz reinigte. Was keiner ahnte: An diesem Tag sollte vorläufig der letzte Chemieunterricht stattgefunden haben.

In der Nacht liefen, für alle hörbar, die Sirenen im Ort. Wie die Einsatzkräfte der Feuerwehr feststellen mußten, entstand in einem Papierkorb ein Schwelbrand, durch den ein Sach-schaden im Gebäude in Höhe von über 10 000 Euro verur-sacht wurde. Schnell gerieten die Raucher unter den Besu-chern unter Generalverdacht. Doch dann folgte die Entwarnung für Eltern und Schulbesucher.

Als ich den Brandort in Augenschein nahm, fiel mir im Vor-bereitungsraum ein Gläschen mit Zinkpulver auf, welches die Lehrerin offenbar übersehen und nicht wieder an seinen Platz gestellt hatte. Auf Nachfrage, wozu dieses Pulver ver-wendet werde, erklärte sie, wie das Experiment zur »Goldher-

*Im Tiefpunkt des Brandes befand sich ein Abfallkorb,
in dem sich der Brand entwickelte.*

stellung« ablief. »Man verwendet bei der Vergoldung von kupfernen Münzen gröberes Zinkpulver, reinigt sie gut mit Alkohol und behandelt sie danach mit Salzsäure, um alle Kupferoxidreste zu entfernen. Die nunmehr metallisch reinen Münzen werden gut abgespült und in einem Becherglas mit 20 Milliliter Kalilauge und zwei Spateln Zinkpulver so lange gekocht, bis sie mit einem grauen Zinkbelag überzogen sind. Anschließend werden die Münzen mit destilliertem Wasser gut abgespült, mit einem weichen Tuch gründlich abgetrocknet und mit einem Papiertaschentuch so lange poliert, bis sie silbrig glänzen. Nach dieser Tätigkeit, wird die Münze mit einem Bunsenbrenner erhitzt, bis eine Vermischung der Metalle zu Messing einsetzt« – eine optische »Vergoldung« also. Die Bildleiste zeigt noch einmal die verschiedenen Stadien der »Vergoldung von Münzen«.

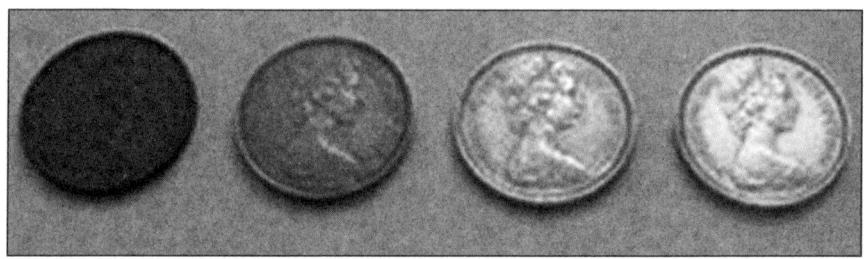

Stufen der Vergoldung von links nach rechts: Unbehandelte Münze,
Münze nach Reinigung, versilberte Münze, vergoldete Münze.
(Foto: www.chemieunterricht.de/dc2/tip/11_98.htm)

Nun stellte ich die entscheidende Frage: »Was haben Sie denn nach der Fertigstellung des Experiments gemacht?« Mit zittriger Stimme kam die verhängnisvolle Antwort der Lehrerin: »Ich habe die Tische mit einem feuchten Küchenkrepp abgewischt, da einige Schüler Zinkpulver verschüttet hatten, und steckte es in den Papierkorb, dort wo es gebrannt hat.«

Ich setzte noch einen oben-drauf, obwohl die arme Frau ohnehin schon völlig einge-schüchtert war, und ergänz-te: »Dann haben Sie die Tücher sicherlich noch zu-sammengedrückt, damit sie alle schön reinpassen, stimmt's?« Sie bejahte. Als ich ihr das Glas Zinkspäne mit dem Warnhinweis entge-genhielt, fiel es ihr wie Schuppen von den Augen.

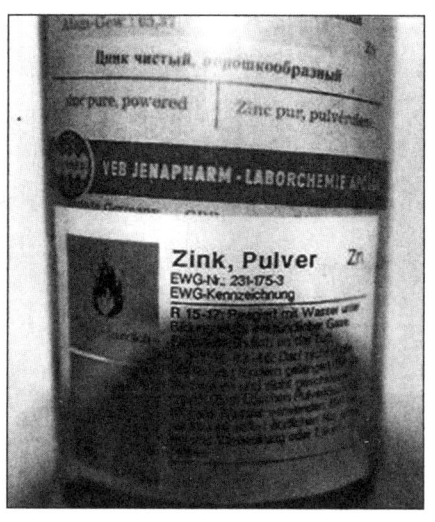

Etikett des Zinkpulvers mit dem Warnhinweis.

Ursache des Brandes war somit eine Selbstentzün-dung, die durch eine schnell-ablaufende Oxidation des fei-nen Metallpulvers in Kontakt mit Wasser bedingt war. Die Verdichtung der feuchten Papiertücher im Papierkorb führte zunächst zu einem verhängnisvollen Wärmestau und danach zum Schwelbrand. Glücklicherweise wurde der Chemieraum bei seiner Erneuerung mit schwerbrennbaren Schränken ausgestattet, so daß kein Vollbrand entstehen konnte. In der Asche des Papierkorbes konnte im Landeskriminalamt Zink-oxid nachgewiesen werden.

18

DER LETZTE
GÄNSEBRATEN

Im Herbst nach dem Millennium 2001 benachrichtigte der Bewohner eines Dorfes im Salzlandkreis die Feuerwehr, da er eine starke Rauchentwicklung an einem neuen Einfamilienhaus beobachtet hatte. Als die alarmierten Kräfte ausrückten, sahen sie eine schwarze Rauchwolke in einer kleinen Siedlung, die ihnen schon den Weg wies. Doch als sie am Einsatzort ankamen, waren weder Flammen noch der Rauch am Haus zu sehen.

Nach Begehung des Hinterhofes nahmen sie an einem Fensterrollo, das schon leicht durch Hitzeeinwirkung gebräunt war, einen typischen Brandgeruch von Benzin und unverbrannten Pyrolysegasen wahr. Auf solch eine Situation wurden sie in ihren Schulungen mehrfach vorbereitet. Aus diesem Grund gingen sie hier sehr bedächtig und vorsichtig mit Wasser am Strahlrohr und Preßluftatemgeräten zum ersten Angriff vor.

Nachdem sie die Haustür gewaltsam geöffnet und dabei die natürliche Deckung eines Mauervorsprungs genutzt hatten, kam erwartungsgemäß eine zirka zwei Meter lange Stichflamme herausgeschossen. In Sekundenschnelle loderten die Flammen im Haus auf. Diese konnten aber mit dem Sprühstrahlrohr rasch unter Kontrolle gebracht werden, so daß auch der Wasserschaden relativ gering blieb.

Nach dem Lüften der Räumlichkeiten entdeckten die Einsatzkräfte zunächst in der Küche ein komplett abgenagtes Gänsegerippe, die dazu gehörigen Bestecke und die bereits abgewaschenen Teller und Töpfe. Ansonsten schien soweit alles in Ordnung. Als sie jedoch die Wohnstube betraten, ent-

Ein makabres Bild. Die Bilderrahmen waren in der Brandfolge über die männliche Brandleiche gefallen. Rechts neben der Lampe verweist der Pfeil auf ein weiteres verbranntes Gesicht.

deckten sie den ortsansässigen, körpergewaltigen Bauunternehmer, stark vom Brand gezeichnet, eingerahmt von herabgefallenen Bilderrahmen, wie einen Buddha, den man auf der Couch drapiert hat.

Einige der Feuerwehrleute hatten noch nie einen Brandtoten gesehen, geschweige denn solch ein Horrorszenario. Man kann sich leicht vorstellen, daß manche von ihnen anschließend psychisch betreut werden mußten. Nachdem sie nun von diesem schauerlichen Spurenbild überrascht worden waren, kam ich mit einem Kriminaltechniker und dem zuständigen Revierkriminaldienst zum Einsatz.

Wir trafen in den frühen Abendstunden ein und konnten den Brandort bereits besichtigen, da die Feuerwehr dort Scheinwerfer aufgestellt hatte. Den Warnhinweis, daß hier Benzin verkippt wurde, nahmen wir dankend entgegen. Bei

Sichtung der Leiche entdeckten wir zunächst an der rechten Schläfe ein Einschußloch. Eine Ausschußöffnung fehlte. Als wir ein Stück verbrannte Deckentapete beiseite nahmen, kam zu unserem Entsetzen ein weiteres stark verbranntes Gesicht zum Vorschein. Die arglosen Feuerwehrleute überfiel ein neuerliches Grauen. Nun war Vorsicht bei der Spurensicherung angesagt. Lag hier eventuell ein Doppelmord vor?

Die Gesamtsituation sprach dagegen. Beide sahen recht friedlich aus und hatten es sich scheinbar gemütlich gemacht, um Fernsehen zu schauen. Stück für Stück wurden die Bilderrahmen, die berußten Glasstücke sowie die Aschereste von den herabgefallenen Tapeten entfernt. Dann entdeckten wir etwas, das uns des Rätsels Lösung näher brachte. Der Tote hielt einen kleinen Trommelrevolver in der Hand, der seitlich am Körper anlag. Bei näherer Untersuchung des Kopfes der anderen Leiche stellten wir einen fast gleich großen Einschuß an der linken Kopfseite mit sternförmigen Aufplatzungen an der Kopfhaut fest.

Inzwischen hatte der K-Mann vom Revierkriminaldienst schon erste Informationen bei den Nachbarn eingeholt. Wir erfuhren, daß das Ehepaar wohl hoch verschuldet war.

Die weitere Leichenschau erbrachte den Nachweis, daß es sich bei der zweiten Person um die Ehefrau handelte. Infolge der objektiven Spuren und der subjektiven Ermittlungsergebnisse konnte ein erweiterter Suizid angenommen, ein Mord jedoch nicht ganz ausgeschlossen werden, denn offensichtlich hatte der Bauunternehmer seine Frau ohne Vorwarnung – womöglich im Schlaf – erschossen. Vorher hatten sie anscheinend noch einmal gut und üppig getafelt. Nach der Tat übergoß er sie mit der brennbaren Flüssigkeit, entzündete diese und erschoß sich dann selbst. Geschlußfolgert wurde diese Reihenfolge aus den unterschiedlichen Abbranderscheinungen an der Couch und der weiblichen Leiche. Eine

Fremdeinwirkung durch weitere Personen konnte ausgeschlossen werden.

*Die kriminalistische Brandortuntersuchung erfordert ein hohes Maß an
Feingefühl. Auch die Fotografie ist nicht so einfach, da alles meist schwarz
ist. Mit Geduld muß man hier alle Arbeitsschritte dokumentieren.*

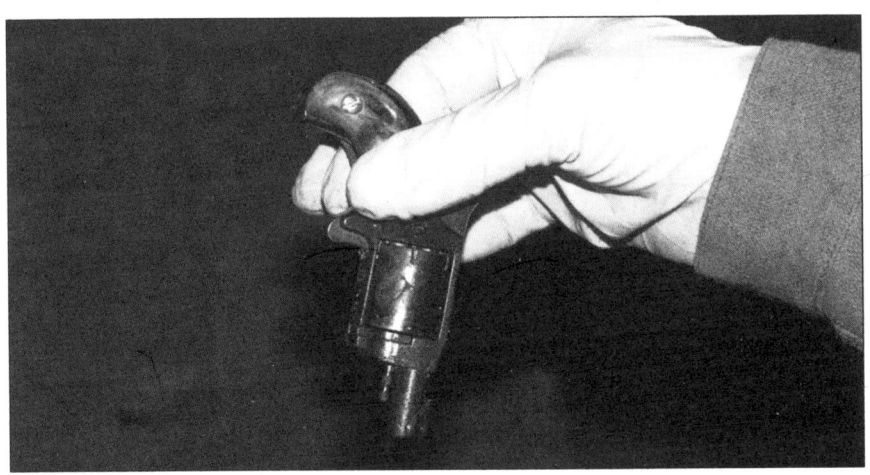

Die Tötungswaffe war ein kleiner Trommelrevolver.

131

19

TEURE KOTELETTS

Es war ein ganz normaler Wochentag kurz nach Silvester, an dem eine schon betagte Frau mit den Vorbereitungen fürs Mittagessen für sich und ihren Sohn beschäftigt war. Sie erwartete ihn um 12.30 Uhr. Ein paar Tage zuvor hatte die Dame ihren Hausarzt gebeten, einmal bei ihr vorbeizuschauen, da sie sich nicht wohl fühlte. Dieser stand pünktlich, wie vereinbart, um 11.30 Uhr mit seiner Arzttasche an der Haustür und klingelte. Schnell kam man ins Gespräch, der Blutdruck wurde gemessen und die anstehenden Probleme wurden diskutiert. Doch plötzlich erschraken beide, als sie den Geruch von stark verbranntem Fleisch wahrnahmen.

Feuerwehrmänner kennen diesen ausgesprochen üblen und im Hals kratzenden Gestank, der sehr reizend auf alle Schleimhäute wirkt. »Hilfe, meine Koteletts!« schrie die Frau, und beide stürzten in die Küche, wo die Flammen schon aus der Pfanne hoch zur Dunstabzugshaube schlugen. Der Arzt zog die Pfanne geistesgegenwärtig vom Elektroherd, stellte sie schnell in die Spüle und ließ kaltes Wasser darauf laufen, daß es nur so zischte.

Die Frau hatte inzwischen den fünf Kilogramm schweren Feuerlöscher herbeigeholt, der aber leider nicht funktionierte, obwohl er zuvor geprüft worden war. Daraufhin lief der Doktor eilig zu seinem Auto und holte den kleinen 1-kg-Pulver-Löscher, den er – schon unter kritischen Raumbedingungen – zum Einsatz brachte. Leider ohne Erfolg! Das Löschpulver konnte nicht durch das Lammellengitter bis zum Fettfilter vordringen. Erst jetzt begriffen beide den Ernst der Lage und verließen den Raum angesichts der Flammen und des Rauches, um die Feuerwehr zu benachrichtigen. Leider

Bedingt durch die Intensität des Brandes konnte die Feuerwehr den Innenangriff erst spät vornehmen, so daß das gesamte Dachgeschoß auch noch ausbrannte.

ließen sie dabei die Küchentür offen stehen. Die Kameraden waren schnell zur Stelle, aber die Lage des Hydranten und die Suche unter dem Schnee verzögerten den Einsatz zu Ungunsten der bereits brennenden Bausubstanz. Die Küche brannte lichterloh und, bedingt durch die offene Küchentür, hinter der sich noch eine freie Treppe aus Buchenholzstufen befand, breitete sich das Inferno im ganzen Haus aus. Zu allem Übel stürzten die brennenden Holzstufen von oben hinunter auf die Kellertreppe. Der Keller – einschließlich der Ölheizung – konnte den Flammen nicht entgehen. Die arme Frau lag weinend und verzweifelt in den Armen ihres Sohnes, der inzwischen eingetroffen war und sich auf sein Kotelett gefreut hatte. Da standen sie nun vor den Trümmern ihrer Existenz und mußten mit ansehen, wie diese in Rauch und Asche aufging. Zum Glück war der Hausarzt noch zugegen, der die alte Dame sodann mit einem Kreislaufkollaps ins Krankenhaus einwies.

Als der Brandort am nächsten Tag erkaltet war und der Regen durch das offene Dach rieselte, konnte ich mich an die Arbeit machen. Das Brandbild in der Küche stimmte mit den Angaben der Kameraden und der beiden Zeugen überein, so daß die Brandursache eigentlich klar war: »Unbeaufsichtigter Betrieb eines Herdes«, erfahrungsgemäß eine fahrlässige Handlung. Nach Beseitigung des Brandschutts über dem Herd wurden vier elektrische Herdplatten mit Ruß verschmierten Anhaftungen festgestellt, wobei eine von ihnen nach der Reinigung mit Wasser eine andere Verfärbung aufwies. Dabei konnte es sich nur um die betroffene Platte handeln, auf der der Inhalt der Pfanne in Brand geraten war. Die Stellung des zugehörigen Einstellknopfes, der nur noch als Stiftsockel erkennbar war, bestätigte eindeutig den Herdbetrieb.

Demnach war bis auf den untauglichen Feuerlöscher, den ich durch Mitnahme sicherte, alles geklärt, so dachte ich zumindest, nachdem ich die Fotos gefertigt hatte. Auf dem Heimweg grübelte ich unentwegt, warum der Sandwichboden der Pfanne aufgerissen und das geschmolzene Aluminium am Rand der Pfanne wieder erstarrt war. Das flüssige Aluminium hätte doch beim Wegnehmen der Pfanne durch den Arzt auf der Platte verbleiben müssen!

In der Dienststelle angekommen, telefonierte ich gleich mit einem Bekannten, der im Elektroherdewerk Egeln arbeitete. Dieser verwies mich an die Entwicklungsabteilung der Firma, wo ich dann die Ursachen zu diesem Fall auch zu meiner Zufriedenheit verständlich erklärt bekam. »Da Aluminium bei 660 Grad Celsius schmilzt, werden die Thermoschalter von Elektroherden auf 550 Grad justiert, so daß keine Überhitzung erfolgen kann. Bei dem von Ihnen geschilderten Fall

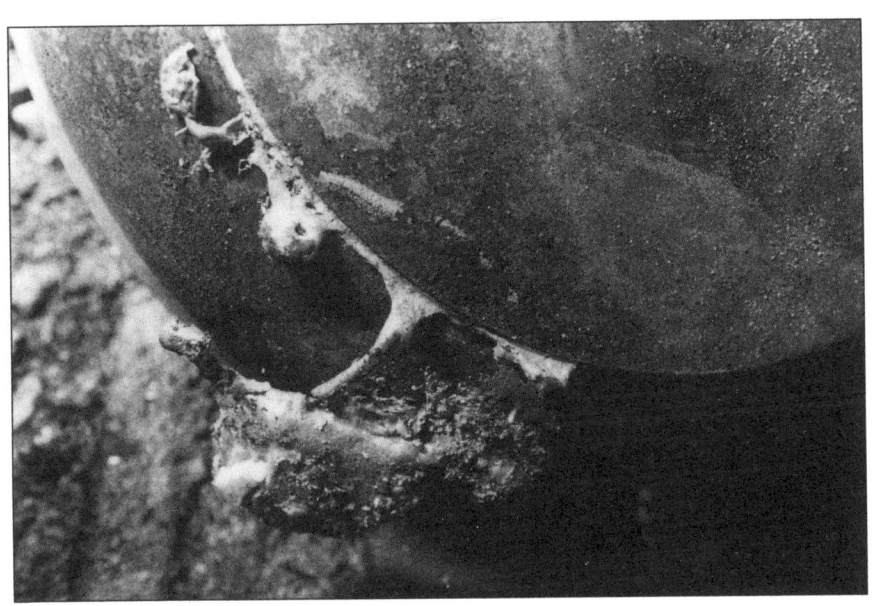

Am Rand der Pfanne war während der Überhitzung flüssiges Aluminium aus dem Sandwichboden ausgetreten, welches nach der Selbstzerstörung der Herdplatte wieder erstarrte.

war mit Sicherheit der Thermoschalter defekt, und so heizte sich die Platte auf über 660 Grad Celsius hoch, bevor sie sich dann um 700 Grad Celsius von selbst zerstörte«, so der Experte.

Folglich war klar: Als der Arzt die brennende Pfanne in die Spüle beförderte, waren die Platte und das flüssige Aluminium schon wieder erkaltet. Es lag also ein technischer Defekt am Herd vor, womit nun die Hausrat- und Gebäudeversicherung gefragt war.

Als die Geschädigten durch den Kriminaldienst darüber informiert wurden, saß der Schock abermals tief, da sie die zuständige Versicherung zum Jahresende gekündigt hatten. Der Brand ereignete sich aber am 9. Januar! Dennoch zeigte die größte deutsche Versicherung in diesem Fall ein Einsehen und bezahlte der Familie auf Kulanz ein neues Fertighaus. Der Feuerlöschprüfer konnte sich seiner Verantwortung nicht entziehen, denn eine Untersuchung des Feuerlöschers im LKA ergab, daß er den Löscher nicht ordnungsgemäß geprüft hatte. Im Inneren des Löschers war am Steigrohr noch das Prüfdatum des Vorgängers angebracht.

20

EIN KÜHLSCHRANK ZERPLATZTE WIE EIN LUFTBALLON

Die traute Idylle von Mehringen wurde vor zirka zehn bis 15 Jahren durch eine ungewöhnliche Explosion in den frühen Morgenstunden gestört, wobei ein Kühlschrank im wahrsten Sinne wie ein Luftballon zerplatze.

Als mein Team und ich am Einsatzort eintrafen, bot sich uns ein Bild der Zerstörung. Ein kleines, älteres Wohnhaus, welches zu DDR-Zeiten vom Stall zum Wohnhaus umgebaut worden war, glich nurmehr einer Ruine, ausgebrannt bis unter das Dach, sämtliche Wände eingerissen. Die Feuerwehr war gezwungen, die Balken in der Küche abzustützen.

Alle Fensterflügel des Erdgeschosses waren durch die Detonation bis zu 15 Meter weit in die Umgebung geflogen; eine »optimale Raumexplosion«, so der Fachausdruck für solche Zerstörungen. Nach unserer äußeren Spurensicherung und Dokumentation dieser Verwüstung konnten wir den Hauseigentümer, der inzwischen medizinisch versorgt wurde, kurz befragen. Er berichtete, daß er sich gerade auf der Treppe vom Obergeschoß zum Erdgeschoß befunden habe, als es einen mächtigen Knall gab und er durch die Druckwelle wie ein Laubblatt zurück nach oben geschleudert und dort verschüttet wurde. Er mußte von der Feuerwehr aus seiner Notlage befreit werden.

Als wir die Küche im Erdgeschoß in Augenschein nahmen, trauten wir unseren Augen nicht, denn das Zerstörungsmaß des Kühlschranks konnten wir nicht recht erfassen. Wie kann solch ein Gerät denn dermaßen zerfetzen? Wurden darin etwa Sprengstoff oder pyrotechnische Erzeugnisse gelagert? Schließlich war bald Silvester …

Ziel der nachfolgenden Arbeit war die Suche nach dem Medium, das hier explodiert war, und welche Zündquelle das optimale Sauerstoff-Gasgemisch zur Reaktion gebracht hatte.

Unter den zirka 30 Zentimeter hohen Brandschuttresten, die aus Küchenschränken und Deckenverkleidungen bestanden, fand ich schließlich einen Propangasherd und daneben eine berußte, aber intakte 10-kg-Propangasflasche. Dicht daneben lag der Gasregler, dessen offensichtlich nicht angeschraubter Schlauch vollständig verkohlt und abgefallen war. Aber das Ventil der Propangasflasche stand in der Stellung »Auf«. Hatte hier etwa jemand eine Manipulation vorgenommen und eventuelle Einbruchsspuren verwischt?

Infolge dieser relevanten Spur nahmen sich meine Kollegen alle Türen und das Außengelände des Grundstücks noch einmal gründlich vor. Das Ergebnis dieser erneuten Sichtung war aber negativ. Alle Türen waren von innen nach außen geschleudert worden. Es lag also kein Einbruch vor. Erst als ich den Gasregler zur Probe auf das Gewinde der Gasflasche drehte, klickte es bei mir. Ich konnte den Regler nicht festdrehen, da das Gewinde des Duro-Plast-Materials ganz einfach ausgedient hatte. Der Regler ist vermutlich durch die Straßenerschütterungen abgefallen, und das Gas strömte ungehindert aus. Nun galt es noch, das Problem der Zündung des hochexplosiven Gasgemischs zu klären: Der gesamte Raum war gerade mit dem optimalen Gas-Luft-Gemisch gefüllt, als sich der Kühlschrank einschaltete. Es handelt sich um einen Kontaktschalter an der hinteren unteren Seite des alten DDR-Geräts, der einen Abrißfunken erzeugt. Die Zündung erfolgte also von der Rückseite des Kühlschrankes.

Wie der Schaden reguliert wurde, entzieht sich meiner Kenntnis, da der Fall abschließend von der Revierkriminal-

Der explodierte Kühlschrank.

Völlig zerstörtes Wohnhaus. Die rechte Giebelwand ist herausgefallen,
alle Wände trugen starke Risse davon.

*Der Propangasregler entsprach in keiner Weise
den vorgeschriebenen Standards und wurde jahrelang nicht geprüft.
Er hätte ausgesondert werden müssen.
Der Geschädigte hatte den Kühlschrank und die zugehörige Flasche
geschenkt bekommen. Beide stammten noch aus DDR-Zeiten.*

stelle bearbeitet wurde. Angeblich gab es aus finanziellen Gründen keine Gebäude- und Hausratversicherung ... Vorbeugend sollte man bei vorhandenen Gasanlagen zusätzlich immer einen Gasmelder installieren. Ein solcher hätte in vorliegendem Fall viel Leid erspart.

21

EINE VERHEERENDE EXPLOSION

Es war an einem herrlichen Sonntagmorgen gegen 10 Uhr, als ich vom Lagedienst zu einem Einsatz angefordert wurde. Meine Frau bereitete gerade unser Mittagessen vor; sie stopfte eine selbstgezüchtete Flugente mit Äpfeln, Rosinen und Kräutern, während mir das Wasser im Mund zusammenlief. Meine Vorfreude auf diesen leckeren Braten war nun leider dahin. An die herrliche Erdbeertorte, die es am Nachmittag geben sollte, wagte ich kaum mehr einen Gedanken zu verschwenden. »Na ja, da haben eben die Kinder ein Stück mehr«, sagte ich tröstend zu mir ... »Bei der Feuerwehr wird der Kaffee kalt«, heißt es, und so ist es tatsächlich!

In der Dienststelle unterrichtete mich der Dispatcher über die Sachlage: »Es kam zu einer mächtigen Explosion in einem relativ neuen Einfamilienhaus. Es flog nach Angaben eines Nachbarn, der uns alarmierte, zirka 15 Meter hoch in die Luft, wobei sich die Trümmer 20 bis 25 Meter im Umfeld verteilten.«

Gemeinsam mit dem Revierkriminaldienst begab ich mich zum Einsatzort. Dort erwarteten uns schon die aufgeschreckten Dorfbewohner, die sich durch den mächtigen Knall und die ausgelöste Feuerwehrsirene wie ein Bienenschwarm um die Trümmer drängten. Die Schutzpolizei mußte den gesamten Bereich absperren, damit die Kräfte der Feuerwehr nicht behindert wurden.

Während ich zunächst den Explosionsort mehrfach umkreiste, sah ich, daß die angrenzenden Häuser arg durch die Trümmer beschädigt waren. Inmitten des Chaos entschied ich mich, zunächst mit der Dokumentation zu beginnen und

Fotos zu schießen. Mein Kollege vernahm inzwischen die ersten Augenzeugen. Durch die Befragungen erhielten wir die ersten Anhaltspunkte.[14]

So berichtete ein Zeuge, daß es im Vorfeld der Explosion Familienstreitigkeiten gegeben habe. Die Ehefrau des Hausherrn hätte die Nacht schon bei Freunden verbracht und wollte gemeinsam mit ihnen noch etwas aus dem Haus holen, um schließlich ganz auszuziehen. Einer dieser Freunde, der an der Garagenausfahrt stand, sei durch den gewaltigen Druck der Explosion etliche Meter weit durch die Luft geflogen und im gegenüberliegenden Vorgarten gelandet. Er überlebte diesen Wahnsinnsflug.

Kurz darauf, so hieß es, taumelte der Hausherr mit starken Verbrennungen im Gesicht aus der Garage und blieb dort liegen, bis er notdürftig durch Nachbarn versorgt wurde. Des weiteren berichtete man uns, daß die 20jährige Tochter, die mit im Haus lebte, mitsamt der kompletten Kücheneinrichtung in die Einfahrt rechts des Hauses geflogen sei, aber zum Glück – wenn auch schwer verletzt – überlebt habe und sich schon im Krankenhaus befinde. Die Ehefrau kam schadlos davon, da sie zum Zeitpunkt der Explosion mit einem Bekannten auf der Straße gesprochen habe.

Als der Verdacht aufkam, daß sich noch mehr Auszugshelfer im Haus befinden könnten, suchten die Kameraden der Feuerwehr noch intensiver in den Trümmern des Erdgeschosses und forderten zusätzlich das zuständige Technische Hilfswerk (kurz: THW) an; es traf zeitnah ein. Mittels speziell ausgebildeter Suchhunde, die man auch schon in Erdbebengebieten Asiens erfolgreich zum Einsatz gebracht hatte, und mittels Echogeräten suchten sie nach verschütteten Personen. Erleichtert gaben sie nach zwei Stunden grü-

---

14 Der Fall wurde ausführlich in der regionalen Presse beschrieben und mit Fotos dokumentiert, z. B. BILD v. 14. Juli 1999.

Mehr als Trümmer blieben von diesem Einfamilienhaus nicht übrig.

nes Licht, so daß ich erstmals die Kellerräume – meiner Meinung nach das Explosionszentrum – besichtigen konnte.

Ich kam mir selbst vor wie in einem Erdbebengebiet, denn stellenweise waren die Betonkellerwände bis zu zehn Zentimeter ins Erdreich gedrückt. Zudem waren einige Stahlbeton-Deckenelemente eingeknickt, da sie sich mit dem ganzen Haus angehoben hatten. Die Kameraden der Feuerwehr und des THW stützten einige vakante Stellen ab.

Zunächst erblickte ich einen Pkw, bei dem der Explosionsdruck das Dach um zirka 20 Zentimeter in den Innenraum gedrückt hatte. Viele kleine Betonbrocken, diverse Werkzeuge und Schrauben müssen wie Geschosse durch den Raum gesaust sein. Der nachfolgende Kellerraum war eine Art Flur, von dem drei Türen abgingen und eine Treppe ins Erdgeschoß führte. Sämtliche Gegenstände und Möbel waren restlos zerstört und unbrauchbar.

Die Explosionsursache fand ich relativ schnell im Heizungsraum, denn hier war neben der Gasheizung das Gasrohr am Zähler abgeschraubt. Diverse Einzelteile, darunter auch ein Feuerzeug und eine drei Zentimeter dicke Weihnachtskerze, die einen gebrauchten, rußigen Docht vorwies, lagen am Boden verstreut. Somit war für mich zunächst die Explosionsursache in Form eines brennbaren Mediums »Erdgas« und der Zündquelle »Feuerzeug oder Kerze« klar.

Im Einklang mit den ersten subjektiven Informationen war von einem versuchten Mord auszugehen, denn der Ehemann kam mit Verbrennungen aus dem Keller durch die Garage. Zur »Freude«[15] unserer Sekretärin nahm ich, wie gewohnt, die genaue Beschreibung des Heizungsraumes mit einem Diktiergerät auf und dokumentierte die relevanten Spuren, die das spätere Strafmaß des tatverdächtigen Hausherrn bestimmen sollten. Zunächst fiel mir das feine Splitterglas ins Auge, auf dem ich im Heizungsraum herumlief und das zu allem Überfluß auch noch unnötige Nebengeräusche auf dem Diktiergerät hinterließ. Nachdem ich den Raum im Uhrzeigersinn gut beschrieben hatte, gelangte ich an den Türrahmen und entdeckte an den herausgerissenen Scharnieren, daß die Tür gegen ihren Anschlag herausgedrückt worden war. Die Druckwelle kam demzufolge aus dem Heizungsraum, so meine erste Vermutung. Anschließend beschrieb ich noch kurz die anderen Räume. Dabei nahm ich die auf dem Boden liegenden Türsplitter erneut in Augenschein und legte sie akribisch, wie ein Puzzle, zusammen. Hier lag viel weniger Glas als im Heizungsraum ...

---

15 Leider waren meine Vorgesetzten und die Staatsanwaltschaft nie von meiner peniblen Arbeit begeistert, da sie zu viel lesen mußten, um an den Kern zu kommen. Für mich war das Diktieren der Spurenlage aber eine Denkhilfe für die spätere Bewertung des Ereignisses.

Nun versuchte ich, den Tatvorgang zu rekonstruieren, was mir aber erst nach einer kurzen Pause im Hausgarten gelang. Ich hielt den Deckel meines Notizheftes wie eine Tür und klappte ihn so, wie die Tür im Keller eingebaut war, hin und her. Da kam mir die Erleuchtung! Die Zündung des Gases erfolgte nicht im Heizungsraum, sondern im Vorraum, wo die Reste der Tür lagen! Ich schlußfolgerte: Das Erdgas kam im Vorraum zur Zündung, die Tür wurde durch den Explosionsdruck in normaler Öffnungsrichtung in den Heizungsraum geschleudert, wo sie nachweislich gegen einen Schrank anschlug. Beim Anschlag und durch die Druckwelle wurde das Glas aus dem Türrahmen herausgedrückt, fiel zu Boden und ging zu Bruch. Erst jetzt zündete das weiter ausströmende Gas im Heizungskeller und die Tür wurde infolge dieser nochmaligen Zündung wieder zurück in den Vorraum geschleudert, wo sie durch den Aufprall zersplitterte. Eine letzte Frage ging in Richtung Zündung, die einerseits durch die Hausklingel oder andererseits durch die alte DDR-Tiefkühltruhe, die noch über ein Relais verfügte, erfolgt sein konnte.

Aufgrund des ungewöhnlichen Explosionsausmaßes informierte ich in den Abendstunden das LKA über meine bisherigen Erkenntnisse. Am nächsten Tag nahmen wir gemeinsam eine nochmalige Begutachtung vor und gelangten zu dem Schluß, daß die Zündung von der Tiefkühltruhe ausgegangen sein mußte, da den Ermittlungen des Revierkriminalbeamten zufolge keine Person während der Tatzeit geklingelt hatte.

Bei der späteren Gerichtsverhandlung mußte ich diese Handlungsabläufe Schritt für Schritt noch einmal langsam allen Anwesenden, vor allem dem Richter, klarlegen, da der Beschuldigte aufgrund eines Traumas kein Erinnerungsvermögen mehr hatte. Er war ein durch die Explosionsflammen schwer gezeichneter und gebrochener Mann, für den das Ur-

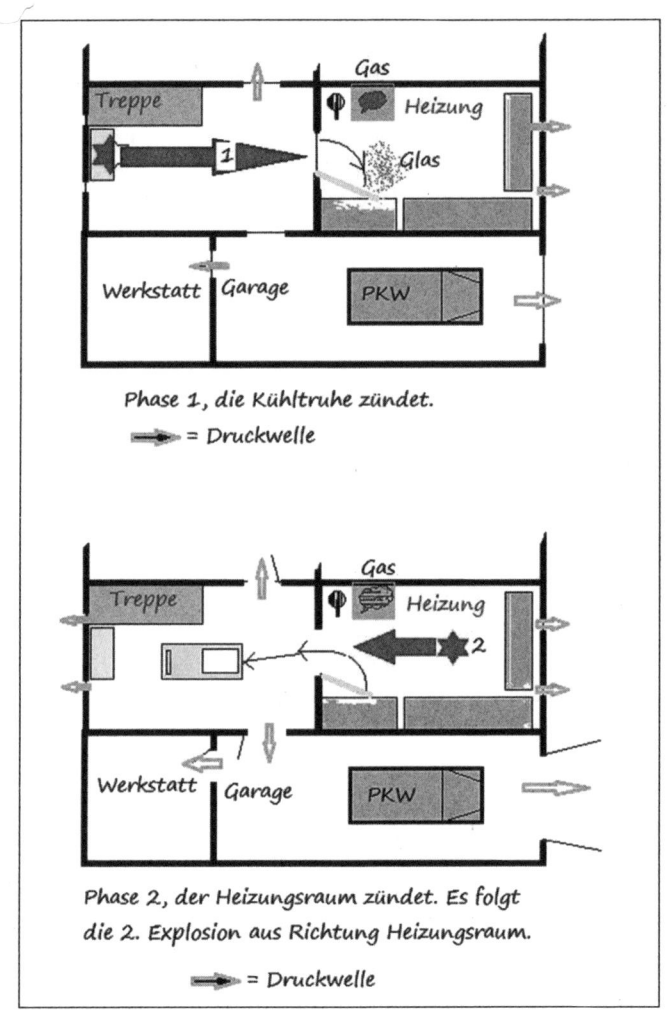

Phase 1, die Kühltruhe zündet.

⟹ = Druckwelle

Phase 2, der Heizungsraum zündet. Es folgt
die 2. Explosion aus Richtung Heizungsraum.

⟹ = Druckwelle

Erinnerungsskizze.

teil, egal wie es auch ausgehen würde, keinerlei Bedeutung
mehr zu haben schien. Bei der Urteilsverkündung war ich
nicht mehr zugegen. Aller Wahrscheinlichkeit nach kam es
zu keiner Anklage wegen versuchten Mordes, denn der ver-
lassene Ehemann hatte zwar das Schlimmste geplant, hätte
aber zu jeder Zeit von seinem Vorhaben Abstand nehmen
können.

22

DAS VERHÄNGNISVOLLE HEIZÖL

Es war Spätherbst am Ende des Jahrtausends und schon empfindlich kalt, als ich zusammen mit dem Revierkriminaldienst in eine Kleinstadt im östlichen Harzvorland gerufen wurde. Dort galt es, einen Brand mit Todesfolge aufzuklären. Vor Ort empfing uns die Schutzpolizei, die das Ereignis anhand der Spuren nicht richtig einordnen konnte, da der ältere Hausbewohner nackt und mit starken Verbrennungen in der Küche lag.

Schon beim Betreten des Hauses bemerkten wir den leichten Geruch einer brennbaren Flüssigkeit und Rußanhaftungen am oberen Rahmen der geöffneten Küchentür. Als wir die Küche betraten, erblickten wir eine männliche Person in einer Nische, die sich zwischen einem kleinen Ölofen und einem Elektroherd befand. Der gesamte Körper war nackt und mit unzähligen großen Brandblasen bedeckt, die teilweise auch schon aufgeplatzt waren. Seine Hausschuhe waren verkohlt, der Linoleumbelag aufgequollen und mit starken Pyrolyse-Resten versehen. In der Asche fanden sich unter anderem Reste der Bekleidung des Toten; ein noch nicht verbrannter Hosenträger wies auf lange Hosen hin.

Das Spurenbild ließ die Vermutung zu, daß der Geschädigte mit brennbaren Flüssigkeiten zu tun gehabt hatte, denn eine großflächige Kippspur führte bis zum Waschbecken, wo auch noch der Wasserhahn lief.

Was war hier geschehen? Als gelernter Ofensetzer rückte besonders die offenstehende obere Klappe des kleinen Ölofens in meinen Fokus, die den Blick in die Heizkammer freigab. Bei genauerem Hinsehen fiel mir der Brennkorb in der

Brennkammer auf, der quer lag, anstatt senkrecht zu stehen. Offensichtlich hatte der ältere Herr versucht, den Ofen zu reinigen, wobei es ihm nicht mehr gelang, die Teile wieder richtig zusammenzusetzen. Warum war er aber am ganzen Körper so stark verbrannt?

Nach Drehung der Leiche kam ein 250 Milliliter großes Einmachglas zum Vorschein, dessen Geruch ebenfalls auf eine brennbare Flüssigkeit schließen ließ. Nun durchsuchten wir alle Räumlichkeiten und wurden im Heizungsraum fündig, wo auf einem Heizöltank der zugehörige Deckel zu dem Glas lag. Oben auf dem Behälter befand sich eine kleine Pumpe mit Schlauch zum Abpumpen des Heizöles. Eine leichte, noch frische Kippspur verriet, daß hier vor kurzem Öl entnommen wurde.

Da der alleinstehende Mann das Abpumpen allein bewerkstelligen mußte, versuchte ich, das Unfallgeschehen zu rekonstruieren, und kam in der Folge zur Lösung: Zum einen mußte der Mann die Pumpe bedienen, mit der anderen Hand den Schlauch in das kleine Glas halten; ihm fehlte im Grunde noch eine dritte Hand, um das Glas selbst zu fixieren. Folglich klemmte er es zwischen Bauch und Unterarm und befüllte es so gut es ging; da das nicht ohne zu kleckern ging, sog sich seine Kleidung unbeabsichtigt voll Öl. Eine große 5-Liter-Kanne stand unberührt in der Ecke ...

Das Unglück nahm seinen Lauf, als der Mann mit seinem tropfenden Glas zum Ofen lief und das Öl oben in die Heizkammer goß statt in den dazugehörigen Tank. Dann benutzte er das Feuerzeug ... Das Öl in seiner Kleidung, das sich inzwischen schon in der Verdunstungsphase befand, reagierte mit dem ersten kleinen Funken und verbrannte den Stoff im vorderen Bereich sofort. Der Mann versuchte, sich die Kleider vom Leibe zu reißen! Mit brennender, heruntergezogener Hose lief er zum Waschbecken, aber der Löschversuch

Der Mann war in einer brennenden Öllache umgekommen.

Blick in die manipulierte Brennkammer.

scheiterte kläglich – zumal sich Öl und Wasser nicht gerade gut vertragen. Infolge eines Kreislaufzusammenbruchs stürzte er, umgeben von einem Flammenmeer, nach hinten und verstarb unter erbärmlichen Schmerzen.

In den nachfolgenden Jahren häuften sich Unfälle dieser Art unter anderem in Wegeleben, Etgersleben und an drei weiteren Orten, weil viele Leute die neuen Geräte, die die »Westtechnik« mit sich brachte, einfach noch nicht beherrschten. Oftmals wurden Öfen auch aus zweiter Hand und ohne Bedienungsanleitung gekauft, was für die Betriebssicherheit nicht gerade förderlich war.

23

DER BRAND AUS DER FISCHBÜCHSE

Das herrliche Wetter an jenem Sonntag nach Himmelfahrt lockte uns mit Freunden zu einem kleinen Frühschoppen auf die Terrasse des Gasthauses »Jacobshöhe«, wo wir anschließend auch gleich Mittag essen wollten. Ich hatte keinen Bereitschaftsdienst und trank gerade mein erstes Glas Bier, als mein Telefon klingelte. Nach einem geübten Griff in ihre Handtasche ging meine geliebte Frau auch direkt ran – Polizistenfrauen geht das schon nach einer kurzen Zeit in Fleisch und Blut über. »Deine Dienststelle ...«, sagte sie mit einem Gesichtsausdruck, der amüsiert, aber keinesfalls überrascht aussah, als sie an mich übergab.

Der Mann vom Lagedienst der Polizei teilte mir kurz mit, daß der Bereitschaftsdienst schon durch einen Bergsteigerabsturz bei Rübeland gebunden wäre, gerade aber eine Farbspritzhalle eines Betriebes in Staßfurt ausgebrannt sei. Der Schaden sei beträchtlich und ein Warten bis zum Wochenbeginn würde zu noch mehr Betriebsausfall führen. »Hast du schon was getrunken?« fragte der Kollege schließlich, »und wenn nicht, würdest du dann kommen? Das ist doch eh deine Liebhaberei!«

Bereits eine Stunde später stand ich mit meinem Spezialfahrzeug, welches mit allen Geräten zur Brandortarbeit ausgestattet war, vor der ausgebrannten Farbspritzhalle. Die Freiwillige Feuerwehr, die einen bereits erkalteten Brandort vorgefunden hatte, übergab mir den Einsatzort und verabschiedete sich. Lediglich einige Mitarbeiter der Firma standen noch mit entgeisterten Gesichtern vor der Halle und rätselten, wie es zu diesem Brand kommen konnte. Auf meine

Frage zur Eingrenzung der Brandzeit legten sie sich auf den Himmelfahrtstag bis zum Samstagabend fest, da sich zwischenzeitlich keine Mitarbeiter im Betrieb befanden. Schon zu Beginn meiner Tätigkeit mußte ich mich erst einmal meiner Oberbekleidung entledigen, da die Temperaturen seit Donnerstag schon die 27 Grad überstiegen.

Äußerlich gesehen, war die Bausubstanz unbrennbar, aber über einem verschlossenen Rolltor waren starke Rauchüberdruckspuren ersichtlich, die auf eine sauerstoffarme Verbrennung hinwiesen. Innerhalb der zirka 12 x 12 Meter großen Farbspritzhalle befanden sich unzählige ausgebrannte und ausgeglühte Farbbehälter sowie einige Schwerlastregale, die durch Temperaturen von über 70 Grad Celsius in sich zusammengebrochen waren. Bedingt durch eine blockierte Brandschutztür waren die heißen Brandgase mit immensen Rußanteilen in andere Produktionsbereiche gelangt. Der Schaden lag tatsächlich höher, als erst angenommen, und ich möchte nicht wissen, wie lange hier anschließend Spezialfirmen mit der Reinigung beschäftigt waren.

Anhand der Abbrandspuren in Form von leichter, aber farblich gänzlich unterschiedlicher Asche sowie einer kreisförmigen Deckenabplatzung von zirka drei Metern war mir schnell klar, daß sich die Brandausbruchstelle in der Mitte der Farbspritzhalle befand. Der Bereich war nicht größer als zwei Quadratmeter. Auf meine Frage, was sich denn hier vor dem Brand befunden hatte, bekam ich die zögerliche Info, daß dort ein vollgefüllter Industriemüllsack aus Plastikgewebe gestanden habe, in dem die nicht mehr benötigten Materialien nach den Farbspritzarbeiten entsorgt worden waren.

Mit meiner kleinsten Schaufel trug ich nun Schicht für Schicht, einem Archäologen gleich, den nur 20 Zentimeter hohen Aschehaufen ab, und erkannte an den noch offenbaren Resten Gewebestrukturen, die auf Handschuhe und Lap-

152

Die Rußfahnen am Industriegebäude ließen nichts Gutes erwarten.

Genau in der Mitte des Bildes befand sich
vor dem Brand ein riesiger Industriemüllsack von über 1,5 m² Volumen.

Unter dem herausgesuchten metallischen Müll befanden sich auch drei Fischbüchsen.

pen hinwiesen. Eingelagert waren außerdem Papierasche, Getränkedosen, geschmolzene Plast- und zerbrochene Glasflaschen, aber auch drei leere Fischbüchsen, die gleich meine Aufmerksamkeit erregten.

In einem Gespräch mit den zuständigen Mitarbeitern erkundigte ich mich, wie lange dieser Sack dort schon stand. Mit der Antwort war ich nicht ganz zufrieden und gab den Zeitpunkt »Ostern« vor, da ich am Boden diverse Reste von Ostereierschalen fand. Sie räumten diese Zeit stillschweigend ein. Bei den anderen aufgefundenen Materialien, die ich sorgfältig auf einer freien Fläche ausgebreitet und dokumentiert hatte, brauchte man nicht lange überlegen, woher sie kamen. Man hatte hier unter anderem die Frühstücksreste entsorgt.

Angesichts der ausgeglühten Fischbüchsen fragte ich, ob sie auch ab und zu Ölsardinen gegessen hätten. Sie bestätigten nickend. »Und das Fischöl habt ihr dann auch ausgetrunken?« hakte ich nach, was die Arbeiter verneinten. Mit diesem Wissen verließ ich schweißgebadet in den späten Nachmittagsstunden den Brandort, wohlwissend, daß wir in einer längeren Hitzeperiode steckten und Fischöl eventuell als Oxidationsmittel in Frage kam.

Am nächsten Tag wälzte ich mehrere Stunden lang die Fachliteratur und durchsuchte alle möglichen Spezialbereiche im Internet. Ich stieß darauf, daß besonders Fisch-, Lein-, Soja,- und Olivenöle zu den ungesättigten Fettsäuren zählen, die eine hohe Jodzahl aufweisen. Eine hohe Jodzahl steht für eine starke Neigung zur Oxidation und somit zur Selbsterwärmung bzw. Selbstentzündung. Butter und Kokosfett sind dagegen weniger kontaktfreudig.

Ich fand anhand der verwendeten Farben auch heraus, daß die Arbeitshandschuhe und Putzlappen möglicherweise mit Metalloxyden verunreinigt waren; in Frage kamen unter anderem Eisenglimmer und Zinkstaub. Erwiesen ist, daß auch Metalle wie Eisen, Zink, Magnesium und Aluminium in feiner Verteilung sehr reaktionsfreudig sind und sich teilweise von allein an der Luft entzünden. Sie werden deshalb auch »pyrophor«[16] bezeichnet. Man mag es nicht glauben, aber selbst die Reste der Filterpapiere der entsorgten Atemschutzkohlefilter neigen bei Kontakt mit Feuchtigkeit zur Selbstentzündung.

Ursächlich war somit die unglückliche Verbindung von ungesättigtem Öl, das in dem Industriemüllsack auf die leicht brennbaren Stoffe traf. Hier waren es eben Metalloxide, feuchte Filterpapiere, die Verdichtung des Sackes und die hohen Außentemperaturen, die den Wärmestau begünstigten. Durch die chemischen Prozesse innerhalb des Industriemüllsackes wurde mehr Energie erzeugt, als abgeführt werden konnte. Der Brand entstand eindeutig durch Selbstentzündung.

---

16 Das Phänomen der Selbstentzündung gibt es auch in Wäschereien bei Textilien, die mit solchen Ölen verschmutzt waren und noch warm gestapelt wurden. Die nicht entfernbaren Reste der Öle reichten für eine chemische Reaktion aus. Leider kam es zu mehreren solcher Brände, bis man auf diese ungewöhnliche Brandursache stieß. Oft standen die Raucher zu Unrecht im Visier der Ermittlungen. Aufgrund der geschilderten Brandursache wurde das Strafverfahren nach Abschluß aller Ermittlungen eingestellt.

24

DER BRAND
IM ZWÖLFMORGENTAL

Mitten im Sommer 2001 wurde ich mit meinem Praktikanten nach Wernigerode ins Zwölfmorgental beordert,
da das Häuschen an der Sprungschanze in der Nacht total
ausgebrannt war.

Zunächst lag der Verdacht der Brandstiftung nahe, aber
nach Überprüfung der Zugangsmöglichkeiten konnten keine
Beschädigungen an den Resten der Eingangstür und den
verbrannten Fenstern festgestellt werden. Die Spurenlage
sprach zweifelsfrei für eine Brandentstehung im Inneren der
Baracke. Rücksprachen mit den Verantwortlichen ergaben,
daß der Strom im Haus abgestellt war, so daß die vielfältigen
Zündquellen schon im Vorfeld ausgeschlossen werden konnten.

Zum Wetter befragt, teilte uns ein Anlieger mit, daß über
Nacht ein schweres Gewitter über der Harzstadt getobt habe.
Mit diesem Anfangsverdacht konnten wir nun gezielter im
Brandschutt suchen, denn mehr war nicht vom Schanzen-
häuschen übergeblieben. Schon bald fanden wir die Strom-
Hauptzuleitung und den Rest des Elektrozählerbereichs. Bis
zu diesem Tag hatte ich noch nie einen Blitzeinschlag bearbeitet. Erstaunlich, welche Energien freigesetzt worden waren! Insgesamt fehlten zirka zwei Meter der Hauptleitung und
fast alle abgehenden Kupferleiter. Die Suche im Brandschutt
war schnell erfolgreich; überall tauchten Reste von geschmolzenen und auseinandergespritzten Kupferadern auf, die zu
bizarren Formen zusammengeschmolzen waren.

Auffällig war des weiteren, daß alle Keramikfassungen des
Zählerschrankes zersprungen und die Metallgewinde ausge-

glüht waren. In einem Blitz herrschen Temperaturen von bis zu 30 000 Grad Celsius! Die Stromstärke einer solchen Hauptentladung beträgt im Durchschnitt etwa 20 000 Ampere, wodurch ein starkes Magnetfeld den Blitzkanal umgibt. Nun konnte ich auch erstmals den Kompaß aus unserem Brandkoffer einsetzen, der eigens für diese Brandursache angeschafft worden war.

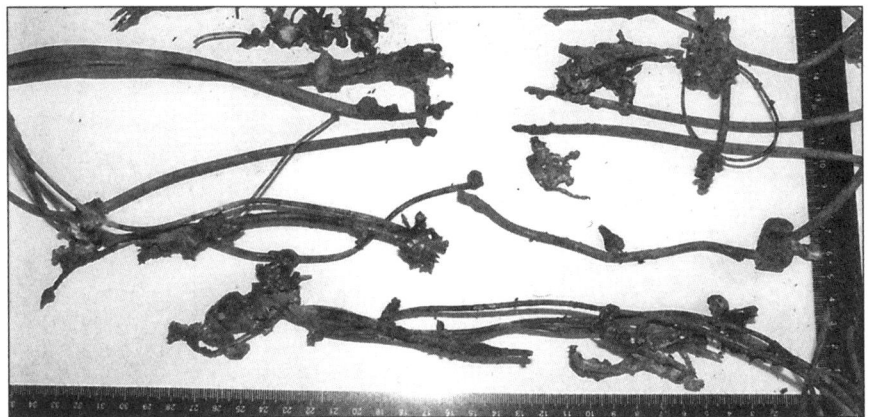

Teile des geschmolzenen Hauptkabels.

Da wir innerhalb des Gebäudes nur zerstörte Kabel vorfanden, setzten wir den Kompaß außerhalb des Schanzenhäuschens an einem metallenen Schutzgeländer an: Alle Eisenpfosten waren vom Blitz magnetisiert worden. Egal, wie wir den Kompaß um das Rohr drehten, immer zeigte die Nadel zum Pfosten. In der Dienststelle angekommen, testeten wir sogleich das – damals neue – Blitzortungsverfahren im Internet und bekamen auch hier ein positives Ergebnis. Der Nachweis des Blitzeinschlages[17] war damit endgültig erbracht.

---

17 Nach dem Studium alter Brandstatistiken erkannte ich, daß manche Leute bei Gewittern vorsätzlich gezündelt hatten, um z. B. ein altes Gebäude mit Hilfe der Versicherung zu »sanieren«. Allen zukünftigen Brandstiftern sei hiermit versichert: Das funktioniert heute nicht mehr!

157

25

DIE BEINE
IN DER LEICHE

Im Artikel 1 unseres Grundgesetzes steht: »Die Würde des Menschen ist unantastbar. Sie zu achten und zu schützen ist Verpflichtung aller staatlichen Gewalt.«

Einer meiner Einsätze machte mich betroffen, weil er mir vor Augen hielt, wie lebensfern dieser idealistisch formulierte Grundsatz in Wirklichkeit war. Nicht nur die Würde des Menschen, auch dessen Schutz war in ernster Gefahr. Von besagter staatlicher »Verpflichtung« fehlte jede Spur.

An einem frostigen Winterabend vor etwa 15 Jahren wurde ich mit meinen Kollegen nach Thale gerufen, da möglicherweise ein Tötungsdelikt vorlag. Als wir dort eintrafen, fanden wir ein »eingefrorenes« Haus vor, in dem es weder eine Heizung noch Wasser gab. Der Kollege vom Revierkriminaldienst, der uns angefordert hatte, war zusammen mit seiner Kollegin dem Hinweis eines Nachbarn gefolgt, der angab, im Haus seit längerer Zeit keine Bewegung gesehen zu haben.

Im Haus wohnten Schwester und Bruder zusammen, beide etwa 80 Jahre alt. Fassungslosigkeit überkam die beiden Beamten, nachdem sie die Tür aufgebrochen hatten und die Frau reglos, ja beinahe erfroren auf der Couch vorfanden. Ihre nackten Füße hatte sie auf der Leiche ihres Bruders abgelegt. Als die völlig apathisch wirkende Frau behutsam hochgehoben und dem Rettungsdienst übergeben werden sollte, stellte das Team fest, daß die Füße der Dame schon fast im Körper des Bruders versunken waren. Offensichtlich befand sich der Körper trotz der Eiseskälte schon im Übergang zur Verwesung. Die dabei freigewordene Wärme hatte

158

die Schwester des Toten instinktiv genutzt – vermutlich hat sie ihr sogar geholfen zu überleben. Die anschließende kriminalistische Leichenschau und die spätere Obduktion erbrachten keine Hinweise auf eine Straftat.

26

DER TERRIER ALS
BRANDSTIFTER

oder wenn die Katze mit der Tatze –
Tiere als Brandverursacher

Tiere als Brandverursacher sind keine Seltenheit, wie die nachfolgenden Fälle eindrucksvoll zeigen. Dabei sind die meisten Probleme im Grunde von den Haltern selbst verschuldet.

Die Hundebesitzer des ersten Beispiels verließen ihre Küche in tadellosem Zustand. Allein auf der elektrischen Herdplatte mußte noch eine Papiereinkaufstüte gelegen haben – wie Aschereste bewiesen –, die für den Hund des Hauses vielversprechend duftete. Die Initialzündung erfolgte der Spurenlage nach durch den Hund, der seine »Leckerlis« zu erreichen versuchte und bei seinem Gehopse den passenden Schalter am Herd betätigte. Die sich bildenden Flammen vermittelten sich schnell auf andere leicht brennbare Stoffe und die übrige, vorwiegend hölzerne Bausubstanz. Den heimkehrenden Haltern winkte eine Katastrophe!

Der Gesamtschaden belief sich auf über 100 000 Euro. Das angefügte Foto zeigt die Rekonstruktion mit einem hungrigen Beagle, die beim Fressen immer sehr erfinderisch sind.

In einem anderen, nicht minder schwierigen Fall bot der Vermieter eines Ferienhauses in der Nähe von Friedrichsbrunn seinen städtischen Urlaubsgästen um die Weihnachtszeit einen knisternden Holzofen. Nachdem die Kinder ausgiebig mit dem Terrier der Familie im Schnee getobt hatten, sehnten sie sich nach einer warmen Stube. Sie legten unter

Rekonstruktion mit einem Beagle. Er schaffte es auch!

Aufsicht der Eltern etliche Holzscheite in den Ofen und saßen danach zusammen am Abendbrottisch. Nach ein bißchen Geplauder gingen alle beizeiten ins Bett, schließlich hatte die weite Anreise allerlei Anstrengung gefordert.

In der Nacht aber dröhnte der Rauchmelder. Alle Gäste schafften es gerade noch rechtzeitig aus dem Haus. Kurze Zeit später – die Feuerwehr war noch nicht eingetroffen – fielen die Flammen über den schon ziemlich trockenen Weihnachtsbaum her. Die Feuerwehr konnte noch einiges retten, so daß es mir nicht schwerfiel, den Brandort zu untersuchen. Nachdem die Kameraden etliche Möbel, darunter eine Couch, beiseite gerückt hatten, versuchte ich die Ursprungslage anhand der Abdrücke der Möbelfüße, unter denen es nicht gebrannt hatte, zu rekonstruieren.

Die Couch stand nur knappe 60 Zentimeter vom Ofen entfernt, also viel zu dicht in dessen Strahlungsrichtung. Ein Meter sollte der Mindestabstand betragen! Ich dachte schon, die Ursache gefunden zu haben, bis mir auffiel, daß die hintere Rücklehne der Couch noch stärker vom Brand abgezehrt war als andere Bereiche. So bestand auch die Möglichkeit, daß Glut auf sie übergesprungen war. Zum Glück stolperte ich über den Rest eines verkohlten Holzstückes am linksseitigen Ofenbereich, worauf ich den gesamten Bereich freilegte. Das Stück Holz entpuppte sich als Schrubber, dessen Holzstiel von oben nach unten vom Brand abgezehrt war. Hinzu kamen die Reste des Brennholzkorbes, ein Hundekörbchen und ein Hundenapf, der mit dem Fußboden verklebt war. Stutzig wurde ich, als ich mehr durch Zufall auf die Lage meiner Schaufel schaute, deren Stiel am Ofenrohr anlag. Sofort betrachtete ich den Bereich unterhalb des Ofenrohres und sah rundlich geformte Kohlestückchen, die dem Stiel des Schrubbers zugeordnet werden konnten. Offensichtlich war der Holzstiel des Schrubbers unbeabsichtigt gegen das

Rekonstruktion des Brandes im Ferienhaus.
Links am Ofen lehnt meine Schaufel am Ofenrohr an.

heiße oder gar glühende Ofenrohr gefallen und nach seiner Entzündung Stückchenweise nach unten in den Hunde- oder Holzkorb gefallen. Da die Familie den Röstgeruch hätte wahrnehmen müssen, konnte daraus geschlußfolgert werden, daß alle zum Zeitpunkt der Initialzündung schon in den Betten lagen.

Für die Veränderung des Schrubbers, den man am Abend noch zum Wegwischen des eingeschleppten Schnees neben dem Ofen abgestellt hatte, kam nur noch der Terrier in Frage, der sich kurz nach dem Zubettgehen aller noch einmal lautstark bemerkbar machte. Vermutlich lief er zur Tür und zurück und stieß dabei den Schrubber um.

Wie ich vom Vermieter später erfuhr, gesellte sich noch die unglückliche Tatsache hinzu, daß die Gäste die Couch vom ursprünglichen Standort verschoben hatten, um besser fernsehen zu können. Die Städter, die solche Heizungsmöglich-

163

Nachgestellte Szene.

keiten bisher nicht kannten, hatten mit der Unterschreitung des Sicherheitsabstandes ein weiteres Problem geschaffen, denn bei solchen zweideutigen Möglichkeiten, die beide als fahrlässig einzustufen sind, heißt es später im Brandbericht oft: »Die mehrheitlichen Spuren des Brandverlaufes sprechen für ...« Man läßt sich damit im Zweifelsfall ein Hintertürchen offen. Nach Abarbeitung dieser fahrlässigen Brandstiftung beglich die Versicherung der Verursacher den immensen Sachschaden.

Wer kein Hundehalter ist, sollte doch zumindest ein Auge auf seine Katze[18] haben.

Ein besonders schönes Exemplar in Thale verursachte einmal einen Brand auf einem frisch gedeckten Stehtisch. Sie hatte sich über die geöffnete Fischbüchse hermachen wollen, mit ihrer Tatze jedoch die Kerze erwischt, die umfiel. Die Servietten übertrugen den Brand auf die Übergardinen und folglich auf die ganze Wohnung. Zum Glück wurde diese Situation noch in der Brandanfangsphase von den Kindern bemerkt, so daß die Gebäudeversicherung für den Schaden aufkam.

Ratten haben besonders in den Dachstühlen alter DDR-Schweineställe hohe Schäden an Kabelbäumen mit anschließenden Kurzschlüssen verursacht. Bei Langeln verendeten um das Jahr 1999 herum viele Schweine bei einem großräumigen Dachstuhlbrand in einem Stall; auch die Verursacher starben.

Einen besonders hohen Schaden verursachte um 2003 ein Marder in Harzgerode, dem ein ganzes Blockbohlenhaus zum Opfer fiel. Er hatte es sich unter den Terrassendielen gemüt-

---

18 Katzen schaffen es tatsächlich, das Kochfeld eines Herdes per Touch-Control-Steuerung einzuschalten.

Die ausgebrannte Wohnstube der Familie.

Gleiches Kabel wie oben,
jedoch im Bereich der
Brandausbruchsstelle.

Kurzschluß nach Schadnagerbefall.

lich eingerichtet und das dortige Kabel für eine Außenlampe, die ihn anscheinend zu stark blendete, zum Kurzschluß gebracht. Das getrocknete Laub unterhalb der Dielen entzündete sich und über das geriffelte Lärchenholz näherten sich die Flammen dem großen Stubenfenster. Nach dem Zerplatzen der Scheiben bei zirka 320 Grad Celsius brannte das Haus vollkommen aus.

27

FLAMMENDES INFERNO
IM WOHNHAUS

Zum Einstieg in einen besonders schlimmen Brandfall aus
dem Bördekreis zunächst ein anonymisierter Text aus
der *Volksstimme* von Rainer Schweingel:

»Zwei Kinder bei Wohnhausbrand in N. zum Teil schwer
verletzt. Verschmorte Verteilerdose war Ursache für flam-
mendes Inferno. Die Serie von Großbränden seit Jahresbe-
ginn reißt nicht ab. In der Nacht zum Montag brannte ein
Wohnhaus in N. völlig aus. Die vier Bewohner konnten sich
mit Hilfe von Nachbarn in letzter Minute vor den Flammen
retten. Zwei Kinder trugen zum Teil schwere Verletzungen
davon. Die Polizei ermittelte einen Defekt in einer Verteiler-
steckdose als Brandursache.

Das Morgengrauen bringt das ganze Ausmaß der Zerstörung erst richtig zum Vorschein. Rainer K., Familienvater
von zwei Kindern, steht fassungslos vor seinem unbewohn-
baren Haus. Die Fensterscheiben zerbarsten unter der Hitze.
Die Fassade ist rußbefleckt, die Wohnung verwüstet. Der Gesamtschaden beträgt geschätzt 400 000 Mark.

Kurz nach Mitternacht hatte ein Feuer nicht nur sein Haus
vollständig zerstört, sondern auch seinen beiden Kinder zum
Teil schwere Verletzungen zugefügt. Das Mädchen erlitt Verbrennungen ersten und zweiten Grades an Oberschenkeln
und Armen sowie eine Rauchgasvergiftung. Ihr Bruder mußte ebenfalls mit einer Rauchgasvergiftung stationär im Nein-
dorfer Krankenhaus aufgenommen werden. ›Es war eine einzige Katastrophe‹, sagt der Familienvater, der mit seiner Frau
und den beiden Kindern im buchstäblich letzten Moment vor
den Flammen gerettet werden konnte. Die Wohnung ist nach

dem Brand unbewohnbar. Zwei Nachbarn hatten das Feuer offensichtlich zuerst bemerkt. Um 0.34 Uhr wurden die Rettungskräfte alarmiert.

In der Zwischenzeit halfen die Anwohner der Familie und legten von außen Leitern an die Fenster an. Die Flammen hatten den Eltern und ihren Kindern den Weg über die Treppe nach unten abgeschnitten. Der elfjährige Junge rettete sich zuvor schon durch einen Sprung aus dem Fenster. Seine Eltern und die neunjährige Schwester wurden über die Leitern in Sicherheit gebracht. Kurze Zeit später gab es einen großen Knall. Vermutlich war einer der Öl-Einzelöfen explodiert.

›Keine drei Minuten später und wir hätten keine Chance mehr gehabt‹, so Rainer K., der sich gemeinsam mit dem Ortswehrleiter bei allen Kameraden und Helfern bedankte.

›Um 22 Uhr waren wir alle im Bett. Um 23.30 Uhr hat meine Frau noch auf die Uhr geschaut. Da war noch alles in Ordnung. Eine gute Dreiviertelstunde später brach das Inferno los. Ich habe keine Ahnung, wie das passieren konnte‹, sagte er am gestrigen Morgen. Am Mittag stand die Ursache dann fest. Eine defekte Verteilerdose hatte den verheerenden Brand ausgelöst.

Als die Feuerwehr eintraf, brannte das Haus bereits lichterloh. Insgesamt 69 Einsatzkräfte mit elf Fahrzeugen aus den Feuerwehren der angrenzenden Orte kamen zum Einsatz, die das Feuer nach rund 30 Minuten unter Kontrolle hatten. Gegen 4 Uhr war das Feuer vollständig gelöscht. Das Haus trug dennoch Totalschaden davon und ist unbewohnbar.

Die auf einen Schlag obdachlose Familie bezog gestern vorübergehend eine leere Wohnung im Ort. Am Abend startete ein Dorfbewohner spontan eine Sammelaktion zu Gunsten der betroffenen Familie [...].«

Bereich der Brandausbruchsstelle.

Wieviel Arbeit an Ermittlungstätigkeit jedoch hinter dieser Brandursache steckte, wird nicht erwähnt. Mein Kollege Hans-Detlef Hahn und ich waren – aufgrund der immensen Brandschäden – volle fünf Stunden intensiv beschäftigt. Derartige Abbranderscheinungen in einem Fachwerkhaus – die äußere Fassade war nur vorgesetzt – habe ich selten erlebt. Den Brandzehrungen nach hatte es etwa 40 bis 60 Minuten ungehindert gebrannt, bis das Löschwasser überhaupt an der Brandausbruchsstelle wirksam wurde.

Das gesamte Inventar lag in Schutt und Asche, kein Hemd, kein Schuh blieb unversehrt. Besonders tragisch war der Verlust sämtlicher wichtiger Urkunden (Renten- und Versicherungsunterlagen, Geburtsurkunden etc.), aber auch Fotoalben mit Kindheitserinnerungen – Sachen, die keine noch so gute Versicherung ersetzen kann. An die bleibenden seelischen Wunden mag man als Außenstehender gar nicht denken.

Der Maßstab steht an der Ausbruchsstelle des Brandes.
Im Tiefpunkt fanden wir Reste der verschiedenen Kabel.

Spurenrelevant für die Aufklärung war ein senkrechter Fachwerkbalken zwischen dem Flur des ersten Geschosses und dem Kinderzimmer, bei dem das Holz im Deckenbereich bis zu sechs Zentimeter tief weggebrannt war. Von der dort eingebauten Unterputz-Abzweigdose waren nur noch die Befestigungsschrauben zu sehen. Im Tiefpunkt fanden wir die Reste von Kupfer- und Aluminiumkabeln, die ursprünglich zur Abzweigdose gehörten. Die Kombination dieser Materialien innerhalb einer Abzweigdose ist schon fast tödlich, so mein Kollege Peter Kietz vom LKA.

Bedingt ist diese Brandgefahr durch die unterschiedlichen Dichten der beiden Metalle. Man kann bei den Verbindungsstellen so viel festschrauben, wie man will; das härtere Kupfer verdrängt immer wieder das weichere Aluminium. Erfahrungsgemäß lagert sich bei der Verkohlung der Kabeliso-

170

Man mag es nicht glauben: Selbst das Erdgeschoß brannte infolge der kleinen Funkenstrecke vollständig aus.

lationen atomarer Kohlenstoff an den inneren Wandungen der Unterputzdosen an. Ist diese Auflagerung genügend aufgeschichtet, kommt es bei einer plötzlichen Dauerbelastung an den nachgebenden Stellen zur Funkenstrecke mit Entzündung des angrenzenden Kohlenstoffs und Übergriff auf die angrenzenden brennbaren Materialien. Man sollte also auf alle Fälle einen Fachmann zu Rate ziehen, wenn sich der Deckel einer Abzweigdose langsam bräunlich verfärbt! Empfehlenswert ist es, solche Alu-Kupfer-Kombinationen austauschen zu lassen.

Den Brand bemerkt hatte indessen als erstes die Katze des Hauses, die mit einem Sprung auf die Türklinke des Kinderzimmers die Kinder weckte und damit die Familie auf die Gefahr aufmerksam machte. Sie rettete der Familie das Leben!

171

28

TÖDLICHE HILFE

An einem trüben, regnerischen Herbsttag wurden wir nach Ballenstedt in ein Wohnhaus beordert, wo die Feuerwehr auf zwei Brandleichen stieß. Bemerkt hatte den Brand ein Anlieger, der in den frühen Morgenstunden auf dem Weg zur Arbeit war und sich über berußte Glasscherben auf dem Gehweg wunderte. Als er nach oben schaute, fiel wieder ein Stück Glasscherbe nach unten; der ausströmende Rauch veranlaßte ihn zur Alarmierung der Feuerwehr.

Blitzschnell trafen die Kameraden ein und gingen besonnen am Brandort vor. Den schon von selbst erloschenen Brandort veränderten sie nicht mehr wesentlich. Selbst die Tür brauchten sie nicht mehr aufbrechen, da inzwischen eine Person, eine Betreuerin, mit Schlüsseln vor Ort war. Diese teilte uns mit, daß in der Wohnung ein pflegebedürftiges Ehepaar lebe, das bettlägerig sei und in Gitterbetten schlafe.

Nach vorheriger Belüftung betrat das Team den Flur zur Wohnung, die völlig verrußt war. Der Ruß reichte bis hinunter zum Fußboden – ein Indiz für vollständigen Sauerstoffmangel. Einige Deckenstyroporteile waren bereits heruntergetropft und befanden sich in der Übergangsphase zur Pyrolyse. Alle Plastrahmenfenster wiesen an den Innenseiten der Doppelscheiben bereits Hitzerisse auf. Durch die nur leicht geöffnete Wohnstubentür konnten wir schon das tragische Schicksal der Eheleute erkennen. Mitten im Zimmer standen im Abstand von etwa einem Meter zwei Pflegebetten, in denen die beiden scheinbar friedlich schliefen. Augenscheinlich waren sie beide um die 90 Jahre alt. Die frei ersichtlichen Körperflächen wiesen Verbrennungen dritten Grades auf. Alle Möbel waren in Höhe von etwa einem Meter mit leichten Brandzehrungen versehen. Erfahrungsgemäß hätte diese Temperaturen niemand überlebt, selbst wenn man auf dem Fußboden geschlafen hätte. In dieser Brandphase ging dem Brand der Sauerstoff aus, da die alten Holztüren scheinbar dicht und die Fenster geschlossen waren. Einige Übergardinen waren verbrannt und die Plastikösen an den Stangen geschmolzen, so daß diese herunterfielen. Lediglich ein Fenster wies eine zirka 50 Zentimeter große Öffnung in beiden Scheiben auf. Als diese vermutlich durch Straßenerschütterungen herausfielen, war der Brand bereits erloschen, ansonsten hätte es hier eine Feuerhölle im Fachwerkhaus gegeben.

Auf der Suche nach der Zündquelle, fand ich in einer Raumecke eine ungewohnte Situationsspur: Jemand mußte dort nach dem Brand einen Gerätestecker aus einem Mehrfachverstärker gezogen haben, so daß sich Rußaussparungen auf dem Fußboden abgebildet hatten. Zudem waren noch die Kontaktstifte blank. Automatisch dachte ich an eine Verdeckungsstraftat – typisch für Situationen bei Bränden mit versuchtem Versicherungsbetrug. Ich registrierte die Sachlage und ließ Fotos von der anwesenden KT machen. Nach der ersten Runde tastete ich mich mit einem Kollegen vom gleichen Fachkommissariat (kurz: FK 2) an die Gegebenheiten rund um die Betten heran. Dabei bemerkten wir, daß der Teppich unter uns voll Wasser gesogen war. Mein Kollege sprach gleich einen Kameraden der Feuerwehr an: »Habt Ihr hier doch mit Wasser gemanscht?« Dieser bejahte: »Wir haben nur ein Glutnest an der Matratze der Frau mit der Kübelspritze gelöscht ... Und wegen der Stromschlaggefahr habe ich auch die Stecker dort gleich rausgezogen«, fügte er etwas ängstlich hinzu.

Mit dieser Aussage war zumindest ein Verdachtsmoment gelöst. Bei Betrachtung der Gesamtsituation fiel mir ein um-

173

gestürzter Rohrstuhl, der zwischen den Betten lag, ins Auge und erweckte meine besondere Aufmerksamkeit. »Das waren wir aber nicht«, erklang sofort wieder die Stimme aus dem Hintergrund.

Anhand der Rußaussparungen unter dem Stuhl und den Rußauflagerungen an der Seitenkante der Sitzfläche, die nach oben zeigte, ergab sich für uns, daß der Rohrstuhl schon vor dem Brand umgekippt war. Schräg zwischen den vier Metallrohren lag ein 1,5 Zentimeter dickes Rohr mit einem schweren Sockel von zirka 30 Zentimeter Durchmesser. Ungefähr zehn Zentimeter vor der Bettkante endete das Rohr, welches innenliegend zwei verschmorte Kabel enthielt. »Staufi, wir haben es«, rief mein Kollege Dietmar S., was ich wohlwollend bestätigte. Es handelte sich um eine Stehlampe. Zunächst fehlte aber noch das Leuchtmittel.

Nach fotografischer Sicherung hob ich nach und nach die Asche mit der kleinen Schaufel von der Bettdecke ab, wobei die angesengten Bettfedern wieder etwas nachgasten. Wir setzten sicherheitshalber unsere Halbmasken[19] auf, die über einen Aktivkohlefilter verfügen, da Bettfedern bei der Verbrennung Blausäure abgeben. Beim Abtragen der dünnen Brandschichten fiel mir auf, daß die Decke leicht aus dem Bett hing, von der bereits Asche nach unten gefallen war. Die Frau war demzufolge nicht zugedeckt. »Was ist hier bloß geschehen?« grübelte ich und ging meiner »archäologischen Feinarbeit« nach. Zwischen der Matratze und dem Bettlaken fand ich die Reste von Lampenfassungen und dem Glas einer geschmolzenen Reflektorenglühlampe. Der Kollege und ich schauten uns siegessicher in die Augen und zwinkerten uns nickend zu. Der Sachverhalt war nur noch zu Protokoll zu bringen.

---

19 Nach langen Bemühungen gehörten diese Masken zum damaligen Zeitpunkt seit einem Jahr zu unserer Schutzbekleidung.

Das Foto zeigt deutlich die verhängnisvolle Gesamtsituation zwischen den beiden Pflegebetten. Der Stuhl und die Stehlampe waren umgestürzt. (Pfeil)

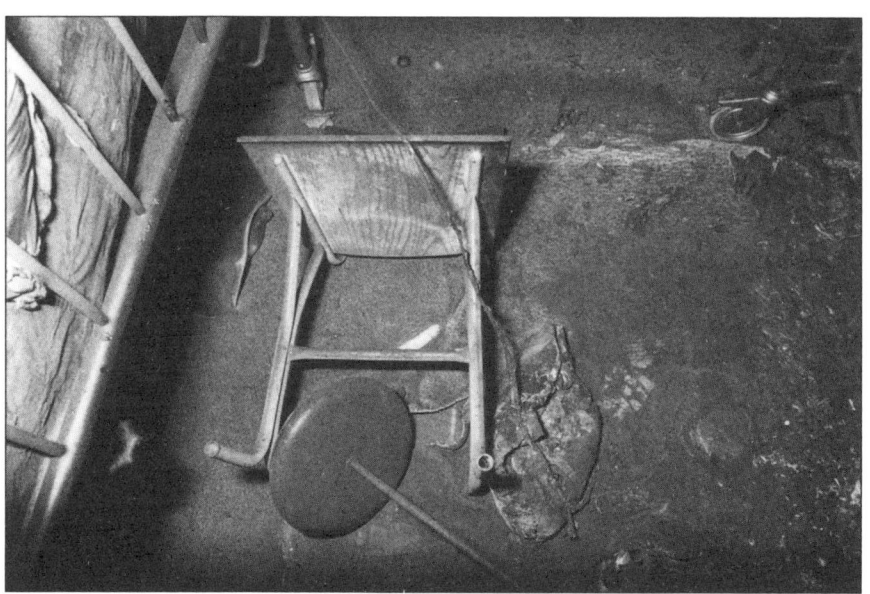

Fuß und Stange der Stehlampe, die eine Reflektorglühlampe enthielt. Die Glühwendel lagen in der Bettdecke und waren brandursächlich.

Zweifelsfrei konnte rekonstruiert werden, daß der alten Dame die Bettdecke aus dem Bett gerutscht war, an die sie mit den Händen nicht mehr herankam. Sicherlich um Hilfe rufend, weckte sie ihren Mann, der früher bestimmt sehr praktisch veranlagt war. Er langte kurzerhand nach dem Stab der Stehlampe, die nach Angaben der Angehörigen auch nachts eingeschaltet war, und angelte aus seinem Gitterbett heraus nach der Bettdecke. Aussteigen konnte er aufgrund seiner Gebrechen nicht mehr. Hierbei war der Stuhl vermutlich hinderlich oder kippte beim Versuch des Angelns um. Ihm selbst fiel das untere, schwere Ende aus der Hand und das andere Ende hatte sich in der Bettdecke verfangen. Es brauchte nun nicht lange und die fast glühende Halogenlampe schmolz aufgrund fehlender Kühlung innerhalb der Bettdecke. Nach Entzündung des relativ leicht brennbaren Materials kam es zur offenen Flamme und nach dem folgenden Übergriff auf die Schaumgummiunterlage zur Bildung von giftigen und unverbrannten Brandgasen. Schon kurze Zeit später war der Sauerstoff im Raum restlos verbraucht, wodurch die entstandenen Kohlenmonoxid-Gase beide Opfer töteten. Spurenkonform zur verbrannten Bettdecke wies auch das rechte Bein der Frau Verkohlungen auf, so daß es keine Zweifel am Geschehen gab.

Der Staatsanwalt war mit unserem Ergebnis zufrieden. Das Verfahren wegen fahrlässiger Brandstiftung wurde eingestellt, da Geschädigte und Verursacher ein und dieselben Personen waren.

29

VENTILATIONSGESTEUERT
UND DOCH TOT

Es gibt Tage im Leben, an denen möchte man gar nicht erst aufstehen! An einem Samstagabend klingelte mein Telefon, obwohl ich keine Bereitschaft hatte. Mein KT-Chef Wolfhardt Hentrich rief mich aufgeregt an und meldete sich von einem Einsatzort: »Staufi, Katastrophe, ein Toter, habe keine Ahnung, was da los war, die Kameraden löschen noch, alles naß, alles qualmt, was soll ich machen? Ich übernehme für dich auch mal wieder einen Raubüberfall oder auch zwei!« Es sprudelte nur so aus ihm heraus, und – wie von ihm erhofft – opferte ich meinen freien Samstagabend, an dem meine Frau und ich uns eigentlich mit Freunden treffen wollten.

Zum Glück hatte er bereits die Leichenschau notdürftig durchgeführt, da der Tote mit schweren Verbrennungen 3. bis 4. Grades draußen auf dem Hofgelände lag, die Überführung zur Rechtsmedizin nach Magdeburg veranlaßt, die Feuerwehr eingewiesen sowie den Brandort beschlagnahmt. Nach kurzer Absprache mit dem Lagezentrum begab ich mich ziemlich schnell zu dem kleinen Ort am N. N., der nicht mehr als 400 Einwohner zählte. Man informierte mich noch eilig, daß der verstorbene Rentner zuvor auf einer Weihnachtsfeier gewesen sei und dort nach dem Genuß von Alkohol herumgestänkert hätte. Wutentbrannt sei er wohl nach Hause gegangen, wo es dann einige Stunden später am Fenster qualmte. Ein Anlieger verständigte die Feuerwehr und versuchte, den Mann im Haus mit lautem Rufen zu wecken. Da sich nichts rührte, warf er – mit dem Vorsatz zu helfen – völlig unbedarft eine Fensterscheibe ein. Es folgte, womit er in seiner völligen Verzweiflung nicht im Geringsten gerechnet hatte! Unverbrannte Gase verbanden sich schlagartig mit dem nun vorhandenen Sauerstoff – das Ergebnis dieser schnell ablaufenden Oxidation war eine meterlange Stichflamme mit Temperaturen um die 980 Grad Celsius, die aus dem eingeworfenen Stubenfenster lechzte. Der Helfer war geschockt und lief in seiner Hilflosigkeit unverzüglich ins Dorf, um nach der Feuerwehr zu schauen.

Nachdem der Brand weitestgehend von der Freiwilligen Feuerwehr gelöscht worden war, fanden die Kameraden im Hinterhof die Leiche des Rentners, konnten sich aber die Entstehung der hochgradigen Verbrennungen nicht erklären. Als ich am Brandort eintraf, hatte es zwar inzwischen mächtig geschneit, aber das vom Brand betroffene Fachwerkhaus strahlte noch so viel Wärme ab, daß der Schnee im Umkreis von fünf Metern gleich wieder schmolz. Von außen gesehen, konnte man gleich von einem Vollbrand und Totalschaden ausgehen, da alle Türen herausgebrannt und die Fenster beim Löschen zerborsten waren.

»Dat kann duern«, sagte ich auf platt zu den Kameraden, die bei der Kälte Wache gehalten hatten und nun froh waren, endlich nach Hause gehen zu können. Nun war ich wieder allein und hatte die Verantwortung auf meine Schultern geladen. Brände waren schon immer ein rotes Tuch für alle Einsatzkräfte, und jeder hatte mit der Materie so seine Berührungsängste.

Nach dem ersten Rundgang mit meinem »Freund für einsame Stunden«, dem Diktiergerät, waren bestimmt schon wieder drei A4-Seiten aufs Band gesprochen, so vielfältig war die Spurenlage. Am Ende des nächsten Tages waren es 14!

Gegen 24 Uhr beendete ich den Einsatz und war um 9 Uhr wieder am Einsatzort. Am Leichenfundort konnte ich verbrannte Restbekleidung sichten. Die Stelle lag im Bereich zweier Regentonnen, die bis obenhin mit Eis zugefroren wa-

Rechts der Regenfässer ist das Fundament vom Ruß geschwärzt.
Die Flammen am Körper strahlten sogar auf die Fassade.
In diesem Bereich wurde die Leiche auch gefunden.

ren. In dem Moment wurde mir klar, warum der Mann gerade dort verstorben war: Als er schlafend auf dem Sofa lag, hatte seine Kleidung durch den Flashover Feuer gefangen. Er schreckte hoch und lief aus dem Haus, um sich mit dem Wasser der Regentonnen abzulöschen. Daß diese zugefroren waren, konnte er in dieser Streßsituation nicht ahnen. Allein die Vorstellung, wie qualvoll und unter welch unglücklichen Umständen der Mann zu Tode kam, ließ es mir eiskalt über den Rücken rieseln. Wie die spätere Obduktion ergab, hätte es auch keine Überlebenschance für ihn gegeben, selbst wenn die Tonnen nicht zugefroren gewesen wären.

Mit Hilfe dieser Spurenlage tastete ich mich an den Brandausbruchsraum heran, der nicht unbedingt mit dem Flashover-Raum identisch sein mußte. Da die Haustür vollkommen verbrannt war, suchte ich zunächst das Türschloß im Brandschutt. Um einen Einbruch handelte es sich nicht, da die Schließzunge intakt und in geöffneter Stellung war. Die noch vorhandenen Türscharniere wiesen eine leicht ge-

179

öffnete Stellung auf. In den Erdgeschoßräumen wie Schlaf-
stube, Bad und Küche begannen die Rußzonen an den Tapeten erst ab zirka einem Meter. Eine derartige Spurenlage
spricht für die sogenannte »Neutrale Zone« und einen »ventilationsgesteuerten« Brand. Die Neutrale Zone entsteht, wenn
sich der heiße Rauch aufgrund der höheren Dichte langsam
von den Raumdecken nach unten schichtet und entgegenge-
setzt frische, sauerstoffreiche Luft durch Türen und andere
Öffnungen an den Brandherd heranströmt, wo sie schließlich
verbraucht wird. Unterhalb dieser Zone ist ein Überleben
möglich. So erging es auch dem Rentner, der auf der Couch
schlief und nicht erstickte, wie es sonst bei einem geschlossenen Raum der Fall gewesen wäre. Wie erwartet, standen
auch die verbliebenen Scharniere der Stubentür in geöffneter
Stellung. Schon als junger Feuerwehrmann hatte ich mir die
Eselsbrücke gebaut: »Bist du drin, leg dich hin!« Im Fußbo-
denbereich kann man noch gut sehen und bekommt zugleich
frische, kalte Luft.

Rückblickend könnte man also behaupten, daß der Stein-
wurf schon richtig war, er hätte lediglich ein Fenster in der
oberen Etage treffen müssen, denn dann wäre der Rauch
nach oben abgezogen.

Die Stube kam nach meinen Erfahrungswerten gleich als
Brandausbruchsraum in Frage, wie ich den Brandabzeh-
rungsraten der Stubenmöbel und Deckenbalken entnehmen
konnte. Einer Faustregel zufolge brennt Holz in einer Minute
zirka einen Millimeter tief ab. Fehlen also an einem Tischbein
zwei Zentimeter Holz, hat es hier etwa 20 Minuten lang gebrannt. Als mögliche Zündquellen kamen hier vorrangig die
veraltete Elektrik und ein Kohlebeistellofen infrage.

Da die tiefste Stelle des Brandes immer am interessantes-
ten ist, begann ich ab Fenster und Eingangstür den Schutt,
der etwa 20 Zentimeter hoch lag, systematisch zu beseitigen.

Vergleichsfoto einer ausgeprägten Neutralen Zone.
Im Bodenbereich hätte man hier überleben können.

Der feuchte Lehm, der von der Decke gefallen war, machte die Brandschuttmasse schön pampig. Dennoch fand ich interessante Dinge, die eigentlich nicht in eine Stube gehören: einen Hackklotz, eine große Axt, eine Bügelsäge und einen Stechbeitel. »Der hat hier doch tatsächlich sein Brennholz gehackt, mit dem er seinen Beistellofen beheizt«, murmelte ich völlig perplex in meinen nicht vorhandenen Bart. Nun stand automatisch die Zündquelle «Offene Flamme« im Zeichen meiner Suche. Am Ofen fehlte die obere Feuerungstür, das Ofenrohr war nicht fest im Schornstein eingemauert, und unterhalb des Aschenkastens lag ein ausgekratzter Berg mit Kohle- und Holzasche. Sie reichte bis hin zu den Holzfüßen seiner Couch oder zu dem, was davon übrig war. Der Abstand zwischen den Couchresten und dem Herd betrug 40 Zentimeter, dabei sind in Strahlungsrichtung mindestens 100 Zentimeter vorgeschrieben. Ob die Couch als erstes gebrannt hatte, konnte ich noch nicht sagen, denn nach Besei-

181

tigung der Aschereste fand ich außerdem verkohlte Holzdielen. »Die Dielen hatten mit offener Flamme gebrannt«, dachte ich – eine weitere denkbare Brandausbruchsstelle.

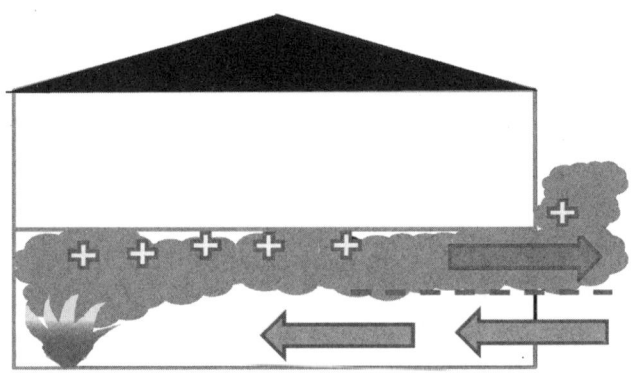

Darstellung einer Neutralen Zone.
Der Rauch kann abziehen und Sauerstoff strömt nach.

Wieder einmal hatte sich bewahrheitet, daß man in Anbetracht aller brandtypischen Spuren wie Brandfächer, Brandtrichter, Brandzehrungsraten, Rauchgas-Niederschlägen usw. unbedingt die tiefste Stelle im Brandraum suchen und auswerten muß. Die Ursache für diesen Brand war die herausgezogene Asche, die mit Sicherheit noch glühende Bestandteile von Briketts enthielt. Solche Glut kann sich unter günstigen Bedingungen bis zu 48 Stunden halten und bei Kontakt mit leicht brennbaren Stoffen entzündend wirken. Gelehrt hat mich dies mein eigener Aschekübel, der einmal an einer Stelle durchschmolz ...

Die Glut hatte den Brand entzündet, doch im Grunde hätte er auch durch Funkenaustritt am Ofenrohr, dem offenstehenden Feuerraum oder durch Übergriff der Flammen auf die Couch verursacht werden können – was für eine gefährliche Wohnsituation!

182

30

TOD DURCH LEIDENSCHAFT – EIN DRAMA MIT ZWEI TOTEN

Es war an einem Samstag im April 2002, als gegen 4.30 Uhr das Telefon klingelte. »Und wieder erwischt es mich am Wochenende«, murmelte ich, nahm mürrisch den Telefonhörer ab und fragte, gleich meinem Chef vom Kriminaldauerdienst, der das oft so machte: »Ja, wer stört da?« »Natürlich wir vom Lagezentrum«, war die Antwort. Ich hatte Bereitschaft – was sollte ich anderes erwarten?! »Mach dich auf die Socken, wir haben im Harzkreis vermutlich einen Brandtoten in einem noch brennenden Haus. Der Kreisbrandmeister erwartet dich dort sehnsüchtig, da er nichts verändern will. Die noch vermißte Person könnte unter dem zirka zwei Meter hohen Brandschutt liegen. Du brauchst dich aber nicht so sehr beeilen, da die Truppe noch beim Löschen ist.« Wieder einmal wurde ein familiäres Wochenende durchkreuzt; dabei war ausgerechnet unsere behinderte Tochter Susi zu Besuch.

Bereitschaft zu haben setzte nicht nur voraus, verfügbar zu sein und in den Einsatz gerufen werden zu können, viel wichtiger war es zunächst, jederzeit und überall erreichbar zu sein! In der heutigen Zeit profitieren wir von einer enormen Vernetzung und einer raschen Informationsweiterleitung. Bei der Geburt unserer Tochter jedoch, die mit Komplikationen verlief, war an jenem Sonntagmorgen kein Bereitschaftsdienst im Einsatz. Die zuständige Ärztin »beichtete« uns diesen Mangel erst nach der politischen Wende! Für unsere Tochter bedeutete das einen irreparablen Sauerstoffmangel mit dem Ergebnis einer geistigen Behinderung. Sie leidet an »Spastisch ataktischer Tetraparese«, um es einmal fachlich auszudrücken. Aus eigener Erfahrung weiß ich daher, welche Verantwortung ich in der Zeit meines Bereitschaftsdienstes trug.

Ausgerechnet heute mußte ich daran denken und machte mich auf den Weg. Zum Glück hatte ich mir noch in Ruhe einen schwarzen Kaffee und ein Paket mit Stullen gemacht, denn trotz instinktiver Voraussicht ahnte ich nicht, daß ich erst 22 Uhr wieder zu Haus sein sollte. In der Dienststelle zog ich mir die neu eingetroffene Arbeitsschutzbekleidung an, um die ich lange genug gekämpft hatte. Endlich zeigten meine zahlreichen Anträge Wirkung, aber auch erst, nachdem sich mein FK-Leiter seinen guten Anzug an einem Einsatzort mit Ruß beschmutzt hatte. Zuvor schlüpften wir immer in die weißen Fließanzüge, die die Kriminaltechnik auch jetzt noch nutzt. Nunmehr trug mein Team akkurate Feuerwehrjacken mit der Aufschrift »Polizei« und Latzhosen, die im Schritt nicht gleich aufplatzten, wenn man mal in einer angespannten Haltung stand. Am linksseitigen Revers prangte zudem der Schriftzug »Brandursachenermittlung der Polizei Halberstadt, Ralf Staufenbiel«. Den »Spaß« leistete ich mir privat, da es diese Dienstbezeichnung der Struktur nach nicht gibt. Richtig wäre »Kriminaltechnik« gewesen. Aber bis zu meiner Pensionierung meckerte keiner meiner Vorgesetzten über meinen kleinen Luxus, der zudem am Brandort bei Kameraden der Feuerwehr und anderen anwesenden Ermittlern immer gut ankam.

Wir wurden im Einsatz nicht mehr als »Bullen« betrachtet, eher als artverwandte Feuerwehrkameraden. Der erste Kontakt zu den dortigen Kameraden gestaltete sich gleich lockerer, mit offenen Gesprächen und netten Gesten. Bei Ankunft am Brandort traf ich einige Polizisten und einen Kollegen vom zuständigen Revier, die mich mit den ersten Befragungsergebnissen konfrontierten.

Vor dem Brand wohnte hier eine fünfköpfige Familie. Die Eltern waren wohlauf, da sie durch die Haustürklingel geweckt wurden. Einen Sohn rettete die Feuerwehr, der zweite wurde vermißt. Die Eltern glaubten die Schuldigen schon zu kennen: »Das waren die Rechten! Die haben da bestimmt einen Molotowcocktail hineingeworfen!«

Es dämmerte bereits und der am Ort führende Kreisbrandmeister runzelte die Stirn, als er mich sah. »Staufi«, sagte er, »das kann dauern.« Mit Blick auf das eingestürzte Haus, welches einem Schuttberg aus dem Krieg glich, wußte ich gleich, wie recht er doch hatte. Seinen Vorschlag, hier einen Kran einzusetzen, lehnte ich aufgrund der eventuellen »rechten« Brisanz ab. Nach Absprachen wurden weitere Kameraden angefordert, damit sie sich beim Abtragen des Schuttes abwechseln konnten.

Da mich die Zeit nicht drängte, ging ich mit dem Diktiergerät auf das Grundstück. Schon bald erkannte ich, daß hier eine Familie mit Messie-Syndrom wohnte. Nach einer neueren Studie ist das Messie-Syndrom nicht dem Bereich der Zwangserkrankungen, sondern vielmehr den affektiven Störungen zuzuordnen. Die Betroffenen schätzen den Wert und Nutzen verschiedener Dinge anders ein als der Durchschnitt der Bevölkerung. Die Erkrankung führt zu Verwahrlosung und Vermüllung im häuslichen Umfeld, wobei angemerkt werden muß, daß viele Erkrankte nach außen ein völlig normales bürgerliches Leben führen.

In unserem Fall glichen Haus und Garten einer Müllhalde. Äußerst abstoßend erwiesen sich fünf gestapelte PVC-Kisten, in denen abgeschnittene Schweineohren in Wasser eingeweicht waren – und alles voller Maden! Mein Frühstück fiel für unbestimmte Zeit aus ...

Die linksseitige Haushälfte konnte ich sehr schlecht in Augenschein nehmen, hier mußte ich klettern und steigen.

Beim Anblick des Schlafzimmers der Eltern staunte ich nur, wie sie hier noch lebend hinausgekommen waren: Alle Wände waren bis zum Fußboden, soweit er nicht voller Müll war, berußt. Die Flucht vor den Flammen mußte schnell gegangen sein, nachdem sie aus dem Schlaf geklingelt worden waren. Aber wer hatte eigentlich die Klingel bedient?

Ich gab die bisherigen Ergebnisse an den Kollegen des Kriminalisten weiter, aber bis zum Mittag konnte die Person immer noch nicht ermittelt werden. Vielmehr erfuhren wir, daß die Familie aufgrund ihrer »Sammelleidenschaft« nicht unbedingt beliebt im Ort war.

Inzwischen hatten die Kameraden den zirka drei Meter hohen Schuttberg vorsichtig per Hand auf zirka 50 Zentimeter Höhe abgetragen, so daß ich mit der großen Schaufel im Bereich der beiden ehemaligen Fenster anfing, die tiefste Stelle des Brandes ausfindig zu machen. Wenn hier tatsächlich etwas durchs Fenster geworfen worden war, müßte sowohl der Gegenstand zu finden, als auch eine brennbare Flüssigkeit nachweisbar sein. Das Fensterglas müßte zudem auf äußerliche Zerstörungsspuren untersucht werden. Nach etwa einer Stunde Arbeit holte ich die kleine Schippe und fand im Gras unterhalb der Fenster nur einseitig berußtes Glas mit rundlichen Sprüngen vor. Nicht ein kleinstes Stück Glas wurde ohne Rußanhaftungen gefunden. Folglich wurde hier mit Sicherheit kein Fenster vor dem Brandausbruch eingeworfen! Es brannte also zuerst in der Stube, woraufhin die Fensterscheiben, mit Ruß und Hitzesprüngen behaftet, nach innen und außen fielen. Rechtsradikale als potentielle Tatverdächtige konnten also ausgeschlossen werden.

Zur Kaffeezeit dachte ich an meine Familie, die bei dem schönen Wetter mit Kaffee und Kuchen auf der Terrasse saß. Mein Sohn Martin, so glaubte ich zu wissen, würde abends bestimmt noch den Rost anzünden. Aber der Gedanke an

Der Brand zerstörte die tragenden Wände des Erdgeschosses.
Daraufhin stürzte die obere Etage auf die beiden Familienmitglieder.
Die Linie zeigt den ursprünglichen Fundamentverlauf.

gegrilltes Fleisch verging mir schnell, als mich im selben Moment die Nachricht erreichte, daß der gerettete Sohn im Krankenhaus verstorben sei. Als die Eltern davon erfuhren, mußten sie psychologisch betreut werden. Ich überbrachte die Nachricht dieses Mal aber nicht. Es fällt nie leicht, die Worte über die Lippen zu bringen, geschweige, die Reaktionen der Angehörigen mit anzusehen. Meistens schläft man danach nicht – gleich den Betroffenen. Manchmal gießt man sich einen Schnaps ein ...

Gegen 17 Uhr fanden wir die Leiche des vermißten Sohnes unter den herabgefallen Lehmstaken, die sich durch die Menge an Löschwasser zu einer schmierigen Masse von Stroh, Lehm und Brandschutt vermischt hatten. Offensichtlich hatte der Sohn noch versucht, sich zu retten. Nach fotografischer Sicherung und Leichenbeschreibung per Diktiergerät

187

hoben wir die massige und schwer zu greifende Leiche hoch und legten sie auf eine Rettungsfolie.

Nun erkannte man die typische Fechterstellung, das heißt, alle Gliedmaßen waren an den Sehnen geschrumpft und zum Körper hin gezogen. Die Verkohlungen an der nach oben liegenden Körperseite waren extrem. In der bis zu einem Zentimeter dicken Kruste befanden sich unberußte Aufplatzungen der darunter befindlichen Fettschichten. Einige kleinere Gliedmaßen wie Zehen und Finger waren abgebrannt und nicht mehr vorhanden. Demnach hat es ungewöhnlich lange und mit hoher Energie gebrannt.

Nach Bergung der Leiche durch einige hartgesottene Kameraden der Feuerwehr und nach der Übergabe an den Bestatter suchte ich nach anderen möglichen Zündquellen. Gegen 18 Uhr hatte ich die gesamte Stube vom Brandschutt beräumt und die verkohlten Möbelreste zur Rekonstruktion ausgelegt. Solche Sicherungsmaßnahmen sind für die Bewertung und Beweissicherung sehr wichtig, denn Tatsachen, die man augenscheinlich auf Fotos festhält oder daran angeknüpfte Erfahrungssätze können in der Hauptverhandlung zu der Überzeugung des Gerichts führen, daß eine Behauptung wahr oder unwahr ist und sich ein bestimmtes Geschehen ohne vernünftigen Zweifel so und nicht anders zugetragen haben muß. Einen Brandbeschleuniger, den ich gezielt mit meinem Meßgerät suchte, fand ich nicht. In allen Flaschen, soweit sie nicht Staub enthielten, befanden sich nur Bierneigen.

Gedanklich ging ich meine Liste aller am Brandort möglichen Zündquellen durch, obgleich ich sie schriftlich immer bei mir trug. Die Praxis hatte mir schon oft gezeigt, daß man in stressigen Situationen einiges vergißt. Letztendlich landete mein Verdacht bei den elektrischen Geräten, die – vermutlich der Sammelleidenschaft geschuldet – an alle möglichen

Mehrfachstromverteiler angeschlossen waren. Zumindest wiesen die Kontaktstifte keine Rußanhaftungen auf. Neben Kerzenwachs fand ich auch einen überquellenden Aschenbecher, der beim Brand vom Tisch gefallen war und vom Brandschutt abgedeckt, sozusagen konserviert wurde. Diesmal mußte ich wohl oder übel mehrere Brandursachen offen stehen lassen. Vorsichtshalber stellte ich einige der elektrischen Geräte sicher und brachte sie am Tag der Obduktion gleich persönlich ins LKA.

Beim Einsammeln der Geräte stolperte ich über zwei dünne lange Kupferdrähte, die ich bis zur Hausklingel im Flur verfolgte. Plötzlich wurde mir klar, wer an der Haustür geklingelt hatte: ihr persönlicher Schutzengel! Beim Brand in der Stube trafen die beiden Kabel nach dem Abbrennen der Isolierung zusammen. Daraufhin konnte Strom fließen, bis er auch die Klingel durch einen Kurzschluß erreichte.

Die Frage nach dem brennbaren Material wurde im Brandbericht schnell beantwortet. Es war eine Mischung aus unzähligen Dingen, die sich die Familie krankhaft zusammengesammelt hatte. Die Kombination aus Hausmüll, einer Unmenge uralter elektrischer Geräte und Tabakglut wurden hier zu einer tödlichen Falle. Nach Beendigung meiner Tätigkeit war die Staatsanwaltschaft froh, daß keine Fremdeinwirkung durch Rechtsradikale vorlag. Sie wies dennoch eine Obduktion an, um sicherzugehen, daß das Brandopfer nicht doch »ein Messer im Bauch« hatte. Völlig ausgelaugt in der Dienststelle angekommen, mußte ich eine Sofortmeldung an das Lagezentrum machen sowie Formalia am PC festhalten.

Als ich im Dunkeln nach Hause kam, ging ich gleich in die Waschküche und weichte meine gesamte Kleidung ein. Den strengen Geruch nach verbrannten PVC-Produkten und verkohltem Menschenfleisch wollte ich meiner Frau nicht zumuten. Anschließend ging ich für eine halbe Stunde unter die

Dusche und wusch mir den Streß des Tages vom Körper – ein Tipp eines älteren Kriminalisten. Von den schrecklichen Ereignissen des Tages wollte ich mir nichts anmerken lassen und versuchte ganz gelassen zu wirken, als ich unser Wohnzimmer betrat. Ich brauchte meiner Frau nichts zu sagen. Sie sah mir den Streß an. Wortlos holte ich mir ein kühles Bierchen und schlief danach tief und fest im Sessel ein.

Schon für den folgenden Dienstag war die Obduktion des verbrannten Sohnes anberaumt, an der ich teilnehmen mußte, da ich über die Einzelheiten der Auffindung des Brandopfers Auskunft geben sollte. Die Leiche lag auf einem Edelstahltisch mit Ablaufrinne.

Obwohl ich während meiner Dienstzeit über hundert Obduktionen miterlebt habe, war diese keine Routine für mich. Immer wieder übermannte mich bei diesen grausigen Anblicken ein Gefühl von Traurigkeit, Ehrfurcht und Demut gegenüber dem Verstorbenen und dessen Angehörigen.

Das Obduktionsergebnis war nach Öffnung der oberen Luftwege schnell klar: Der Sohn hatte zum Zeitpunkt der Brandentstehung noch gelebt und starb an einer CO-Intoxikation. Der gemessene Blutalkoholgehalt war nicht unerheblich und trug somit vermutlich zur Unaufmerksamkeit wesentlich bei. Für die Eltern war die Zeit danach bestimmt sehr schlimm. Abgesehen davon habe ich immer versucht, mir Fälle wie diese persönlich nicht zu sehr zu Herzen zu nehmen. Es macht die Arbeit nur schwerer, als sie schon ist. Für mich ging es schon am nächsten Tag erneut an den nächsten Brandort.

Das eingeleitete Strafverfahren wegen fahrlässiger Brandstiftung wurde wenig später eingestellt. An dieser Stelle sei jedoch angemerkt, daß ich noch drei weitere Tage im Büro an diesem Fall gearbeitet habe. Es mußten hierzu ein umfassender Brandbericht von zirka zehn Seiten, eine Lichtbildanlage von zirka 20 Seiten, eine Übersichtsskizze, Detailskizzen und schließlich ein kriminaltechnisches Protokoll mit allen gesicherten Spuren angefertigt werden. Da versteht es sich von selbst, daß ich für Witze über faule Beamte nur ein müdes Lächeln übrig habe ...

Solch ein Brandort ist immer eine Herausforderung.

31

MIT BENZIN
AUF DER LAUER

Es war im Frühjahr, als die Feuerwehr eines kleinen Ortes am Harzrand auf dem Hof eines Transportunternehmens zum Einsatz kam. Hier mußte ein Pkw, der schräg am Pfeiler zwischen zwei Einfahrten einer Großgarage stand, gelöscht werden. Der Ehemann wurde des versuchten Mordes an seiner Ehefrau verdächtigt. Offensichtlich hatte er versucht, sie mit seinem brennenden Pkw umzufahren, als sie gerade an der Ausfahrt der Garage stand. Dabei stieß er gegen einen Betonpfeiler, hinter den die Frau in letzter Sekunde schutzsuchend gesprungen war. Nach der mißlungenen Tat flüchtete der Ehemann in ein angrenzendes Waldgebiet.

Infolge einer aufwendigen Suchaktion, bei der unter anderem auch ein Hubschrauber zum Einsatz kam, konnte der Mann jedoch dingfest gemacht werden. Nachdem man ihn verhaftet hatte, mußte er mit einem hypovolämischen Schock[20] in ein nahegelegenes Krankenhaus eingewiesen und später in eine geschlossene neurologische Klinik verlegt werden.

Meine Aufgabe bestand in der Rekonstruktion des Vorganges und dem Nachweis der Zündung, um Beweise für die Tat zu sichern. Zuerst fertigte ich Fotos vom gesamten Tatort an, anschließend Detailaufnahmen vom Inneren des Pkw, wobei ich mich schon über eine Situationsspur an der Fahrerseite wunderte: Am rechten Türrahmen der Fahrertür befand sich keine Rußfahne, während sich am angrenzenden Holm intensiver Rußbelag abzeichnete. Ich dokumentierte zwar diese

---

20 Akutes, lebensbedrohliches Kreislaufversagen, verursacht durch eine Verminderung der zirkulierenden Blutmenge.

Die unterschiedlichen Rußanhaftungen an den Türholmen stellten eine Situationsspur dar. Der Täter fuhr demnach mit geöffneter Tür!

Spur, fand aber zunächst noch keine Erklärung dafür. Im Innenraum stellte ich auf dem Beifahrersitz ein Feuerzeug sicher, im Fußraum eine aufgesperrte, berußte fünf Kilogramm schwere Propangasflasche sowie im hinteren Fußraum einen offenen 5-Liter-Benzinkanister. Die Fußmatte war mit Kraftstoff getränkt.

»Mein lieber Scholli, der hatte aber mehr vor«, dachte ich und wurde vorsichtiger bei der Spurensicherung. Alles, was für die Aufklärung des Falls relevant sein konnte, sprach ich sicherheitshalber auf mein Diktiergerät. Auch die Tatsache, daß alle Fensterscheiben heruntergekurbelt und die Frontscheibe von innen stark berußt war, ließ ich nicht unerwähnt. In diesem Moment sah ich vor meinem geistigen Auge, was sich zugetragen hatte: Der Mann setzte erst das Benzin in Brand, drehte die Propangasflasche auf und fuhr mit dem brennenden Pkw auf das Grundstück des Unternehmers zu. Während der Fahrt schlugen die stark rußenden Flammen aus den hinteren Fenstern, wodurch die Frontscheibe erblindete. Der nun Orientierungslose öffnete deshalb die Fahrertür, um in Fahrtrichtung schauen zu können.

Als Motiv für diese Irrsinnstat gab der Täter an, seine Frau zu verdächtigen, ein Verhältnis mit dem dort ansässigen Transportunternehmer zu unterhalten. Er war verzweifelt und verbittert. Wenn er sie nicht mehr haben konnte, sollte es auch kein anderer.

Zu dem klassischen Tatmotiv »Eifersucht« gesellte sich eine ernüchternde Reihe von Indizien. Bei der späteren Gerichtsverhandlung konnte sich der Ehemann, getroffen vom Schock, nicht mehr an seine Handlungen erinnern. Der fotografische Beweis war jedoch eindeutig. Er fuhr von Anfang an mit geöffneter Tür, vermutlich auch, weil ihm etwas heiß unterm Hintern wurde. An seinem absichtsvollen Handeln bestand kein Zweifel, da er auf der nur 50 Meter kurzen Distanz den Torpfeiler traf und seine Frau nur haarscharf verfehlte. Das Gericht ging folglich von einer Vorsatzhandlung aus und urteilte auch dementsprechend.

32

IST DER HÄFTLING
NOCH NICHT GAR?

An einem Samstagvormittag wurde ich über das Lagezentrum in Halberstadt zur dortigen Untersuchungshaftanstalt beordert, da ein Häftling in der neu eingerichteten Beruhigungszelle fast gestorben wäre.

Zum Glück wurde die Zelle videoüberwacht. Ich traf etwas später als der Rettungsdienst ein. Den bewußtlosen Mann sah ich nicht mehr. Der diensthabende Wärter erklärte mir indessen, daß der Inhaftierte auf dem Fußboden gelegen und sehr verdächtig gezuckt habe. Da er nicht ansprechbar gewesen sei, habe er den Rettungsdienst verständigt. Im Krankenhaus stellten die Ärzte eine starke Überhitzung seines Körpers fest und hatten Mühe, ihn zu stabilisieren.

Als ich die etwa 3 x 4 Meter große, vollkommen gefliese Zelle betrat, staunte ich nicht schlecht ob der spartanischen Einrichtung: eine gefliese Schlafbank, eine Ecke für die Notdurft. Nichts weiter. Was sollte dem Mann hier schon passiert sein, fragte ich mich, wobei ich langsam zu schwitzen begann und sogar heiße Socken bekam.

Ich fühlte mit den Händen den Fußboden und stellte fest, daß die Fußbodenheizung viel zu heiß war. Eine Messung mit meinem Spezialthermometer, welches ich bisher nur bei Heuselbstentzündungen eingesetzt hatte, erbrachte den Nachweis: 55 Grad Celsius. Hier war offensichtlich ein technisches Versagen unbemerkt geblieben. Ich schaute im Verteilungszentrum mit seinen vielfältigsten Armaturen nach, aber auch dort konnte ich keine verwertbaren Hinweise finden. Sicherheitshalber forderte ich einen Mann vom zuständigen TÜV der Außenstelle in Magdeburg an.

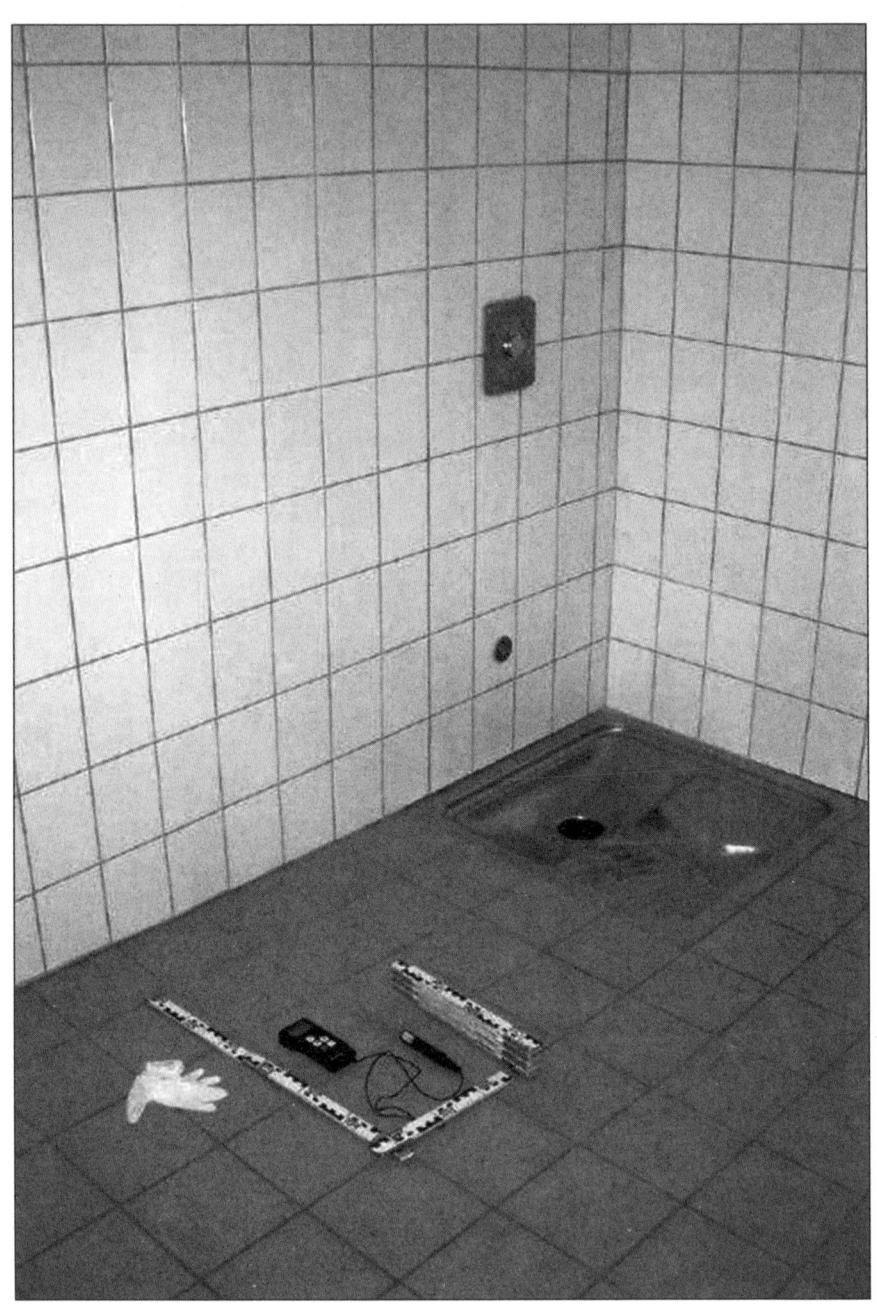

Foto von der Beruhigungszelle
mit dem aufliegenden Spezialthermometer.

Der Bereitschaftsdienst war relativ schnell vor Ort. Auch er hatte ein digitales Spezialthermometer, mit dem er sogar eine Temperatur von 58 Grad Celsius auf den Fußbodenfliesen feststellte! »Das kann ja kein Mensch auf Dauer aushalten! Da hat bestimmt der Thermoschalter eine Macke«, meinte er verwundert. Er öffnete den zuständigen Schalter und fand schnell das Problem. Im Gehäuse steckten jeweils kleine Plastikstöpsel bei der gewünschten Gradzahl. Einer war jedoch falsch justiert und anstatt bei 35 bei 60 Grad Celsius eingelocht! Es handelte sich hierbei eindeutig um einen fahrlässigen Montagefehler, so daß eine Anzeige wegen fahrlässiger Körperverletzung unumgänglich war.

Infolge dieses Fehlers erlitt der Arrestant einen Hitzeschock. Um der Hitze entgegenzuwirken versucht der Körper, seine Körpertemperatur zu senken, indem er einfach mehr Schweiß produziert. Darüber hinaus erweitern sich die Blutgefäße der Haut, um durch die einsetzende verstärkte Durchblutung die Wärme schneller abzugeben. Das funktionierte bei dem Häftling schon nicht mehr, da durch den zu hohen Flüssigkeitsverlust dessen Schweißproduktion zusammengebrochen war. Auf den Wärmestau in seinem Körper folgte Bewußtlosigkeit. Eine lebensbedrohliche Situation!

33

EINE BRANDLEICHE
AM HOSENGÜRTEL

In einem Ort vor Magdeburg ereignete sich zu nächtlicher Zeit ein Wohnungsbrand im Erdgeschoß eines älteren Einfamilienhauses. Dabei verbrannte ein Mann. Da es nach Angaben des dortigen K-Dienstes einige Ungereimtheiten gab und die Brandursache unklar war, begab ich mich zu später Stunde zum Einsatzort und konnte noch mit den Einsatzkräften der Feuerwehr sprechen, die den Toten in den Resten einer Couch vorfanden. Nach einem kurzen gemeinsamen Rundgang deuteten sie auf ihre selbst verursachten Spuren, gaben aber zu bedenken, daß die Hauseingangstür bei ihrer Ankunft offenstand. Durch seine Rauchintensität wurde der Brand wohl auch so schnell bemerkt.

Nachdem ich die äußere Beschreibung des Hauses kurz im Scheinwerferlicht der Feuerwehr realisiert hatte, begann ich, den bereits herausgehobenen Leichnam wie gewohnt zu untersuchen. Es fielen keine Besonderheiten auf. Wir deckten ihn mit Folie ab und verständigten das zuständige Bestattungsinstitut. Anschließend versuchte ich die Brandursache in den Resten der Couch zu finden, was mir indes Schwierigkeiten bereitete: Ich fand keine Zündquelle, weder ein Heizkissen noch einen Stromverteiler. Es kam daher nur eine offene Flamme als Brandursache oder die berühmten glimmenden Zigarettenreste in Frage. Die offenstehende Tür konnte sogar ein Indiz dafür sein, daß jemand nachgeholfen hatte.

Letztendlich entschied ich mich, die stark verbrannte Leiche der Gerichtsmedizin zur weiteren Untersuchung zu überlassen, denn die Todesursache mußte eindeutig geklärt werden. Nach Beendigung meiner Tätigkeiten vor Ort übergab ich die Leiche an den Mann vom Bestattungsdienst und begab mich zum Fahrzeug.

Als ich schon hinter dem Lenkrad saß, kam mir mein »Erinnerungswort« in den Sinn, welches ich mir schon vor Jahren zurecht gebaut hatte: »BUSTGAP«. Es half mir – und hilft mir noch heute –, mich zu vergewissern, alle wichtigen Dinge (noch) beisammen zu haben: **B**rille, **U**hr, **S**chlüssel, **T**aschenlampe, **G**eld, **A**usweis, **P**istole. Ich vermißte tatsächlich meine Taschenlampe, die ich am Einsatzort noch desinfiziert und vermutlich im Fenster des Hausflures abgelegt hatte. Als ich rasch zurücklief, traf ich den Mitarbeiter des Ordnungsamtes, der die Wohnung abschließen mußte, da die verstorbene Person keine Verwandten mehr hatte. In dessen Beisein mußte ich mit Entsetzen feststellen, daß der Mitarbeiter des angeforderten Bestattungsinstitutes der Leiche einen Hosengürtel um den Hals gelegt hatte und diese durch den gefliesten Flur, mit einer entsprechenden feuchten Rutschspur, hinter sich her zog!

Wir trauten unseren Augen nicht! Ich glaube mich recht zu erinnern, daß es das erste Mal war, daß ich an einem Einsatzort so richtig ausgerastet bin. Ich schrie ihn an, ob er nicht ganz dicht sei und ob er schon mal etwas von Respekt oder Pietät gehört hätte. Außerdem sollte die Leiche sicherheitshalber auch noch zur Obduktion! Was mag man denn dort wohl von meiner Arbeit halten, wenn die Leiche nun auch noch eine Strangmarke[21] am Hals aufweist?

Nach etlichen kläglichen Ausreden entschuldigter er sich stotternd und versprach mir hoch und heilig, noch einen Mitarbeiter oder den Chef zur Abholung des Toten nachzufordern. Im weiteren Gespräch mit ihm stellte ich fest, daß er

---

21 Vertiefungen oder Hautvertrocknungen, die das Strangulationswerkzeug abbilden. Bei einem Suizid durch Erhängen laufen sie nach oben hin aus.

Foto einer Brandleiche.

debil und sehr stark in seinem Intellekt beeinträchtigt war. In solch einem sensiblen Bereich hatte er wahrhaftig nichts zu suchen gehabt. Ich beruhigte mich und gab dem Mann vom Ordnungsamt zu verstehen, daß jener Mitarbeiter in einer Behindertenwerkstatt bestimmt besser aufgehoben wäre. Ich entschied mich, »Mensch zu bleiben«, und belehrte am nächsten Tag den Chef des Bestattungsinstitutes. Weil dieser einsichtig war, verzichtete ich darauf, Strafanzeige zu erstatten.

Als ich so kurz vor Mitternacht zu Hause eintraf, war mal wieder Langzeitduschen angesagt. Manchmal versuchte ich es mit etwas Galgenhumor, um mich selbst von den Gedanken an die Geschehnisse abzulenken. Aber darauf gehe ich hier lieber nicht genauer ein.

34

BRANDURSACHE KLAR, TÄTER NIE GEFASST ...

In einem Unternehmen im heutigen Salzlandkreis brannte eine riesige Kartoffellagerhalle mit Sortieranlage vollkommen aus. Die Brandausbruchszeit lag um Mitternacht, als die Anlage nicht in Betrieb war. Nach ersten Angaben lief sie bis auf einige Lüfteranlagen stromlos.

Als ich am frühen Morgen am Brandort eintraf, qualmte noch alles. Zunächst einmal verschaffte ich mir nach einigen Befragungen der Mitarbeiter einen Überblick von den vom Brand betroffenen Außenanlagen. Nach Prüfung dieser Außenansichten, besonders eines großen Brandfächers in der Dachfläche, stand schon fest, daß der Brand nicht in der Halle, sondern unter dem angrenzenden Schleppdach seinen Anfang genommen hatte. Unter diesem stand ein ausgebrannter Lkw, der mit Kartoffeln beladen und von dem absolut nichts mehr zu gebrauchen war. Alle Reifen waren restlos verbrannt, ja selbst die oberste Schicht Kartoffeln war gar. Die Brandzerstörungen waren vor allem im vordersten Bereich der Fahrzeugkabine am intensivsten, so daß ich wie üblich die dortige tiefste Stelle untersuchte. Die vorgefundenen Brandschuttreste bestanden aus geschmolzenen Plastikbestandteilen und sogar aus geschmolzenem Aluminium des Getriebeblocks. Als ich eine zirka 30 x 40 Zentimeter große und etwa zwei Zentimeter dicke wiedererstarrte Aluminiumplatte umdrehte, waren darin unberußte Glassplitter der Frontscheibe eingelagert.

Damit war die Brandursache geklärt. Unter Berücksichtigung des Schichtaufbaus des Brandschuttes sprach die vorgefundene Spurenlage eindeutig dafür, daß zunächst die

Dieses Foto zeigt eine wichtige Spur.
Zuerst fiel das Glas der Frontscheibe durch
einen Schlag des Täters zu Boden.
Dann floß das flüssige Aluminium des
Getriebeblocks nach Brandlegung darüber.
Im erstarrten Metall blieben
die unberußten Glassplitter haften.

Frontscheibe eingeschlagen wurde und danach der Brand in der Fahrzeugkabine gelegt wurde. Wäre es andersherum gewesen, hätten sich Rußpartikel an der Scheibe abgelagert. Wir ermittelten also im Fall einer gezielten Brandstiftung mit offener Flamme, die einen Schaden von über 100 000 Euro verursacht hat. Zwar war die Brandursache schnell geklärt, der oder die Täter wurde(n) jedoch nie gefaßt.

Leider muß man bei vorsätzlichen Brandstiftungen in Deutschland mit einem Aufklärungsergebnis von nur 48,9 Prozent rechnen.[22] Die Ursachen für diese Defizite sind vielfältig und stellenweise nur hausgemacht, vor allem wenn man die Aufklärungsquoten der anglo-amerikanischen Länder im Vergleich hinzuzieht. Dort arbeiten Ermittlungsspezialisten der Polizei und Experten der Feuerwehr unter einem Dach in einer eigenständigen Organisation. Sie können sich intensiv und umfänglich auf ihr Fachgebiet konzentrieren, lernen mit jedem Fall dazu und werden in den Bereitschaftszeiten nicht für andere Fälle rekrutiert.

Es ist unerläßlich, auch in Deutschland eine Verlagerung der Verantwortlichkeiten bei Branddelikten zu veranlassen.

---

22 Durchschnittswerte von 1987–2014.

Ausgebrannter Lkw
unter dem Schleppdach einer Kartoffelsortieranlage.

35

DER VULKAN
IN DER GARTENANLAGE

Infolge eines Schornsteinbrandes wurde in einer Kreisstadt ein größerer Bungalow zerstört, der ganzjährig von einer Familie bewohnt wurde. Aufgrund des Brandausmaßes und der schlechten Übersichtlichkeit wurde ich zur Ursachenermittlung angefordert.

Vor Ort traf ich die Kameraden der Freiwilligen Feuerwehr, die mit Restlöscharbeiten beschäftigt waren. Von ihnen erfuhr ich, daß es erhebliche Löschwasserprobleme gab und ein Lager für Propangasflaschen kurz vor der Explosion stand. Einige der Flaschen hatte man schon mit Pyrolyseerscheinungen an der Farbgebung erkannt und in den angrenzenden Pool zur Kühlung geworfen. Erstaunlich war der Hinweis, daß der Schornstein bei Ankunft der Feuerwehr wie ein Vulkan Feuer ausgespuckt hatte. »Die brennenden und teils klebrigen Schlacketeile flogen bis zu zehn Meter weit und entzündeten alle brennbaren Materialien im Umkreis von zirka zehn bis 15 Meter«, so der Einsatzleiter.

»Ein schöner, fetter Schornsteinbrand«, sinnierte ich, in Gedanken bei meiner Lehre als Ofensetzer. So einen ähnlichen Brand hatte ich schon einmal miterlebt. Damals waren die schlechte Braunkohle sowie verbrannter Müll die Ursache für eine vermehrte Rußbildung gewesen.

Ich stieg folglich mit einer Leiter zum Schornstein hoch und sah gleich, daß dieser durch einen Rauchüberdruck regelrecht zerplatzt war. Der gesamte Schornsteinkopf war mit einer bis zu zwei Zentimeter dicken Schicht Glanzruß versehen, der Teer ähnelte. Nachdem es zum Brand gekommen war, lief der Schornstein mit dieser klebrigen Masse zu, ohne

Reste des Wohnbungalows.

„Jetzt stehen wir vor dem Nichts"

Ein Brand vernichtete in der Nacht zum Mittwoch ein Einfamilienhaus Am Bullerberg. Gegen 1.30 Uhr bemerkte die zehnjährige Anja ▇ den Brand und weckte ihre Eltern. Nach vergeblichen Löschversuchen brachte sich die Familie im Freien in Sicherheit. Trotz des schnellen Einsatzes der Feuerwehr brannte das Haus völlig aus.

Von Maik Schulz

Halberstadt. Tränen rollten Gabriele ▇ gestern Mittag über die Wangen. „Wir stehen vor dem Nichts. Nicht mal ein Kuscheltier für unsere Anja ist übriggeblieben", sagte die fassungslose Frau vor dem qualmenden Trümmerhaufen.

Die zehnjährige Tochter entdeckte den Brand Dienstagnacht als erste. Ihre Hilferufe weckten die Eltern. Vater Götz wollte noch einen Wasserschlauch holen. Doch beim Öffnen der Stubentür schoss ihm eine Feuerwalze entgegen. „Ich schrie nur 'Nichts wie raus hier!'." Sekunden später

Über Nacht verloren Gabriele und Götz ▇ gesamtes Hab und Gut. Die 10-jährige Tochter Anja bemerkte das Feuer und rettete sich und ihren Eltern das Leben.　　Foto: Maik Schulz

standen die ▇ im Freien. Bis auf ihr Leben und die Schlafsachen konnte die Familie nichts retten. Im Kreis der herbei geeilten Nachbarn mussten sie zuschauen, wie ihr gesamtes Hab und Gut verbrannte. „Das Haus ist nicht versichert, nur der Hausrat. Doch was nutzt uns das ohne Bleibe", blickte Götz ▇ gestern in die ungewisse Zukunft. Zunächst wohnen sie bei der Großmutter in Halberstadt. „Rührige Nachbarn unterstützen uns, wo sie können", berichtete Frau ▇

Bis halb fünf Uhr morgens dauerten die Löscharbeiten. Vier Fahrzeuge und 15 Feuerwehrleute waren im Einsatz. Anschließend begannen die Brandermittler der Polizeidirektion Halberstadt die Untersuchungen der Ursache. „Bei einer derartigen Zerstörung ist das nicht einfach. Das Feuer erfasste das Haus in Windeseile. Die Feuerwehr konnte da nicht mehr viel tun", informierte Ermittler Detlef Hahn. Fünf Gasflaschen seien inzwi-

schen sichergestellt. 1975 baute sich di▇ mit Hilfe eines Lott▇ das Grundstück sam▇ teil-Bungalow auf. ▇ Wende zogen sie gan▇ Bullerberg. „Wir fü▇ hier wohl, hatten net▇ barn. Gestern abend ▇ noch so gemütlich. Je▇ wir vor dem Nichts ▇ stens leben wir noch' ▇ briele ▇

Fürs Erste half die ▇ kammer mit dem ▇ aus. Doch wie es we▇ soll, weiß das arbeitl▇ paar nicht. Die S▇ Unterstützung zuges▇ spräche mit Wohnun▇ schaften und Stadtwe▇ len den ▇ der eine neue Bleibe o ▇ ren. „Auch die Halb▇ Bürger sind aufgerufen, f ▇ ser sind aufgerufen, f ▇ Not geratene Familie ▇ den", sagte gestern o ▇ cherin der Stadtver▇ partner für die Spend ▇ ist Frau Leibe vom st▇ Ordnungsamt, Telefor ▇ 55 13 26. In den näch ▇ gen soll ein Spendenk▇ gerichtet werden. Di▇ stimme unterstützt di▇

Am Abend teilte di▇ direktion mit, dass ein ▇ steinbrand das Unglü▇ sachte.

Artikel in der Volksstimme.

den Überdruck ausgleichen zu können. Somit preßte er die brennende Masse – wie in einem Hustenanfall – in hohem Bogen aus dem Schlot.

Im Heizungskeller des Bungalows fand ich dann eine DDR-Forsterheizung vor, die wohl der Grund für das Debakel war. Neben dem Ofen und dem Kohlelager befanden sich unter anderem ein Kaninchen- und ein Hamsterstall, die mit Sägespänen ausgestreut waren. Eine Spur dieser Späne führte zur Ofentür. Die Bewohner verbrannten für gewöhnlich die Sägespäne der Kleintierställe je nach Durchfeuchtung und Verschmutzung in der Forsterheizung.[23] Der bei der Verbrennung entstehende Wasserdampf kühlte sich mit den Verbrennungsprodukten der unvollständigen Verbrennung an den kalten Schornsteinwangen oberhalb der Dachhaut ab. Ruß und Feuchtigkeit vermischten sich auf diese Weise.

Als der Mann nun am Brandtag ausnahmsweise ein flottes Holzfeuer mit langer Flammenbildung machte, gerieten die Teerprodukte in Brand und liefen im unteren Schornsteinbereich wieder zusammen. Der somit entstandene Überdruck führte zum Auswerfen der klebrigen, brennenden Masse. Zu dem Totalverlust der Wohnsubstanz kam dann auch noch der Schwarzbau des Schornsteins hinzu!

Der zuständige Schornsteinfeger schüttelte nur noch mit dem Kopf. Die Versicherung tat es ihm gleich; sie kam für den Schaden verständlicherweise nicht auf. Die Familie war nunmehr auf Spenden angewiesen.

Schornsteine muß man sorgfältig vom Schornsteinfeger überprüfen lassen. Sollte es dennoch zu einem Brand kommen, nie mit Wasser löschen! Ruß verbrennt mit Temperaturen von über 1000 Grad Celsius – bei Kontakt mit Wasser entsteht Knallgas. Rufen Sie bitte die Feuerwehr!

---

23 Warmwasserheizung, mit Holz und Kohle beheizbar.

36

BOLUSTOD

In der Dämmerung der Vorweihnachtszeit verabschiedeten sich die Kinder von ihrem Opa und fuhren zum Weihnachtsmarkt nach Magdeburg. Der rüstige Rentner winkte ihnen vom Fenster noch nach. Dabei mag er sich gedacht haben: »Genießt mal schön euren Glühwein und die Bratwurst, auch ich werde jetzt ganz genüßlich schlemmen.«

Als die Familie gegen 20.30 Uhr wieder zu Hause ankam, lag der Opa regungslos auf dem Fußboden in der Küche. Er war tot. Er mußte gefallen sein, hatte einen Stuhl umgeworfen und daraufhin Gegenstände mitsamt dem Tischtuch vom Tisch gerissen. Da die Tür zur Wohnung nicht verschlossen war, erwog die Familie eine Gewalttat. Schnellstens informierte sie die Polizei und den Hausarzt.

Dem zuständigen K-Dienst schien die Sache ebenso schleierhaft, weshalb er mich gegen 21 Uhr zur Unterstützung anforderte.

Während der Hausarzt sich um die Seelsorge der Verwandten kümmerte, untersuchte ich den Leichnam sorgfältig. Zunächst konnte auch ich keine Anzeichen auf Fremdeinwirkung feststellen, so daß ich von einem natürlichen Tod ausging. Sicherheitshalber schaute ich in Ruhe noch einmal auf meine »Checkliste für Todesursachenermittlung«. Der Punkt »Mundhöhle/Körperöffnungen« machte mich nachdenklich. Ich zog mir die Gummihandschuhe noch einmal an und schob den schon leicht erstarrten Unterkiefer des Toten nach unten, um die Mundhöhle zu öffnen. Ich war über die riesige Zunge mehr als erstaunt ... Als ich sie mit dem Finger nach vorne schieben wollte, erkannte ich plötzlich, daß das gar keine Zunge war! Mit nur zwei Fingern war es mir mög-

Ein sieben Zentimeter langes Schinkenfilet führte zum Bolustod.

lich, das zungenartige, fleischige Gebilde herauszuziehen. Ich staunte erneut, als ein etwa sieben Zentimeter langes und zwei Zentimeter dickes Stück Schinken zum Vorschein kam! Offenbar handelte es sich um das rundliche Endstück eines geräucherten Filetschinkens.

Nun war für mich klar, daß es sich um einen Unfall handelte, den ich bisher nur von den Fachschulungen her kannte: ein »Bolustod«. Ein solcher Tod erfolgt durch einen im Kehlkopf feststeckenden Fremdkörper, der Druck auf das Kehlkopf-Nervengeflecht ausübt. Dieser Druck verursacht einen »vagalen Reflex«, der zum plötzlichen Herz- und Atemstillstand führt. Man spricht deshalb auch von einem »Vagusreflextod«, der aber zu 70 Prozent nur bei alkoholisierten Personen vorkommt. Beim Bolustod bricht der Patient, nachdem der Fremdkörper sich im Rachen verklemmt oder den Raum am oberen Teil der Luftröhre kurz kontaktiert hat, blitzartig und lautlos zusammen.[24]

Der Opa hatte sein Gebiß nicht eingesetzt, obwohl es funktionstüchtig war. Wie hätte er einen solchen Brocken Fleisch ohne Zähne hinunterkauen wollen? Die Familie konnte sich diesen Fakt einfach nicht erklären.

Die häufigste Ursache für dieses Phänomen ist tatsächlich nicht oder ungenügend zerkaute Nahrung. Häufig führen aber auch andere verschluckte Gegenstände wie Zahnprothesen, kleineres Kinderspielzeug, Münzen oder Bonbons zu einem typischen Bolustod.

Gerade bei Babys und Kleinkindern, die ihre Welt gern mit dem Mund erkunden, ist es keine Seltenheit, daß sie kleinere Gegenstände verschlucken und diese in die Luft- oder Speiseröhre gelangen, wenn die Eltern nicht genügend aufpassen. Da sind geübte Handgriffe notwendig, um sie zu retten. Deshalb raten Kinderärzte auch oftmals den Eltern, einen Erste-Hilfe-Kurs zu absolvieren. Ich schließe mich dem an.

Bei größeren Kindern bzw. bei Erwachsen wird der »Heimlich-Griff« angewandt. Legen Sie dabei Ihre geballte Faust auf den Bauch der Person, die sich verschluckt hat, zwischen Nabel und Brustbein. Dann drücken Sie mit der Faust kurz, aber kräftig, eventuell auch mehrmals, in Richtung des Zwerchfells. Dieser Griff ist aber riskant; Ärzte warnen vor einer möglichen Verletzung der inneren Organe. Deshalb rate ich zu einer »Boluspumpe«, mittels der Sie sofort und völlig unkompliziert helfen können. Sie gehört meiner Meinung nach in jeden Haushalt, zumal die meisten Menschen einen Erstickungstod unterschätzen.

---

24 Beim Erstickungstod dagegen ringt der Betroffene nach Luft und läuft blau an.

37

DIE BASTLER
IM EIGENHEIM

In einem größeren Dorf bei Wernigerode kamen nach einer Meldung des Lagedienstes zwei Feuerwehren zum Einsatz, die leider ein Übergreifen eines Brandes vom Heizungsraum des Nebengebäudes auf das Wohnhaus nicht verhindern konnten.

Beim Eintreffen am Brandort konnte ich die Brandausbruchsstelle relativ schnell im Gebälk hinter einer Gastherme ausmachen. Die dortigen Holzkonstruktionen waren auf einer Tiefe von etwa drei Zentimeter vom Brand abgezehrt und hatten bereits die Befestigungspunkte der Heizung gelöst. Aufgrund weiterer relevanter Spuren innerhalb der Heizung baute ich das Gerät ab und sendete es dem LKA zur Untersuchung zu.

Das Untersuchungsergebnis verblüffte. Augenscheinlich hatte der Hauseigentümer die Therme schon einmal repariert und dabei eine Originalschraube verloren. Als Ersatz griff er zu einer Holzschraube! Das System hatte zwar einige Zeit so funktioniert, aber jetzt versagte das Material im Gewindebereich mit verheerenden Folgen.

Zur Erklärung für Bastler und Nicht-Fachleute: Holz- und Metallschrauben unterscheiden sich darin, daß Holzschrauben schwach konisch sind und vorwiegend in Holz eingeschraubt werden. Dabei schneidet sich die Schraube ganz von selbst ein Gegengewinde in das Material. Es existiert kein der Schraube angepaßtes Gegenstück wie eine Mutter.

Eine Metallschraube hingegen, die meistens zylindrisch verläuft, wird in ein Gegengewinde, z. B. eine Mutter, geschraubt. Das Gewinde dieser Schrauben hat in seiner

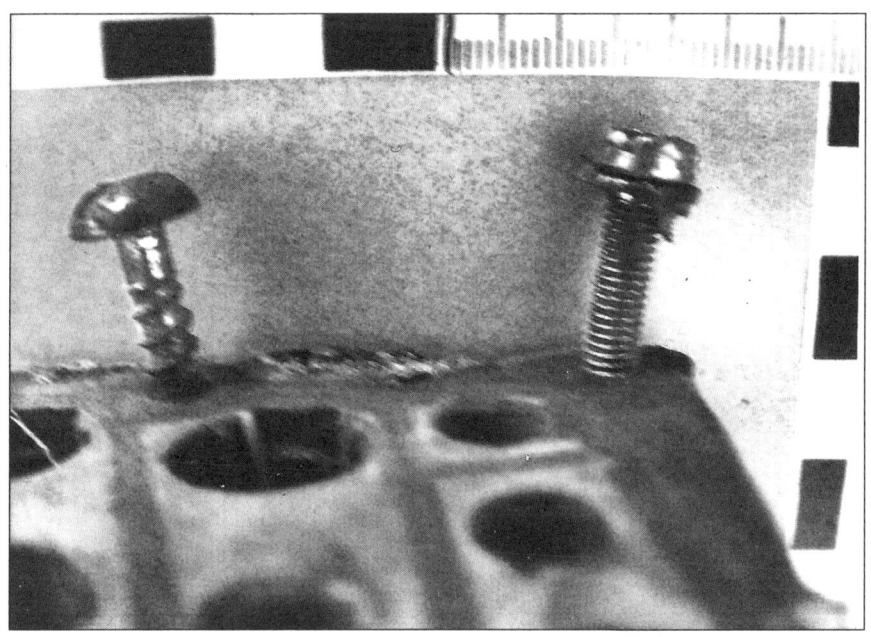

Detail des verhängnisvollen Bastelns. (Foto: LKA-LSA)

Steigung einen Flankenwinkel von 60 Grad, wodurch die Belastbarkeit wesentlich erhöht wird.

Schraubt man nun wie im beschriebenen Fall eine konische Holzschraube in ein zylindrisches Metall-Loch, kann sie sich nicht selbst in das Material einschneiden; nur wenige der langgezogenen Flanken bieten den gewünschten Halt. Bei der geringsten Erschütterung löst sich die Verbindung. Ein Brand war in diesem geschilderten Fall unvermeidlich. Das Basteln kam dem Geschädigten teuer zu stehen.

38

DIE ERSCHLICHENEN PRÄMIEN UND EIN BÖSES ERWACHEN

Ein Autohaus in Halberstadt wurde gleich dreimal in Brand gesetzt und stand infolge dieser hohen Schäden fast vor der Insolvenz.

Beim letzten Einsatz hatte ich mit meinem Team gerade Dienst, als die Brandmeldung bei der Feuerwehr und der Polizei einging. Innerhalb kürzester Zeit waren wir vor Ort und trafen noch die Kameraden der hauptamtlichen Feuerwehr Halberstadt, die schon zwei abgebrannte Pkw auf dem Parkplatz des Autohauses abgelöscht hatten. Unter ihnen befanden sich etliche meiner ehemaligen Kameraden, deren Wachabteilungsleiter ich bis 1989 war. Freudig lagen wir uns nach langer Zeit wieder in den Armen …

Frank Bothe, den ich von den ersten Tagen seiner Einstellung ausgebildet hatte, sagte scherzhaft: »Staufi, es reicht hier langsam! Mach endlich mal Nägel mit Köpfen, damit wir wieder in Ruhe schlafen können!«

Angestachelt von den ehemaligen Kameraden, schauten wir uns den Brandort, bestehend aus besagten zwei abgebrannten Pkw auf dem Unternehmensgelände, intensiv an. Tatsächlich fanden wir unter einem dieser Fahrzeuge einen nicht gezündeten Brandsatz. Er bestand aus einer 0,75-Liter-Schnapsflasche, die noch den verkohlten Rest eines Textildochtes, eines beigefarbenen Geschirrhandtuchs, enthielt. Mein Kollege Werner Heinl, der als erster »Wessi« bei uns in Halberstadt Fuß gefaßt hatte und ein prima Kumpel war, erkannte die entscheidende Situation sogleich und rekonstruierte die mögliche Flugbahn des Molotowcocktails: »Der kann nur aus der Richtung des benachbarten Grundstücks gekommen sein!« Tatsächlich fanden wir dort in einer Wand eine Holzluke von etwa 60 x 60 Zentimeter. »Oha«, sagte mein Kollege, der auf die frisch abgerissenen Spinnweben verwies. Gemeinsam besuchten wir zu nächtlicher Stunde das dahinter befindliche Fachwerkhaus, welches von einer jungen Frau mit kleinen Kindern bewohnt war.

Schon am Eingangsbereich fanden wir einen kleinen Schuppen mit der gesuchten Luke zum Autohaus-Parkplatz vor. Unterhalb der Luke entdeckten wir frische Kippspuren, die nach »Otto-Kraftstoff« aussahen. Spurenkonform dazu stand in der Raumecke ein Moped »Spatz«, dessen Benzinschlauch frisch abgewischten Schmauch aufwies. Einige beigefarbene Fasern auf dem Fußboden darunter ergänzten die schon erahnte Beweislage.

Die junge Frau ließ uns bereitwillig in ihre Wohnung, wobei wir schon im Flur ein zerrissenes Geschirrhandtuch entdeckten, welches wir später als Vergleichsspur sicherten. Die gesamte Wohn- und Lebenssituation mit etlichen kleinen Kindern ließ, dem menschlichen Verstand nach zu urteilen, keine vorläufige Festnahme zu, so daß wir nach der Spurensicherung unsere Protokolle und eine Anzeige fertigten. Wir kündigen ihr aber einen »Besuch« für den folgenden Tag an! Den haben ihr zwei Kollegen abgestattet, die uns abgelösten.

In der Beschuldigtenvernehmung gab sie an, die ersten zwei Brände im Autohaus verursacht zu haben. Anschließend habe sie sie bei der Feuerwehr gemeldet, wofür man ihr jedes Mal seitens des Autohauses eine angemessene Geldprämie auszahlte. Was lag da also näher, es ein drittes Mal zu versuchen, um erneut eine Prämie zu kassieren?

Die Untersuchung des Textildochtes auf DNA und ein Vergleich der Fasern mit dem zerrissenen Geschirrhandtuch erbrachten eine schlüssige Beweiskette.

39

VERBLÜFFENDE SELBSTENTZÜNDUNG VON HEU

Im Hochsommer 1997 führte mich ein Einsatz zu einem landwirtschaftlichen Betrieb eines Bördedorfes, in dem in der Nacht ein aus Betonfertigteilen gebauter Bergeraum für landwirtschaftliche Produkte in Flammen aufgegangen war. Die rechtzeitig eingesetzte Feuerwehr des Ortes und zwei Wehren aus den Nachbarorten konnten den Brettbinderdachstuhl nur zur Hälfte retten; der Rest fiel mit den laut zerberstenden Wellasbestplatten brennend auf die darunter lagernden Stroh-Rundballen.

Die ersten Untersuchungen der Revierkriminalstelle sowie die abgeschlossenen Rundumermittlungen flossen in eine wichtige Ereignismeldung (kurz: WE-Meldung) ein: Als ein Angestellter der Agrargenossenschaft gegen neun Uhr mit seinem Traktor einen Ballen des eingelagerten Futterstrohs hinausfahren wollten, nahm er Brandgeruch wahr. Bei genauerem Hinsehen machte er kleine Flammen unter dem Strohballen aus. Diese versuchte er sofort mit einem Eimer Wasser zu löschen – leider erfolglos. Die ersten Untersuchungen ergaben, daß wir eine fahrlässige Brandstiftung ausschließen konnten, da der Angestellte Nichtraucher war. Vielmehr bestand der Verdacht einer Brandstiftung durch unbekannte Personen. Der Gesamtschaden wurde auf zirka 350 000 DM beziffert. Das Gelände der Agrargenossenschaft lag am Rande des Ortes und die unmittelbare Umgebung war unbewohnt.

Bei der ersten Spurensicherung wurde auf dem Fußboden eingelagertes Stroh und der Rest einer Rolle Heu gefunden. Da das Futterstroh und das Heu bereits im September 1996

Aus dem Bereich der Brandausbruchsstelle wurden in Abständen Heuproben entnommen.

eingelagert worden waren, konnte eine Selbstentzündung nahezu völlig ausgeschlossen werden. Eine so späte Heuselbstentzündung gab es meines Wissens noch nie. Die Tore standen morgens offen, wurden aber nachts verschlossen. Abschließend vermerkte ich den Einsatz folgender Kräfte: Ein Funkstreifenwagen mit zwei Beamten, ein K-Dienst, der Leiter der Revierkriminalstelle vor Ort sowie die Wehren aus drei Orten.

Meine erste Sichtung erbrachte folgende Erkenntnisse: Aufgrund der bisherigen Feststellungen konzentrierten sich meine Untersuchungen auf den Bereich, wo der Brand ausgebrochen war. Dabei stellte ich im Beton über der Brandstelle tiefe, frische Schrammen fest, die mich zunächst in eine falsche Richtung führten. Hatte etwa die Schaufel des Traktors beim Herunterholen der Strohballen Funken geschlagen? Funken von Materialien unterschiedlicher Art sind intensi-

An der Wand erkennt man noch die Lage des Rundballens
mit angrenzenden Rußbeauflagungen. Darunter liegen grünliche Heuhalme
mit anhaftendem Schimmel.

ver, als wenn Stahl gegen Stahl schlägt, das wußte ich. Andererseits grübelte ich auch über die Abgasanlage des alten DDR-Traktors vom Typ »Belarus« nach, der zwar den Brand gut überstanden hatte, aber ansonsten einen sehr maroden Eindruck machte. Für den öffentlichen Verkehr war er nicht mehr zugelassen, wie mir der Mitarbeiter nebenbei erzählte.

Mir fiel jedoch noch eine fette Rußfahne auf, die sich zwischen den rundlichen Abdrücken der an der Wand anliegenden Strohballen emporzog. Direkt über dem rauen Betonfußboden stieß mein Blick auf eine zirka 1,5 Quadratmeter große Fläche mit Heu, die augenscheinlich fast nur grüne Bestandteile aufwies. Diese Schicht an grünen Bestandteilen war bis zu 15 Zentimeter hoch, aber fest verdichtet. Es war der einzige Heuballen – obendrein mit einer Netz-Gitterfolie umspannt –, denn alles umgebende Material war Stroh, welches bräunliche und schon plattgepreßte sowie miteinander verklebte Halme enthielt. Ein Teil des Heus wies auffallend unterschiedliche Verfärbungen auf, die von Grün über Braun bis ins Schwarze verliefen. An zwei Stellen des noch grünen Heus hatte ich milchig-blasses Material, mit Schimmelpilzen versetzt, gefunden. Zum Teil waren einige Stellen schon moosartig verrottet.

Sollte es sich hier um einen Fall von Selbstentzündung des Heus handeln, war dieses Phänomen zu dieser Jahreszeit wohl noch nie registriert worden. Drei Monate nach der Ernte ja, aber im April des Folgejahres?

Bei einem nochmaligen Rundgang um das Gebäude suchte ich sicherheitshalber nach möglichen Einwurfstellen von Brandbeschleunigern und sichtete die Lüfteranlagen, die jedoch nur sekundäre Brandspuren aufwiesen. Kurz bevor ich schon aufgeben wollte, fiel mir fünf Meter von der Außenwand des Bergeraumes entfernt eine abgekippte Fuhre einer apfelmusartigen Masse ins Auge. Meine Nachfrage ergab, daß es sich hier um frische Biertreber handelte, die dort immer abgelagert würden. Diese Rückstände von Malz entstehen als Nebenprodukt bei der Herstellung von Bieren und werden unter anderem als hochwertiges, nahrhaftes Futtermittel genutzt. Aus der gräulichen Masse von etwa drei Tonnen war eine ziemlich klare Flüssigkeit – ein biologisches Produkt – herausgesickert, die sich in einer Pfütze nahe des Fundamentes des Bergeraumes gesammelt hatte und von dort aus als kleines Rinnsal in einem Riß der Betonplatten verschwand. Nun verstärkte sich mein Verdacht, weshalb ich annähernd zehn handgroße Proben entnahm, die ich in der Dienststelle an der Luft trocknete und nach einer Woche dem LKA übergab. Jeder freute sich derweil über meine Wäscheleine, die wir vor unserem Büro gespannt hatten.

Das anschließende Gutachten, welches die ungewöhnliche Selbstentzündung bestätigte, wies eindeutig temperaturliebende Bakterien nach.[25]

Als Brandursache galt eine nichtvorhersehbare Versickerung der Treber am Fundament des Bergeraumes, die durch Diffusion an das grüne Heu gelangte und somit den mikrobiologischen Prozeß aktivierte. Man denke hierbei nur an einen Bindfaden, den man in Wasser hängt – er saugt sich voll. Brandfördernd waren sicherlich die erhöhten Außentemperaturen an den Tagen zuvor und der Druck der schweren Stroh-Rundballen auf das bakteriell belastete Heu.

Warum lagerte der Heuballen zwischen den Strohballen? Zeugenaussagen ergaben, daß man bei der Einlagerung des Heus einen Ballen als kritisch und feucht empfand und ihn an die Stelle hob, wo der Brand entstand. Bei der anschließenden Stroheinlagerung im Herbst hatte man diese Vorsichtsmaßnahme allerdings vergessen.

Das Verfahren wegen »Brandstiftung durch Unbekannt« wurde eingestellt und endete als Versicherungsfall. Leider ereignen sich in der Landwirtschaft immer wieder solche Selbstentzündungen, weil die vorgeschriebenen Messungen bei der Einlagerung nicht beachtet werden. Kann die Versicherung das Fehlen der erforderlichen Meßprotokolle nachweisen, zahlt sie keinen Cent.

---

25 Wird frisches Heu eingebracht und weist noch eine Feuchte auf, die im Gleichgewicht mit der im Heustock vorhandenen Luft zu einer relativen Luftfeuchtigkeit von mehr als 85 % führt, so findet biologische Aktivität von Pilzen und bei noch höheren Feuchtegehalten auch von Bakterien sowie je nach Alter des Heus Atmung noch lebender Graszellen statt. Bei diesen Prozessen wird Energie in Form von Wärme freigesetzt, die zu einem Anstieg der Temperatur innerhalb des Heustocks führt. Bei 40–50 °C stirbt die bis dahin dominante Mikroflora, die bei gemäßigten Temperaturen gedeiht, ab und wärmeliebende Bakterien und Pilze beginnen sich zu vermehren. Nun können – ausreichend Wasser- und Luftzufuhr vorausgesetzt – sehr hohe Stoffwechselraten erzielt werden, was die Temperatur auf 60–70 °C treibt. https://de.wikipedia.org/wiki/Heuselbstentz%C3%BCndung.

40

ER GAB SEIN LEBEN
FÜR SEINEN SOHN

Pfarrer Christoph Klose kannte ich aus vielen Gottesdiensten in unserer St. Vitus-Kirche in Kloster Gröningen und ich habe ihn vielfach in seiner Tätigkeit fotografiert. Er war ein sehr sympathischer Mann, immer offen für ein Gespräch über Gott und die Welt, und meine Frau freute sich, wenn sie mit ihm einige Worte wechseln konnte, während er seinen kleinen Sohn Martin aus dem Kindergarten holte.

Als in unserem kleinen Ort die Sirene heulte, sah ich auf meinem Alarmempfänger die Anforderung nach Großalsleben, konnte aber wegen einer schweren Krankheit nicht mitfahren – auch nicht als Mitglied der Freiwilligen Feuerwehr. Die große Tragödie, die sich an diesem 22. Februar 2006 anbahnte, erahnte ich nicht im mindesten. Erst aus den Radionachrichten erfuhr ich, daß meine Kollegen Volker Knappe und der LKA-Sachverständige Heinz Fiedler den Pfarrer nur noch tot in einem der oberen Räume bergen konnten. Er sei an einer Rauchgasvergiftung verstorben, wie mir später berichtet wurde. Im Nachhinein war ich doch froh, daß mir das Bergen seiner Leiche erspart geblieben ist.

Wieder im Dienst, konnte ich aus dem Brandortbefundsbericht erlesen, daß der Kühlschrank den Brand verursacht hatte. Die Brandausbruchsstelle lokalisierten die Kollegen an der Hinterseite des Gerätes. Wie so oft kam es zum Versagen eines Thermostats oder zum Verkleben der Kontakte, mit längerer Funkenstrecke. Heizdrähte, die mit dem Isolationsmaterial in Kontakt kommen, können sogar ein zündfähiges Dampf-Luft-Gemisch bilden, welches durch einen Funken bei den Geräten mit automatischer Abtauvorrichtung zur Ex-

Bericht in der BILD-Zeitung über die tragische Katastrophe.
(Foto Peter Gercke, Magdeburg)

plosion gebracht werden kann.[26] Oft liegt der Fehler auch in den unzureichenden Dimensionierungen von Temperatur-wächtern.

Das Wissen darüber, daß sich die drei Familienmitglieder eigentlich schon ins Freie gerettet hatten, sich dabei aber aus den Augen verloren, macht den Fall umso tragischer. Der Pfarrer dachte also, sein Sohn sei noch im Haus, und lief, um ihn zu retten, in die tödliche Rauchgas-Falle zurück. Viele der am Einsatz beteiligten Kameraden, die am Brandort ihr Letztes gegeben hatten, begleiteten ihn später auf seinem letzten Weg. Mich berührt sein Tod immer wieder, wenn ich an der Petrikirche in Großalsleben vorbeifahre.

---

26 Jörg Cicha: Die Ermittlung von Brandursachen. 2004, S. 282.

41

EXPLOSION
IM FARBLAGER

Als ich einen Einsatz im Harzkreis beendet hatte und in den späten Nachmittagsstunden in Richtung Dienststelle zurückfuhr, bemerkte ich aus Richtung Derenburg eine riesige schwarze Rauchsäule über Halberstadt. Ich nahm konsterniert meinen Funkhörer ab und fragte in der Leitstelle nach, ob ihnen der Brand schon bekannt sei. Der Dispatcher verneinte. »Dann schaut mal an der Nordseite eures Baus aus dem Fenster!« mahnte ich.

Kurz danach kam eine hektische Bewegung in den bis dahin ruhigen Funkverkehr, und ich fuhr noch etwa 20 Minuten, bis ich den Brandort erreichte. Dort waren inzwischen mehrere Feuerwehren im Einsatz, aber das denkmalgeschützte Gebäude mit seinen zirka 80 Zentimeter dicken Sandsteinmauern war leider nicht mehr zu retten, zumal es immer wieder zu heftigen, explosionsartigen Erschütterungen mit mächtigen aufsteigenden Feuerbällen kam. Zwei Auszubildende mußten mit schweren Verbrennungen in ein angrenzendes Krankenhaus verbracht werden, ein weiterer wurde in eine Spezialklinik geflogen. Wie mir Zeugen berichteten, hatten sie einen kolossalen Knall gehört und eilten sofort zum Ort des Geschehens, wo die beiden Jugendlichen wie lebende Fackeln herumliefen. Mit Betriebsangehörigen, die sofort herbeieilten, holten sie umgehend nasse Decken und löschten sie ab.

Die Schutzpolizei sperrte den explosionsgefährdeten Bereich weiträumig ab. Alle Maßnahmen konzentrierten sich zunächst auf die Rundumermittlungen in dem dort ansässigen Ausbildungsbetrieb für diverse Handwerksberufe. Gemeinsam mit dem Revierkriminaldienst wurde bis tief in die Nacht gearbeitet, um etwas Licht in das Geschehen zu bringen.

Ersten Erkenntnissen nach diente das ausgebrannte scheunenartige Gebäude als Farblager, in dem auch diverse 200-Liter-Fässer mit Nitro- und Alkydharzverdünnung lagerten. Ein Ausbilder ging mit den drei Auszubildenden in das Farblager, um ihnen zu zeigen, wie man mit einer Faßpumpe umgeht. Es sollte eine größere Menge Nitroverdünnung abgepumpt werden. Da der Meister etwas vergessen hatte, entfernte er sich kurz. Bereits 30 Sekunden später kam es zu dem Inferno! Was konkret vonstatten gegangen war, wollte ich am nächsten Tag enträtseln, denn eine Befragung der beiden Azubis stand in weiter Ferne.

Als ich am Tag darauf den Brandort besichtigte, fand ich im Inneren der Jahrhunderte alten Scheune – sie war mit sichtlich viel Aufwand zu einem Farblager mit zig Metallregalen umgebaut worden – einen Schuttberg von etwa drei Meter Höhe vor. Der gesamte Dachstuhl war eingestürzt und hatte die Metallfässer unter sich begraben. Ein Gewirr von Stahlkonstruktionen, einer Stahlbetondecke und den Regalen waren undurchdringlich für mich. Hier war keine kleine Schippe gefragt, wohl aber ein Radlader des THW, der mir die oberste Brandschuttschicht binnen einer Viertelstunde abtrug. Schon bald fand ich die ersten verschlossenen Fässer, die jedoch an ihren Böden vollkommen aufgerissen waren. Ich konnte davon ausgehen, daß sie durch einen Überdruck zerknallt waren. Eines dieser Fässer enthielt in der Verschlußöffnung die leicht deformierte Faßpumpe. Für mich lag auf der Hand, daß zwei der Jugendlichen die Faßpumpe eigenständig, ohne Anleitung des Meisters, in das Faß gesteckt hatten, wobei es zur plötzlichen Entzündung der austretenden, leicht entzündlichen Gase kam.

*Außenansicht mit diversen Abplatzungen am Sandstein
über dem Tor zum Farblager.*

*Die Faßpumpe steckte noch im Einfüllstutzen des 200-Liter-Fasses.
Diese Situation bestätigte den vermuteten Handlungsvorgang im Lager.*

Die nachfolgenden Untersuchungen fanden am Schreibtisch statt, denn die Zündquelle war noch ungeklärt geblieben. Dem Eliminationsverfahren nach kamen hier eine offene Flamme, Funken der E-Anlage und eine elektrostatische Entladung infrage. Mit Abschluß aller Ermittlungen waren mehrere Aktenordner prall gefüllt. Das Ergebnis lautete auf »elektrostatische Entladung«, die durch diverse Arbeitsschutzmängel begünstigt wurde. Ursächlich waren unter anderem ein ungeeigneter Fußboden im explosionsgefährdeten Bereich, das Fehlen von Arbeitsschutzschuhen, die eine Aufladung in den Fußboden ableiten, ein unvorschriftsmäßiger Plastikschlauch ohne Kupferfaden an der Faßpumpe, wie es z. B. bei einem Tankstellen-Befüllungsschlauch üblich ist. Normalerweise kommt es bei der Berührung von geerdeten Gegenständen oder Geräten zur natürlichen Entladung der aufgebauten Energie in den Untergrund. Das funktionierte in diesem Fall leider nicht.

Man sollte immer bedenken, daß sich Kleidungsstücke aus Baumwolle viel weniger aufladen als Seide, Wolle und Kunstfasern. Bei Schuhen führen z. B. Kunststoffsohlen in Verbindung mit Teppichböden oft zu einer fatalen Mischung. Ledersohlen oder Schuhe mit Spezialsohlen, wie es bei Arbeitsschutzschuhen der Fall ist, können Abhilfe schaffen. Die beiden jungen Männer, die unmittelbar am Faß tätig waren, überlebten das Inferno, wenn auch mit schweren Verbrennungen und Brandnarben. Der dritte Jugendliche trug leichtere Verletzungen davon.

Die Konsequenzen im anschließenden Gerichtsverfahren wurden mir nicht bekannt.

42

KNETE
IN DER HOSE

Im Winter 2004 wurde auf dem Bahnhof von Staßfurt eine männliche obdachlose Person im mittleren Alter tot aufgefunden. Aufgrund der ungeklärten Todesursache sowie der ungesicherten Identität kam es zur Obduktion. Hier erlebte ich mit, unter welch unwürdigen Bedingungen der arme Mensch gestorben war.

Nach dem Entfernen seiner verlumpten Kleidung bemerkte ich sogar erstmals bei der Oberärztin Frau Dr. L. ein gewisses Schaudern. Der hagere, scheinbar halb verhungerte Mann war völlig verwahrlost. Die Hosenbeine strotzten von den Schuhen bis hoch zu den Oberschenkeln von angetrockneten menschlichen Exkrementen. Ihre Konsistenz war Knete ähnlich!

Nach Durchtrennung dieser zirka drei bis vier Zentimeter dicken Schicht mit dem Skalpell kamen die schneeweißen Beine und lebende Maden zum Vorschein. So etwas hatte auch Frau Dr. L. in ihrer langjährigen Laufbahn in der Rechtsmedizin noch nie gesehen. Schließlich wurde eine fortgeschrittene Leberzirrhose diagnostiziert, die zum Tod geführt hatte.

Menschenschicksale mögen oftmals selbstverschuldet sein, Fälle wie dieser zeigen jedoch, daß eine kollektive Mitschuld der Gesellschaft keine leere Behauptung ist. Der Tod dieses Mannes hätte verhindert werden können, vielleicht durch eine kurze Meldung zu rechter Zeit beim Sozialamt ...

43

TEURER KAMIN

Früher litten wir an Verbrechen und heute an Vorschriften, Normen und Gesetzen«, so ein Sprichwort. Hält man sich nicht daran oder macht sich nicht kundig, so kann dies schon mal heftig zu Buche schlagen!

Als DDR-Bürger war man beim Bauen daran gewöhnt, aufgrund von Materialmangel Kompromisse einzugehen und Baufehler schnell mit Verkleidungen und ähnlichem zu vertuschen. So dachte auch ein Kleinunternehmer, der sich nach 2003 ein Ferienhaus zur Urlaubsvermietung in Eigenleistung errichtet hatte. Die sehenswerte Hütte war kurz vor Weihnachten fertig und sollte zu Silvester eingeweiht werden. Er wollte demnächst den Gästen bei einem schönen Kaminfeuer die Ausstattung vorführen und dabei gemütlich bis in die späte Nacht feiern. Da der Kamin bereits fertiggestellt war und der Unternehmer wissen wollte, wie das Schmuckstück funktioniert, heizte er ihn probehalber kurz einmal an. Die Nacht brach herein, er ging schlafen, doch mit der Morgendämmerung schlug der Rauchmelder an!

Die eigenen Löschversuche mit einem Feuerlöscher blieben erfolglos, so daß der Unternehmer die Freiwillige Feuerwehr des Ortes alarmierte. Die war schnell zur Stelle. Allein der Löschwasseraufbau wurde durch den zunehmenden Schneefall und einen nicht auffindbaren Hydranten verzögert.

Die hölzerne Konstruktion wies innen drei Zentimeter tiefe Brandzehrungen an den Seitenwänden auf, was einer ungehinderten Brandzeit von etwa 30 Minuten entspricht. Der Dachstuhl war teilweise eingestürzt und das Haus damit unbewohnbar.

Der Abstand des Rohres zum Holz hätte 20 Zentimeter betragen müssen.
Zudem stießen die heißen Brandgase mit mindestens 150 Grad Celsius
an den Sparren und die daran befindliche Zwischenschalung.

Am 2. Januar, nach Erkaltung des Brandortes, kam ich zum Einsatz. Vom K-Dienst, der schon am Vortag den ersten Angriff realisiert hatte, erfuhr ich, daß vermutlich ein Einbruch mit anschließender vorsätzlicher Brandstiftung vorliege. Den Beweis sollte ich liefern.

Ich begann damit, den Rest der Hütte zu umrunden, und konnte anhand der Brandzehrung die Brandausbruchsstelle schnell auf einen Quadratmeter eingrenzen. Als gelernter Ofensetzer traute ich meinen Augen nicht! Aus der hölzernen Fassade unterhalb der ehemaligen Dachhaut schaute ein Ofenrohr von zirka 16 Zentimeter Durchmesser aus der Wand, welches innen Rußanteile aufwies, aber auch weiße Asche, die auf ein flottes Feuer schließen ließen. »Hier fehlt doch ein Schornstein!« durchzuckte es mich, »von dem unzulässigen Abstand des Ofenrohres zum angrenzenden Holz ganz zu schweigen.« Nach dem Vermessen des Rohres und der Sichtung der noch erhaltenen Dachtraufe in fünf Meter Entfernung war mir alles klar. Offensichtlich waren die heißen Brandgase unter den Dachüberstand geströmt, die unvermeidlich das Dach entzündet haben mußten. Als es daraufhin einstürzte, geriet auch die Inneneinrichtung in Brand.

Die Ursprungszündquelle lag im Abzugsrohr des offenen Kamins innerhalb des Ferienhauses. Vorsorglich untersuchte ich noch den Fußboden des Raumes auf Brandbeschleuniger, die Fensterbereiche und die Eingangstür auf Einbruchsspuren – erfolglos. Die Vermutung eines Einbruchs war haltlos, zumal der Schlüssel zur Räumlichkeit noch von innen im Schloß steckte und am Ring abgeschmolzen war.

Der Bezirksschornsteinfeger, der als Feuerwehrmann ebenfalls am Brandort war, hatte schon Böses geahnt, als er mich aufsuchte. Ein Antrag zum Bau eines Schornsteines lag nämlich noch nicht vor ...

Ob die Versicherung hier eine Entschädigung gezahlt hat, entzieht sich meiner Kenntnis. Ein handwerklich begabter Bekannter der geschädigten Familie hatte den Kamin in seiner Freizeit gebaut. Möglich ist, daß die Haftpflichtversicherung eintrat. Auf alle Fälle hat die Umgehung der Rechtsvorschriften nicht die geplanten finanziellen Einsparungen mit sich gebracht.

44

NACH DEM ERSTEN AUFGUSS KAM DIE FEUERWEHR

In einem größeren Hotel eines Ortsteiles von Wernigerode brannte die Sauna aus. Eine Person wurde mit starken Verbrennungen mit dem Hubschrauber nach Halle ins Krankenhaus geflogen, so die Lagemeldung an einem Herbsttag nach 2001. Gleichzeitig erfolgte die Anforderung zur Brandursachenermittlung.

Als ich mit dem K-Dienst des zuständigen Polizeireviers am Ereignisort eintraf, war ich zutiefst erschüttert über das Ausmaß des Brandes, der glücklicherweise durch das schnelle Eingreifen der Freiwilligen Feuerwehr und dank einiger Brandschutztüren begrenzt werden konnte.

Die etwa 4 x 4 Meter große Sauna wurde, den ersten Befragungen nach zu urteilen, zu Zeiten nach der politischen Wende im Rahmen von Rekonstruktionsmaßnahmen in einem großen Kellerraum vorschriftsmäßig eingebaut und lief seitdem störungsfrei. Während mein Kollege den Geschäftsführer, die Zeugen und eine leicht verletzte Person vernahm, beging ich den Brandort, der bereits ausgiebig belüftet worden war, und staunte nicht schlecht über den Totalschaden. Die drei Saunawände waren wie ein Kartenhaus eingefallen und scheinbar durch eine Druckeinwirkung stellenweise sogar zerborsten. Lediglich die Rückwand mit dem daran befestigten Saunaofen stand noch an der ortsüblichen Stelle.

Die Brandzehrungen zeichneten sich an dieser Wand am intensivsten ab. Erfahrungsgemäß waren die meisten Saunabrände immer mit zu geringen Abständen der Öfen zu den Holzverkleidungen verbunden; oder jemand hatte aus Versehen ein Handtuch über den Ofen gehängt. Aber schon nach

Vergleichsfoto einer ausgebrannten Sauna.

Beendigung des Diktats zum »Brandort im engeren Sinn« und nach Fertigung der Fotos wurde ich skeptisch. Hier mußte es eine derbe Verpuffung mit Stichflamme und Folgebrand gegeben haben, anders konnte dieses Brandbild nicht entstanden sein!

Als ich meinen Kollegen über diesen Verdacht informierte, wußte dieser schon Bescheid. Der Ehemann der verletzten Frau, der noch unter sichtlichem Schock stand, aber noch aussagekräftig war, vermochte den Hergang zu schildern. Er berichtete, daß seine Frau den Saunaaufguß vermißte und sich in den Vorraum begab, um ihn zu suchen. Dort stand er nicht, also ging sie in den Flur, wo die Glasflasche im Fenster bereitstand. Was sie nicht wußte, war, daß der Originalaufguß noch nicht verdünnt war. Sorglos goß sie einen Schwapp über den Ofen, der sich plötzlich in einer riesigen Stichflamme und Verpuffung auflöste. Der Ehemann stand im Schat-

230

ten seiner Frau und wurde nur leicht durch die umstürzen-
den Seitenwände der Sauna verletzt. Seine Frau überlebte.

Infolge dieser Schilderung begab ich mich noch einmal in
den Saunabereich und konnte im Brandschutt vor dem Saunaofen tatsächlich noch Reste der zersprungenen 250-Milli-
liter-Flasche finden. Ein Zeuge sagte diesbezüglich aus, daß
eine Reinigungskraft die Flasche zur Sauna bringen und ver-
dünnen wollte, jedoch durch einen Telefonanruf abgelenkt
wurde und sie kurzerhand im Fenster stehenließ.

Achten Sie in fremden Saunen darauf, nur die als »verdünnt« gekennzeichneten Aufgüsse selbst zu benutzen. Im
Zweifelsfall kennt sich das zuständige Personal am besten
damit aus.

45

NEUN BRANDTOTE IN EINER HALBERSTÄDTER OBDACHLOSENUNTERKUNFT

Bei einer Brandkatastrophe in der Halberstädter Obdachlosenunterkunft starben am 02. Dezember 2005 neun Männer. Die 20 Blechcontainer, die der Stadt seit 1996 als Unterkunft für Menschen ohne festen Wohnsitz dienten, brannten völlig aus. Vermutlich war eine brennende Zigarette Auslöser dieser Katastrophe. Ein Anschlag von außen werde jedoch ausgeschlossen«, so ein Polizeisprecher. Zur näheren Erläuterung folgt ein Einsatz- und Pressebericht der Halberstädter Feuerwehr, da ich damals noch nicht über die Details des Feuerwehreinsatzes Kenntnis besaß:

»Die Halberstädter Feuerwehr war am 02. Dezember gegen 5.36 Uhr alarmiert worden. Drei Minuten später waren die ersten Brandbekämpfer vor Ort. Zu dieser Zeit schlugen aus den Fenstern der Wohncontainer in der Wehrstedter Straße bereits die Flammen. Rasend schnell – so Augenzeugen – habe sich das Feuer in der Unterkunft für 25 Obdachlose ausgebreitet. Fünf Männer hatten sich schwer verletzt auf die Straße am Bahngelände retten können. Einer von ihnen wurde am Abend festgenommen. Der 55-Jährige hatte bei seiner Vernehmung zugegeben, nach einem gemeinsamen Zechgelage in seinem Zimmer mit einer brennenden Zigarette in einem Sessel eingeschlafen zu sein. Als er erwachte, stand das Zimmer in Flammen. Die Ermittler gehen davon aus, daß diese Zigarette Auslöser der Katastrophe gewesen sein könnte. Drei Bewohner sprangen aus dem Fenster, zwei schafften es durch die Tür. Sie kamen wenig später mit Rauchvergiftun-

Angriff der Feuerwehr. Dieses Foto erhielt ich erst einige Tage nach meinen Untersuchungen. Es bestätigt erneut, wie wichtig Fotos in dieser Phase sind. Der Brand brach im rechtsseitigen, hell erleuchteten Raum aus und bestätigte meine Untersuchungen. (Foto: Polizei HBS)

gen und Brandverletzungen ins Krankenhaus. Alle sind außer Lebensgefahr. Einer der Überlebenden hatte noch versucht, durch Klopfen an den Zimmertüren, Mitbewohner zu alarmieren. Gegen 7 Uhr war das Feuer unter Kontrolle. Die Feuerwehr fand neun Tote. Ein Opfer lag im Flur. Er war dort auf dem Weg ins Freie zusammengebrochen. Die Obduktion der Leichen soll Klarheit über die genaue Todesursache schaffen. Allerdings werde die Untersuchung der Opfer, die zwischen 35 und 71 Jahre alt sind, bis Montag dauern. Sachsen-Anhalts Innenminister Klaus Jeziorsky (CDU) zeigte sich am Brandort erschüttert. Er lobte den Einsatz der Rettungskräfte.«

Die Tragik bestand darin, daß die Feuerwehr schnell vor Ort war, hervorragende Arbeit leistete, aber letztlich doch zu spät kam, um noch Leben zu retten. »Probleme mit den Containerbewohnern habe es in den vergangenen neun Jahren nie gegeben«, sagte Michael Haase vom Ordnungsamt Halberstadt. Es sei dort immer zivilisiert zugegangen. Brandmelder seien für den Komplex nicht vorgeschrieben gewesen. Im nächsten Jahr sollte die Genehmigung für das Heim auslaufen. Erste Gespräche über Ersatz oder Sanierung habe es in der Woche zuvor gegeben. Oberbürgermeister Harald Hausmann zielte auf praktische Hilfe. »Wir müssen uns jetzt um die Überlebenden kümmern. Sie brauchen etwas zum Anziehen und Waren des täglichen Bedarfs.« Es habe die Ärmsten der Armen getroffen. Tief bestürzt waren die Helfer in der Wärmestube. »Viele der Opfer kannten wir persönlich. Sie waren regelmäßig unsere Gäste«, sagte Franziskanerin Marieta Stohldreier. Man wolle die Verletzten mit Kleiderspenden unterstützen, wenn sie aus der Klinik kommen.« Soweit der Bericht auf der Webseite der Hauptamtlichen Wachbereitschaft der Halberstädter Feuerwehr.

Einen weiteren Fachaufsatz von Brandrat Harald Böer[27] von der Hauptamtlichen Wachbereitschaft, den er in der *Deutschen Feuerwehr-Zeitung* im Februar 2006 veröffentlichte, möchte ich den Lesern, vor allem den Kameraden der Freiwilligen Feuerwehren, nicht vorenthalten:

»Am 2. Dezember 2005 brannte in Halberstadt eine aus 16 Containern aufgebaute Wohnanlage komplett aus. Dabei kamen neun Menschen ums Leben.

Den zuerst eintreffenden Feuerwehrleuten bot sich folgender Anblick: Aus der offenen straßenseitigen Eingangstür sowie aus allen auf der Ostseite befindlichen Fenstern loderten bereits Flammen. Lediglich auf der westlichen Seite der Containeranlage war der Kunststoffrolladen noch von zwei Fen-

---

27 Bei Harald Böer lernte ich ab 1978 in der Feuerwehr das Laufen.

stern intakt. Da davon auszugehen war, daß sich im Raum dahinter noch Personen befinden könnten, versuchten die Einsatzkräfte zunächst, den Rollladen aufzubrechen und mit einem Steckleiterteil in den Raum vorzudringen. Allerdings zündeten auch hier nach nur wenigen Sekunden die Rauchgase explosionsartig durch und der gesamte Raum stand in Flammen. Aufgrund der enormen Wärmestrahlung war das Eindringen in die Containeranlage und damit die Räume unmöglich. Eine Überlebenschance für noch im Container befindliche Personen war aufgrund der Brandausbreitung auszuschließen. Daher wurde entschieden, einen umfassenden Löschangriff von außen aufzubauen. Zeitweilig waren fünf Rohre zur Brandbekämpfung eingesetzt. Die Brandbekämpfung an sich gestaltete sich nicht sehr kompliziert, da durch die vorhandenen Fensteröffnungen jeder Container gut abgelöscht werden konnte. Da direkt an dem Brandobjekt die

Hubschrauberaufnahme der Polizei vom Brandort.
Die Brandausbruchsstelle befindet sich ganz rechts.

Bahnstrecke Halberstadt-Braunschweig vorbeiführt, wurde durch die Polizei sicherheitshalber eine Sperrung der Strecke bis 7.30 Uhr veranlasst. Weiterhin waren Mitarbeiter der Halberstadtwerke vor Ort, um den gesamten Komplex vom Energienetz zu trennen. Um 6.22 Uhr forderte die Einsatzleitung die Beleuchtungsgruppe des THW-Ortsverbandes Halberstadt an. Diese traf um 7.10 Uhr mit drei Fahrzeugen und 16 Helfern ein und übernahm das Ausleuchten der gesamten Einsatzstelle. Ein Fachberater wurde der örtlichen Einsatzleitung zugeordnet. Nachdem gegen 6.40 Uhr die Brandbekämpfung im Wesentlichen abgeschlossen war, konnten die unter Pressluftatmer eingesetzten Trupps mit der Restablöschung in den Räumen und mit der Leichensuche beginnen. Die Suche nach den vermuteten neun Opfern gestaltete sich sehr schwierig, da die Körper bis zur Unkenntlichkeit verbrannt und teilweise von Brandschutt bedeckt waren. Erst um 8.57 Uhr wurde die letzte (die neunte) Leiche gefunden. Während der Totenbergung gab es Irritationen hinsichtlich der genauen Anzahl der Toten: Beim nochmaligen Zählen wurden verkohlte Wäschestücke für einen menschlichen Körper gehalten. Um 11.45 Uhr rückten die letzten Kräfte der Feuerwehr ab. Es waren insgesamt 35 Pressluftatmer im Einsatz. Der Innenminister des Landes Sachsen-Anhalt Klaus Jürgen Jeziorsky machte sich vor Ort ein Bild von der Brandkatastrophe. »Die Tragik ist«, so der Innenminister, »daß die Feuerwehr schnell vor Ort war, hervorragende Arbeit leistete, aber letztlich doch zu spät kam, um noch Leben zu retten.« Die Brandopfer kamen zur Klärung der Identität ins Gerichtsmedizinische Institut in Magdeburg. Am 21. Dezember 2005 veröffentlichte die örtliche Presse, daß am Vortag alle Opfer nunmehr zweifelsfrei identifiziert seien. Nach dieser Veröffentlichung starben alle neun Männer im Alter zwischen 35 und 71 Jahren an den Folgen einer Rauchgasintoxikation. Danach waren sie bei Temperaturen von etwa 1000 °C bis zur Unkenntlichkeit verbrannt.

Schlußbetrachtung: Bei einer Recherche zu ähnlichen Ereignissen im Zusammenhang mit Wohncontainerbränden ist aufgefallen, daß solche Brände gar nicht so selten sind. In den meisten Fällen war ein Totalschaden zu verzeichnen. Der Verfasser kann sich auch noch gut an einen eigenen Einsatz, einen Brand eines als Büroanlage genutzten Containerkomplexes, erinnern: Am 1. Oktober 1993 brannten in Halberstadt 84 Stahlprofilcontainer, welche dreifach gestapelt waren, fast vollständig aus. Als Brandursache wurde damals vorsätzliche Brandstiftung ermittelt. Die Ermittlungen zur Brandursache bei dem geschilderten Wohncontainerbrand dauern noch an. Die gute Zusammenarbeit zwischen Rettungsdienst, Polizei, THW und der Feuerwehr soll ausdrücklich hervorgehoben werden. Der gesamte Einsatz verlief trotz der vor allem psychischen Belastung der Helfer ohne Hektik, routiniert und reibungslos ab. Hervorzuheben sind auch die vielfältigen Angebote zur psychologischen Betreuung der vor allem jungen Einsatzkräfte. Letztlich gab es drei Tage nach dem Einsatz eine umfangreiche Gesprächsrunde mit allen eingesetzten Feuerwehrkräften. Diese Gespräche führten zwei ehrenamtliche Mitarbeiterinnen vom Kriseninterventionsteam des Arbeiter-Samariter-Bundes Halle/Saale durch. Eine richtige Entscheidung ist aus Sicht der Feuerwehr, daß die Stadt Halberstadt zukünftig keine Container für Wohnzwecke mehr einsetzen wird.«

Inzwischen sind über elf Jahre vergangen, und ich möchte zu diesem schlimmen Brand, der für alle Beteiligten ein wahrhaftes Horrorszenario war, meine Sicht als damaliger Brandursachenermittler ergänzen.

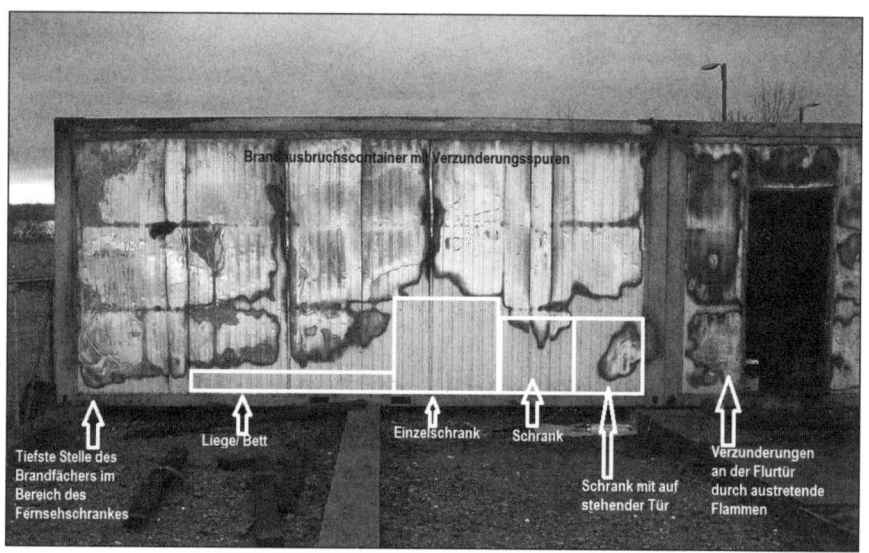

Anhand der Abbrandspuren der Containerfarbe und der Verzunderungen
am Metall konnte die tiefste Stelle des Brandes verifiziert werden.
Sie befindet sich links unten am Container.
Dahinter befand sich die Fernsehecke mit Brandausbruchsstelle.
Der Brand breitete sich nach rechts fächerförmig aus. Das rechtsseitige
weiße Quadrat verweist auf die gegenüberliegende Schrankwand,
aus der sich der beschuldigte Bewohner sein T-Shirt holte.
Er ließ die Tür offen und die Flammen schlugen hinein. Folglich schlug
die Energie nach außen durch.

An jenem Tag hatte ich dienstfrei, hörte aber gegen 9 Uhr
die Nachricht vom Brand im Obdachlosenheim im Radio. Da
ich wußte, was dort an Arbeit zu bewältigen war, versetzte
ich mich selbst in den Dienst, fuhr zur Dienststelle und begab mich an den Brandort. Dort angekommen, waren mein
Kollege Volker K. und der Brandexperte vom LKA Heinz F.
schon bei der Brandursachenermittlung. Sie gingen aufgrund
der Abbranderscheinungen davon aus, daß der Brand in einem riesigen Kabelbaum innerhalb der Flurdecke ausgebrochen war. Die Kollegen baten mich, die anderen Kameraden
im Krankenhaus bei den Zeugenvernehmungen zu unterstützen, um eventuell genauere Hinweise zur möglichen

238

Brandausbruchsstelle herausfiltern zu können. Letztendlich war diese Entscheidung gut, denn dort konnte ich die richtigen Fragen stellen. Mir und KHK Holger Eheleben bot sich zumindest die Möglichkeit, den späteren Tatverdächtigen persönlich am Bett zu befragen. Er war gerade frisch versorgt worden und mit der Vernehmung einverstanden.

Zunächst konnte er sich nicht an Details des Brandes erinnern. Auf konkrete Fragen fiel ihm schließlich ein, daß er am Vorabend mit den anderen Kumpels eine größere Menge Alkohol getrunken hatte. Irgendwann sei er im Sessel eingeschlafen. Ob er geraucht hat, wollten wir wissen. Er bejahte, konnte jedoch nicht ausschließen, mit glühender Zigarette vor dem Fernseher eingeschlafen zu sein. Möglicherweise habe er sie auch im Papierkorb rechts neben seinem Sessel entsorgt.

Seine Erklärung klang plausibel. Als ich nachfragte, warum er ein sauberes T-Shirt angehabt hatte, geriet er ins Grübeln. Es müßte doch stark berußt und angebrannt sein, da er – nach Auskunft der Ärzte – zwei leichte Verbrennungen auf den Schulterblättern davongetragen habe. Auf unseren Vorhalt hin stutzte er kurz und gab an, daß er plötzlich wach wurde und Flammen vor sich sah. Aber nicht dort, wo der Papierkorb stand. Dann sei er hinausgelaufen. »Sind Sie denn nackt hinausgelaufen?« fragte ich weiter. Er verneinte. »Und wo ist ihre Oberbekleidung geblieben?« hakte ich nach. Nach kurzer Pause antwortete er, daß er sie ausgezogen habe, um damit auf die Flammen einzuschlagen. Anschließend sei er gebückt an der Schrankwand vorbeigelaufen, habe sich dabei ein neues T-Shirt herausgerissen und sich ins Freie gerettet. »Warum gebückt?« war unsere nächste Frage. »Weil sich im Deckenbereich schon Flammen befanden«, entgegnete er prompt. Das erklärte auch die Verbrennungen 2. Grades auf seinen Schulterblättern.

Mit diesem Wissen begaben wir uns zur Dienststelle und teilten mit, daß nicht auszuschließen sei, daß der Bewohner mit einer glühenden Zigarette eingeschlafen war. Diese subjektiv bedingte Aussage wollte ich natürlich durch Beweise untermauern, weshalb ich mich am späten Nachmittag nochmals mit meinem Kollegen Volker Knappe an den Brandort begab. Ziel unserer Untersuchungen war zunächst, die mögliche Zündquelle »glühender Tabak« zu beweisen und das T-Shirt zu finden, mit welchem er die Flammen bekämpft hatte.

Zuerst zog ich eine große Runde um das Containerobjekt. Anhand eines großen flachen Brandfächers, der sich in Form von Anlauf- und Verzunderungsspuren an der Metallhülle zeigte, schlußfolgerte ich, daß sich hinter diesem Fächer der Brandausbruchsraum und die Brandausbruchsstelle befinden mußten. In der nordöstlichen Ecke des zirka 3 x 5 Meter großen Raumes begann ich – gemäß den Angaben des Geschädigten –, die vakanten Stellen vom Brandschutt zu beräumen, um die tiefste Stelle des Brandausbruchs zu finden. Ich stieß auf Reste der Sesselspiralen und rechts davon eine zirka drei Zentimeter hohe Brandschuttplatte, die aus geschmolzenem Plastikmaterial mit eingelagertem Brandschutt bestand. Als ich sie drehte, kam der gut erhaltene Boden eines roten Plastik-Papierkorbes zum Vorschein. Reste von Zigarettenkippen fand ich aber nicht, da sie vermutlich restlos verbrannt wären. Beweisträchtig waren dagegen berußte Fensterglasscherben, die stellenweise seitlich unter dem auseinandergelaufenen Papierkorb lagen. Demnach fiel zuerst das schon brandbelastete Fensterglas auf den noch erhaltenen Papierkorb und erst danach geriet sein Inhalt in Brand. Hierfür sprach auch das Verletzungsmuster des Geschädigten: Bei einem Papierkorbbrand hätte er theoretisch an der rechten Oberschenkelseite Brandverletzungen davongetragen.

Aufgrund dieser Sachlage beräumte ich in der Folge die Fernsehecke, etwa 1,5 Meter vom Sessel entfernt. Zuerst fand ich tatsächlich die zum Teil verbrannten Reste des Unterhemdes, die auf einem unverbrannten Rest des Linoleums lagen. Das Hemd hat sozusagen den Fußboden darunter vor Flammeneinwirkung konserviert, während der angrenzende Linoleumbelag pyrolysiert war. Zuerst fiel also das Hemd, dann verbrannte es von oben nach unten und erst dann fiel der übliche Brandschutt von Wänden und der Raumdecke darüber.

Zu dieser interessanten Spurenlage paßten auch etliche berußte Scherbenreste der zersprungenen Fernsehbildröhre. Diese war ebenfalls vor dem Brand oder während der Zün-

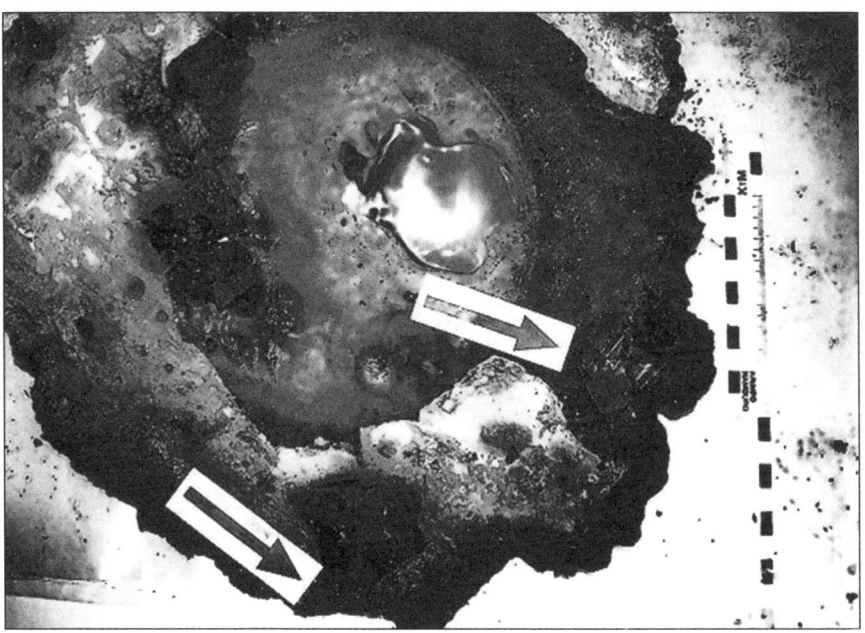

Untere Seite des geschmolzenen Papierkorbes mit dem eingelagerten Glas des Raumfensters. Zuerst fiel das Glas der Fensterscheibe, weil es nahe dem Fernseher angelegt war, und erst dann kam die Hitze an den Papierkorb heran. Zu diesem Zeitpunkt hatte der Geschädigte den Raum aber schon verlassen!

241

dung implodiert und auf den noch nicht brandbelasteten Boden gefallen. Folglich lag die Brandausbruchsstelle über dem kleinen Fernsehschrank, der ebenfalls von oben nach unten verbrannt war. Das Fernsehgerät geriet offensichtlich während des Brandes in eine Schieflage und kippte, total ausgebrannt, nach hinten auf den Fußboden, dort, wo man an der Außenfassade die tiefste Verzunderung sieht.

In Übereinstimmung mit den äußerlichen Anlaufspuren an der Metallverkleidung des Containers und den Brandspuren in der Fernsehecke konnte nunmehr die Brandausbruchsstelle auf das Fernsehgerät reduziert werden. Alle anderen Kabel und Mehrfachverteiler konnten in Nachuntersuchungen im LKA ausgeschlossen werden. Die Untersuchung auf einen technischen Defekt innerhalb des Gerätes im LKA erbrachte jedoch kein Ergebnis, da der thermische Zerstörungsgrad des Gerätes durch das Auftreffen von Löschstrahlen zu groß war. Erfahrungsgemäß können folgende technische Mängel am Fernseher als Brandursache in Frage kommen: ungenügende Luftzufuhr mit anschließendem Wärmestau, Isolationsfehler im Hochspannungsteil, defekte Netzschalter oder Windungsschluß im Zeilentrafo. Den Raucher traf letztlich keine Schuld.

Die Rekonstruktion des Brandes am 21. April 2006 unter Leitung von Brandoberrat Klaus Steinbach im Institut der Feuerwehr in Heyrothsberge erbrachte keine wesentlichen neuen Erkenntnisse, da der Versuch aufgrund der enormen Wärmestrahlung auf die technischen Untersuchungsgeräte vorzeitig abgebrochen werden mußte. Augenscheinlich aber hatten die Insassen der Unterkunft nur sehr geringe oder keine Überlebenschancen gehabt. Da die Rollogurte in den Deckenbereichen zuerst abbrannten und wie Fallbeile hinunterfielen, versperrten sie den hilflosen Opfern den Weg durch die Fenster. Sie waren gefangen.

Es folgen Eckdaten aus meinem persönlichen Protokoll zum Rekonstruktionsversuch:

Können die Feuerwehren in heutiger Zeit noch rechtzeitig am Brandort sein? Selbst die hauptamtliche Wachbereitschaft, die ja nun unverzüglich zum Brandort ausgerückt ist, hatte bei den heutigen brennbaren Materialien keine Chance zur Menschenrettung: Der Zeitpunkt von der Entzündung des Fernsehgerätes bis zum Durchbrennen des Rollogurtes am Fenster betrug 4 Minuten und 52 Sekunden. Bei einer Flammenhöhe von 60 Zentimeter über dem Fernsehgerät hätte der Geschädigte den Raum noch lebend verlassen können, danach nicht mehr. Ab der Flammenbildung über dem Fernsehgerät hatte er lediglich ein Zeitfenster von zwei Minuten, um mit dem T-Shirt auf die Flammen einzuschlagen, sich ein neues zu greifen und den Feuerlöscher zu holen. 5 Minuten und 38 Sekunden nach der Brandentstehung schlug infolge der durchgebrannten Plastikrollos und der thermischen Zerstörung der Fenster eine Flammenwalze von zirka sieben Meter aus dem Wohncontainer.

Die eingeleiteten Ermittlungsverfahren gegen den geschädigten und beschuldigten Raucher sowie gegen drei Mitarbeiter des damaligen Landratsamtes Halberstadt wegen fahrlässiger Tötung und fahrlässiger Körperverletzung wurden eingestellt.

46

AUTOEROTISCHE
UNFÄLLE –

ein sehr sensibler Bereich der Ermittlung
und ein Tabuthema

Wenn Sie noch nie von einem »autoerotischen Unfall« gehört haben, seien Sie beruhigt. Was sich dahinter verbirgt und vor allem, wie es zu dieser außergewöhnlichen Art von Unfällen kommt, habe ich auch erst zu meinen Dienstzeiten genauer herausgefunden. Neben einem ersten Schreckmoment hoffe ich, Sie für ein Thema sensibilisieren zu können, das in der Gesellschaft leider oftmals noch tabuisiert wird.

In den von mir aufgenommenen Fällen mußte ich nach der Tatortarbeit all mein Feingefühl aufbringen, um den Eltern der Betroffenen die peinliche Tatsache mitzuteilen, daß sich ihr Kind bei der Masturbation erhebliche Verletzungen zugefügt hat oder gar dabei ums Leben gekommen ist.

Bei einem Einsatz dieses Typus war die Verstörung und die Trauer der Eltern besonders groß. Sie fanden ihren Sohn erhängt in seinem Zimmer. Er habe sich im letzten halben Jahr etwas seltsam benommen, erklärten sie resigniert, er habe viel allein sein wollen und Zettel an die Tür geklebt »Bitte nicht stören!« oder »Last mich mal in Ruhe!« Die Eltern hielten das Verhalten für Jungen in seinem Alter normal, sie ahnten nichts Schlimmes.

Bei der Leichenschau dachte ich zunächst an einen Suizid durch Erhängen, da die Leiche mit dem gelösten Seil am Boden lag. Die Wiederbelebungsversuche der Eltern und des von ihnen alarmierten Rettungsdienstes waren leider erfolglos geblieben. Der Rettungsdienst setzte uns aber über den besonderen Umstand des Todes in Kenntnis. Aus Peinlichkeitsgründen ist das nicht immer der Fall, Eltern wollen soetwas am liebsten vertuschen – verständlich, aber billigen kann man das nicht. Den Ärzten ist in solchen Fällen geraten, den Begriff »Autoerotischer Unfall« auf Dokumenten zu vermeiden und stattdessen »Ersticken« und »Strangulation« zu vermerken. Ich selbst wurde bei der Todesursachenermittlung schon stutzig, als ich keine Strangmarke am Hals fand, dafür aber am Brustkorb ...[28]

Ähnliche Anzeichen in meinem ersten Fall dieser Art stießen mich darauf zu verstehen, was sich im vorliegenden Fall abgespielt hatte: Es war eine ungewollte, tragische Selbsttötung. Der Junge, der zum Mann reifte, stand auf einer alten, brüchigen Spielzeugkiste. Dies tat er, da das Seil nicht bis nach unten zum Brustkorb reichte. Er hängte sich mit dem Oberkörper in die gebundene Schlinge, um sich bei seiner Masturbation im Spiegel beobachten zu können. Das Durchhängen im Seil bescherte ihm durch die Kompression den gewollten zusätzlichen Lustgewinn. Jedoch unterschätzte er auf tragische Weise die Instabilität der maroden Kiste, die diesen Bewegungen nicht gewachsen war und auf einmal zusammenbrach. Plötzlich hing er frei und erstickte, ohne Hilfe rufen zu können. Für die Eltern muß es ein Alptraum gewesen sein.

Das Gefahrenpotential bei solchen Praktiken ist zweifellos groß, vor allem unter Begrenzung oder Unterbrechung der Luftzufuhr. Der eintretende Sauerstoffmangel bewirkt im

---

28 Vgl. Krause/Schneider/Blaha: Leichenschau am Fundort. Krone 2006, S. 58. Typische Anzeichen für autoerotische Unfälle sind unter anderem: Spiegel zum Selbstbeobachten, pornografische Bilder im Umfeld, Frauenkleidung wie Damenslips und Büstenhalter, die man sich vorher von einer Wäscheleine geholt hat, nur teilweise oder unbekleidet, Knebelungen, Selbstfesselungen, Plastiktüte über dem Kopf oder komplizierte Aufhängevorrichtungen zur dosierten Sauerstoffversorgung des Gehirns.

Gehirn eine narkotische, euphorisierende Wirkung, die eine Intensivierung des Lustempfindens hervorruft. Angeblich soll bei einem gleichzeitigen Orgasmus ein Dopamin-Schub, sprich ein Glücksgefühl ausgelöst werden, das mit einem Drogentrip gleichzusetzen ist. Woher die jungen Leute dieses Wissen haben? Aus dem Internet?

Autoerotische Unfälle gehören im Sinne der Allgemeinen Unfallversicherungen nicht zu den häuslichen Unfällen. Es besteht also keine Leistungspflicht! Statistisch gesehen sterben in Deutschland jedes Jahr mindestens hundert Menschen an diesen Praktiken; die Dunkelziffer wird aufgrund von Verschleierungsversuchen durch die Betroffenen oder Angehörigen der Opfer wesentlich höher sein.

47

»TOTGEMORKELT« AUF VERLANGEN

In Halberstadt kam ich zusammen mit der Kriminaltechnik des Polizeirevieres in einem Wohnblock zum Einsatz, in dem eine ältere Dame – scheinbar seit längerer Zeit ein Pflegefall – tot im Bett lag. Den Hinweis auf eine mögliche Straftat erhielt das Polizeirevier vom Hausarzt, der den Totenschein ausstellen sollte und dabei Strangmarken am Hals der Frau entdeckte.

Am Ereignisort angekommen, erhärtete sich der Verdacht eines Verbrechens. Wir nahmen die Leiche, die noch mit Nachthemd bekleidet im Bett lag, in Augenschein und stellten tatsächlich mehrere übereinandergelagerte Strangmarken am Hals fest. Sie schienen auf eine Erdrosselung durch fremde Hand hinzuweisen. Die Drosselmarke ging zirkulär in gleicher Höhe um den Hals und bildete sogar die Metallschnalle ab. Spurenkonform fanden wir in den Bindehäuten der Augen punktförmige bis kleinfleckige Blutungen. »Hier hat jemand nachgeholfen«, grübelte ich halblaut, was mein Kollege mit einem Kopfnicken bestätigte und sich sogleich nach dem Ehemann umdrehte.

Den älteren Ehemann nahm eine Kollegin daraufhin zur Seite und befragte ihn behutsam. Ihr Fragen wurde jedoch zusehends energischer – sein vehementes Schweigen als Täter verriet ihn! Als Beschuldigter war es wiederum sein gutes Recht. Als der Kollege und ich jedoch unter einem der Kissen diverse Ledergürtel in unterschiedlichen Breiten und vor allem mit neu durchgeschlagenen Löchern fanden, gab er sein Schweigen auf und weinte bitterlich: »Sie wollte es doch so, und dann dauerte es auch so lange.« Er hatte sie allem An-

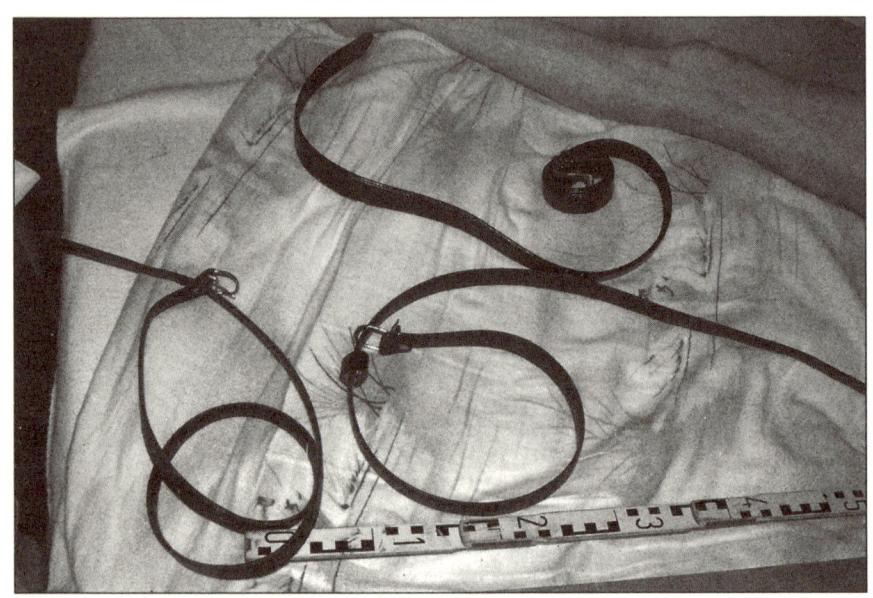

Unter einem Kopfkissen wurden diverse Gürtel gefunden,
einer davon erwies sich als Spurenträger.
Der »Todesgürtel« war in aller Eile neu gelocht worden.

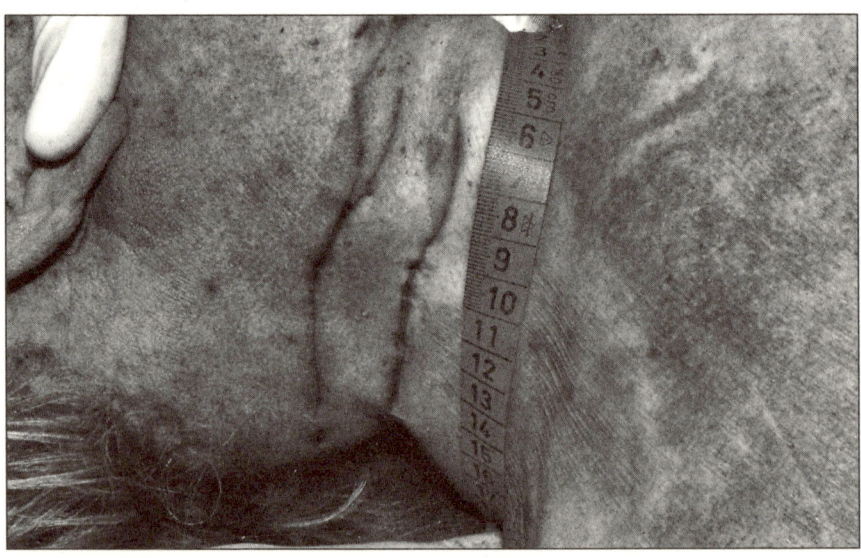

Vergleichsfoto einer Strangmarke am Hals, die zirkulär um den Hals läuft.
Beim Erhängen läuft sie nach oben hin aus.

schein nach mit ihrem Einverständnis erdrosseln wollen, was aber zunächst nicht so gelang, wie er sich das vorgestellt hatte.

Jedes Mal, wenn er längere Zeit die Gürtelschlinge zuzog, verließen ihn die Kräfte und seine Frau zog wieder Luft. Er wechselte daraufhin die Gürtelbreiten von breit auf schmal, was aber auch nicht zum gewünschten Erfolg führte. Es muß eine unbeschreibliche Tortur gewesen sein! Ich erinnerte mich dabei an meinen Vater, der einmal sagte: »Unser Hund hat heute mal wieder eine Katze totgemorkelt«, womit er »langsam und qualvoll zu Tode gebracht« meinte.

Nach mehrmaligen Versuchen mit den verschiedensten Gürteln begab er sich Mitternacht verzweifelt in den Hobbykeller und bearbeitete einen der Gürtel so lange mit dem Locheisen, bis Loch an Loch saß. Nun war es ein Leichtes, die Schnalle an der geeignetsten Stelle zu arretieren. Kurzes Warten. Endlich war seine Frau von den Qualen ihres langen Leidens befreit.

Nach seinem Geständnis holte der Mann bereitwillig seine Jacke. Uns blieben nur die vorläufige Festnahme und die Beschlagnahme des Tatortes. Der über 80jährige wurde in die JVA verbracht, nach einigen Tagen jedoch in Absprache mit der Staatsanwaltschaft wieder entlassen. Gestraft war er ja ohnehin mit dem Wissen, seine Frau nach 60 gemeinsamen Ehejahren getötet zu haben.

48

TOTALSCHADEN AM WOHNHAUS

Nach Deesdorf fahre ich immer gern, da ich dort geboren und aufgewachsen bin. Man trifft immer jemanden und kann schön aus alten Zeiten plaudern. Außerdem habe ich mir in der Deesdorfer Freiwilligen Feuerwehr vor 50 Jahren die ersten Sporen verdient. Als ich aber zu einem Wohnungsbrand gerufen wurde, war ich nicht sonderlich angetan, denn die Meldung verhieß Schlimmes. Zudem kannte ich die Geschädigte, Tante B., noch von früher.

Ich fand ein älteres, total ausgebranntes Haus vor. Die Brandausbruchsstelle war nach einem Hinweis der Tochter der Geschädigten und den typischen Brandspuren – Wand- und Deckenputz waren abgeplatzt – schnell gefunden. Nach Beräumung des Brandschuttes auf dem Propangasherd kam nur die simple Ursache »Offene Flamme« am Gasherd in Frage. Den spärlichen Ascheresten hinter einem der Brenner nach zu urteilen hatten sich zu nah am Herd befindliche Papierreste entzündet.

Noch vor Ankunft der Deesdorfer Feuerwehr, bei der mein Bruder einst Wehrleiter war, hatten sich die Flammen durch die hohe Brandlast an leicht brennbaren Stoffen innerhalb von fünf Minuten durch das gesamte Haus gefressen. Der Brand wurde sehr spät entdeckt, da sich die Anwohnerin auf der Straße mit einem Nachbarn unterhielt. Erst als der Rauch aus der Dachkonstruktion trat, wurde der Brand bemerkt. Statt die örtlichen Feuerwehren zu alarmieren, versuchten andere Anwohner zunächst einmal, die Ursache der Rauchentwicklung selbst zu ergründen. Dabei entdeckten sie beim Öffnen der Eingangstür das Flammenmeer und »vergaßen« in

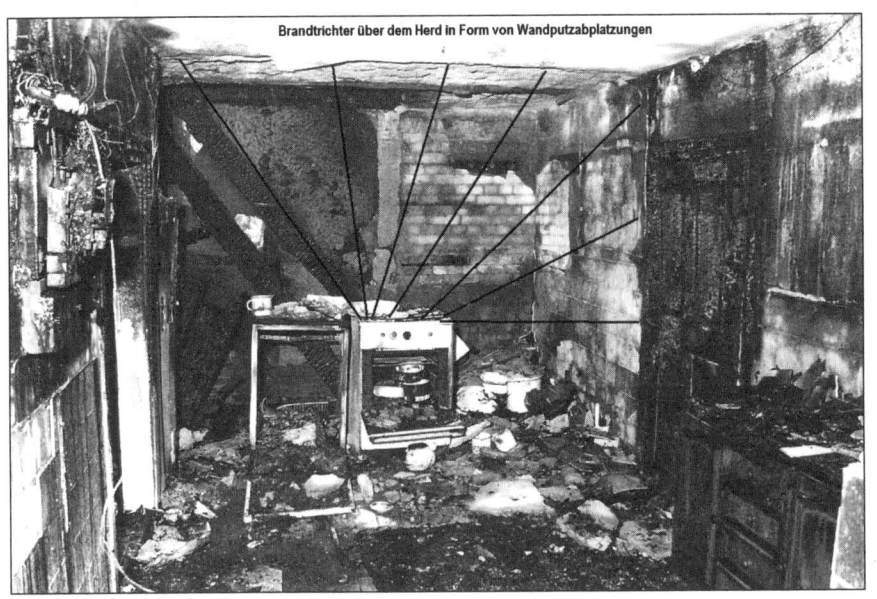
Brandtrichter über dem Herd in Form von Wandputzabplatzungen

Der Gasherd steht mitten in der Küche.
Die Wand- und Deckenputzabplatzungen erbrachten die ersten Hinweise
auf die Brandausbruchsstelle.

der Hektik, die Tür wieder zu verschließen. Erst zeitversetzt erfolgte der Notruf.

Bedingt durch eine offene Dachluke im Hausboden kam es zum Kamineffekt, bei der sich die Brandausbreitung erheblich beschleunigte. In unseren ländlichen Bereichen sagt man dazu scherzhaft: »Da pfeift der Fuchs.« Mit »Fuchs« sind natürlich die waagerechten Rauchzüge in Wänden gemeint, nicht das Tier. Die örtliche Feuerwehr war innerhalb der Normzeit vor Ort und konnte nur mit zwei C-Rohren den Erstangriff vornehmen. Zu diesem Zeitpunkt hatte sich der Brand über beide Haustreppen bis unter den Dachboden ausgebreitet. Begünstigt wurde die schnelle Brandausbreitung auch dadurch, daß im Hausflur zwei große 12-kg-Propangasflaschen standen, die nach Auslösung der Sicherheitsventile mit großer Flammenwirkung ausbrannten.

Spurenbild der ausgebrannten Propangas-flasche. Zunächst war sie allseitig berußt. Nach dem Flammenaustritt verbrannte der Ruß mit großer Flammenbildung (rostige Stelle).

Negativ für den Erstangriff wirkte sich wieder einmal die örtliche Trinkwasserringleitung aus, die nicht der DIN entsprach und zu wenig Löschwasser für einen umfangreichen Angriff zur Verfügung stellte. Ein Innenangriff der Feuerwehr erfolgte erst, nachdem die Dachkonstruktion eingebrochen war und eine Gefährdung für Leib und Leben der Angehörigen der Feuerwehr ausgeschlossen werden konnte.

Bei der Erstbefragung der Hauseigentümerin bemerkten wir ihre zeitweilige geistige Verwirrung. Offenbar hatte sie vergessen, vor dem Verlassen des Hauses den Gasherd auszuschalten, auf dem sie gekocht hatte.

Ausgebrannt waren die beiden Treppenaufgänge und der Dachboden. Stube, Schlafzimmer und andere ungenutzte Räume blieben erhalten, litten aber unter der erheblichen Hitzeeinwirkung. Zum Glück blieben die angrenzenden Gebäude durch die Schutzmaßnahmen der Kameraden unbehelligt.

252

Diese Art von Brandentstehung und die Umstände der ungehinderten Brandausbreitung sind zwar nicht spektakulär, sie zählen aber zum traurigen Alltag. Dabei können eine Alzheimererkrankung, Termindruck, beruflicher oder familiärer Streß usw. vermehrte Unachtsamkeit bedeuten. Vielleicht hilft es, sich Eselsbrücken zu bauen, bevor man aus dem Haus oder schlafen geht: **K**amin, **O**fen, **K**erze, **E**lektrik, **T**astenfeld (Herd), **T**eelicht. Das Merkwort wäre demnach »**KOKETT**«.

Jeder ist also angehalten, für sich selbst Lösungen zu finden. Ich habe meine vielen elektrischen Geräte mit hochwertigen Mehrfachverteilern versehen, die über Kippschalter verfügen. In fast jedem Raum gibt es Rauchmelder, in der Küche ein Thermomelder und zudem werden nachts alle Türen geschlossen, damit sich entstehender Rauch nicht überall ausbreiten kann. Eine hundertprozentige Sicherheit gibt es aufgrund der vielen Zündmöglichkeiten zwar nicht, aber vorbeugen kann jeder.

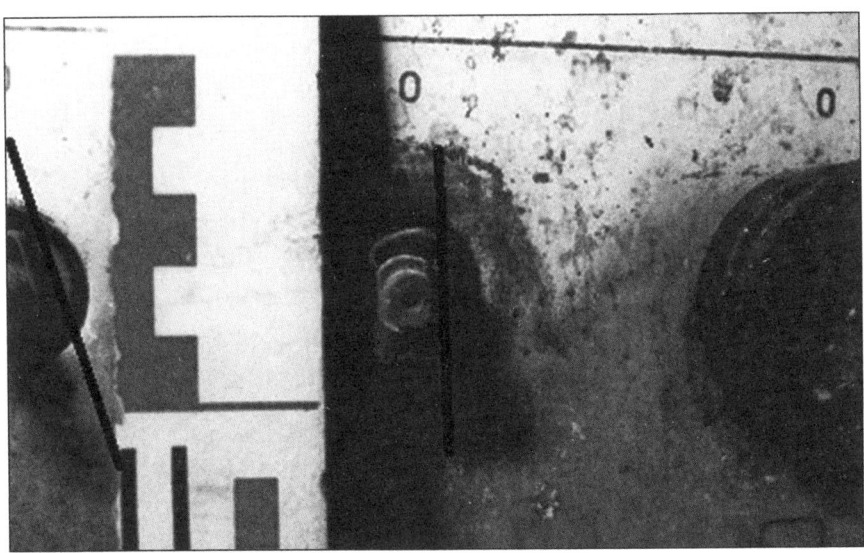

Schalterstellung am Herd.

49

BRÄNDE NACH MEINER PENSIONIERUNG – ICH KANN'S WOHL NICHT LASSEN!

Da ich mit meinem Sohn zusammen immer noch über einen Funkalarmempfänger der Freiwilligen Feuerwehr verfüge, werde ich natürlich rechtzeitig auf Einsätze aufmerksam, wenngleich meine Gesundheit nur noch einen Reportereinsatz für die *Volksstimme*-Redaktion zuläßt. So war es auch im Februar 2013 in Gröningen und am 7. März 2013.

Der Gröninger Feuerwehreinsatz war schon im Vorfeld von einer spektakulären Menschrettung geprägt, die wohl ihresgleichen sucht: In meiner 50jährigen Feuerwehrlaufbahn hatte ich es noch nie erlebt, daß man eine 90jährige Frau unbeschadet über eine Apfelbaumleiter aus dem 1. Geschoß eines brennenden Hauses gerettet hat. Aber so war es! Anlieger Matthias M. gelang es zudem, den spektakulären Rettungseinsatz mit dem Fotoapparat festzuhalten.

Die *Volksstimme* berichtete darüber wie folgt (Text von Constanze Ahrendt-Nowak): »Vergessener Kochtopf löst einen Brand aus. 32 Feuerwehrkameraden eilen zum Brandort – Bewohnerin wird mit einer Leiter gerettet. In der Küche einer Gröninger Wohnung hat es am Sonntagmittag gebrannt. Eine 90-Jährige konnte gerettet werden. Die Feuerwehrleute hatten bei der Brandbekämpfung vor allem mit der starken Rauchentwicklung zu kämpfen.

Sirenengeheul durchdrang gegen Mittag die sonntägliche Ruhe in Gröningen. In der Grabenstraße 28 stand eine Wohnung in Flammen. Dicker Qualm drang aus dem Fenster. Wie Gemeindewehrleiter Harald Hinz nach dem Einsatz berichtete, war der Brand in der Küche im Erdgeschoss, vermutlich am Herd, ausgebrochen. Polizeisprecher Joachim Albrecht bestätigte, nachdem am gestrigen Montag der Brandursachenermittler vor Ort war, die Aussage. Demnach hatte sich das gekochte Essen der 90jährigen Hausbewohnerin auf dem Herd entzündet: Die 32 Feuerwehrleute aus Gröningen sowie aus den Ortsteilen Kloster Gröningen und Dalldorf hatten vor allem mit einer starken Rauchentwicklung zu kämpfen. Während von dem Brand nur die Küche betroffen war, breitete sich der Rauch im gesamten Haus aus. Daraufhin war auch der alten Dame, die sich im Obergeschoß befand, der Weg nach außen verwehrt. Ein Anwohner rettete sie mit Hilfe einer Leiter durch das Fenster. Dennoch hatte sie einiges von dem Rauch eingeatmet und wurde vorsorglich ärztlich versorgt. Der Feuerwehr war es, wie Harald Hinz berichtete, nur unter schwerem Atemschutz möglich, im Hausinneren zu arbeiten. Neben der Brandbekämpfung wurde das Haus unter Anwendung eines Druckbelüfters rauchfrei gemacht. »Die Brandstelle haben wir zudem mit der Wärmebildkamera ausgeleuchtet um eventuell versteckte Glutnester zu finden«, so Harald Hinz. Über eineinhalb Stunden dauerte der Einsatz. Weil es das normale Prozedere ist, hat die Polizei eine Anzeige wegen fahrlässiger Brandstiftung aufgenommen. Der Brandort war am Sonntag zunächst beschlagnahmt worden. Die Bewohnerin kam, nach Aussagen des Polizeisprechers Joachim Albrecht, bei Familienangehörigen im Ort unter. Nachdem der Brandursachenermittler gestern seine Arbeit beendet hatte, wurde der Hausschlüssel zurückgegeben. Die Ermittlungen der Polizei dauern unterdessen weiter an.«

Inzwischen ist die Wohnung wieder renoviert, aber ein großer Dank geht noch heute an Heiko Ehlert, der sich leider

Vergessener Kochtopf löst einen Brand aus

32 Feuerwehrkameraden eilen zum Brandort – Bewohnerin wird mit einer Leiter gerettet

In der Küche einer Gröninger Wohnung hat es am Sonntagmittag gebrannt. Eine 90-Jährige konnte gerettet werden. Die Feuerwehrleute hatten bei der Brandbekämpfung vor allem mit der starken Rauchentwicklung zu kämpfen.

Von Constanze Arendt-Nowak
Gröningen • Sirengeheul durchdrang gegen Mittag die sonntägliche Ruhe in Gröningen. In der Grabenstraße 28 stand eine Wohnung in Flammen. Dicker Qualm drang aus dem Fenster. Wie Gemeindewehrleiter Harald Hinz nach dem Einsatz berichtete, war der Brand in der Küche im Erdgeschoss, vermutlich am Herd, ausgebrochen. Polizeisprecher Joachim Albrecht bestätigte, nachdem am gestrigen Montag der Brandursachenermittler vor Ort war, die Aussage. Demnach hatte sich das gekochte Essen der 90-jährigen Hausbewohnerin auf dem Herd entzündet.

Die 32 Feuerwehrleute aus Gröningen sowie aus den Ortsteilen Kloster Gröningen und Dalldorf hatten vor allem mit einer starken Rauchentwicklung zu kämpfen. Während von dem Brand nur die Küche betroffen war, breitete sich der Rauch im gesamten Haus aus. Daraufhin war auch der alten Dame, die sich im Obergeschoss befand, der Weg nach außen verwehrt. Ein Anwohner rettete sie mit Hilfe einer Leiter durch das Fenster. Dennoch hatte sie einiges von dem Rauch eingeatmet und wurde vorsorglich ärztlich versorgt.

Der Feuerwehr war es, wie Harald Hinz berichtete, nur unter schwerem Atemschutz möglich, im Hausinneren zu arbeiten. Neben der Brandbekämpfung wurde das Haus unter Anwendung eines Druckbelüfters rauchfrei gemacht. „Die Brandstelle haben wir zudem mit der Wärmebildkamera ausgeleuchtet, um eventuelle versteckte Glutnester zu finden", so Harald Hinz. Über eineinhalb Stunden dauerte der Einsatz.

Weil es das normale Prozedere ist, hat die Polizei eine Anzeige wegen fahrlässiger Brandstiftung aufgenommen. Der Brandort war am Sonntag zunächst beschlagnahmt worden. Die Bewohnerin kam, nach Aussagen des Polizeisprechers Joachim Albrecht, bei Familienangehörigen im Ort unter. Nachdem der Brandursachenermittler gestern seine Arbeit beendet hatte, wurde der Hausschlüssel zurückgegeben. Die Ermittlungen der Polizei dauern unterdessen weiter an.

Die Hausbewohnerin wurde von einem Anwohner über eine Leiter aus dem Obergeschoss gerettet.

Spektakuläre Rettungsaktion. Das Bild zeigt die allgemeine Situation des Brandortes. Die Feuerwehr ist noch beim Löscheinsatz. Die ältere weibliche Person wurde schon durch Anlieger über die ersichtliche Holzleiter gerettet. (Foto: Matthias Möhring)

leichte Brandverletzungen zuzog, an Thomas Rozanski und eine mir unbekannte Person, die unten auf der Leiter stand.

Schon einen Monat später, am 7. Mai, brannte es in der Chausseestraße in Gröningen, wo ich viele meiner ehemaligen Kameraden im Einsatz beobachten konnte. Gewiß wird so mancher gedacht haben: »Der hat wieder lange Weile« oder »Der macht die große Kohle bei der Presse«. Aber dies ist nicht unbedingt mein Motiv ... Vielmehr können sich die Kameraden die Fotos später einmal anschauen, in den Chroniken blättern und sagen: »Da war ich auch mal mit bei!«

In diesem Fall geriet eine ehemalige kleine Scheune in Brand, die eine riesige, weithin sichtbare Rauchwolke hinterließ. Gelagerte Reifen beschleunigten den Brand zusätzlich. Außerdem zerknallte – wie aus dem Nichts – eine Propangasflasche und ging in einem riesigen Feuerball auf.

Am nächsten Tag bat mich der Geschädigte, den ich gut kannte, einen Blick auf den Brandort zu werfen, um Fotos für seine Versicherung zu fertigen. Bei der Sichtung fand ich die zerknallte Propangasflasche auf dem Dachboden vor, deren Boden an die angrenzende Giebelwand geschleudert worden war und entsprechende Einkerbungen hinterlassen hatte. Ein Kamerad hätte solchen Einschlag nicht überstanden.

Ich erkannte, daß die alte DDR-Flasche kein Sicherheitsventil wie die heutigen besaß, dokumentierte fotografisch den Brandverlauf weiter und stieß dabei unweigerlich auf die Zündquelle: Die Tiefkühltruhe hatte einen technischen Defekt erlitten, das zeigten Rußspuren und ein ausgeprägter Brandfächer, der am Boden seinen Anfang nahm. Und man mag es nicht glauben: Die eingefrorene Gans war immer noch nicht gar! Ein später hinzugekommener Kriminaltechniker konnte den Sachverhalt bestätigen.

50

MYSTERIÖSER TOD
IM PARTYRAUM

Ein tragisches Unglück forderte im Februar 2001 in Wegeleben drei Opfer. Ich schildere den Fall als Mahnung und Weckruf für all diejenigen Gartenbesitzer, die unerlaubte Heizungsmöglichkeiten betreiben und sich deren Gefahr nicht bewußt sind.

**Zunächst der anonymisierte Text
der *Volksstimme Halberstadt* vom 12. Februar 2001:**

»Mysteriöser Todesfall in Wegeleben. Drei Jugendliche starben in ehemaligem LPG-Gebäude. Vermutlich ein Fehler beim Befeuern eines Ofens hat drei Jugendlichen in einem Ort bei Halberstadt das Leben gekostet. Die Leichen der drei 18Jährigen wurden am Samstagmorgen auf dem Gelände einer ehemaligen LPG gefunden. Dort hatte der Eigentümer des Hofes anderen jungen Leuten nicht mehr genutzte Aufenthaltsräume zur Verfügung gestellt. Die drei 18Jährigen hielten sich dort illegal auf. Laut Polizei habe vermutlich unsachgemäßer Umgang mit einem Ofen einen Schwelbrand ausgelöst.

Zwei der drei Jugendlichen stammen aus dem Ort und einer aus dem Nachbardorf. Als ein Anwohner am Samstagmorgen nach den jungen Leuten schauen wollte, fand er in einem der beiden verrußten Räume zwei Leichen. Ein offenes Feuer brannte nicht mehr. Die alarmierten Polizeibeamten entdeckten später in einem Nebenraum den dritten Toten. Genauen Aufschluß über das Unglück soll die Obduktion der Leichen in der kommenden Woche liefern.«

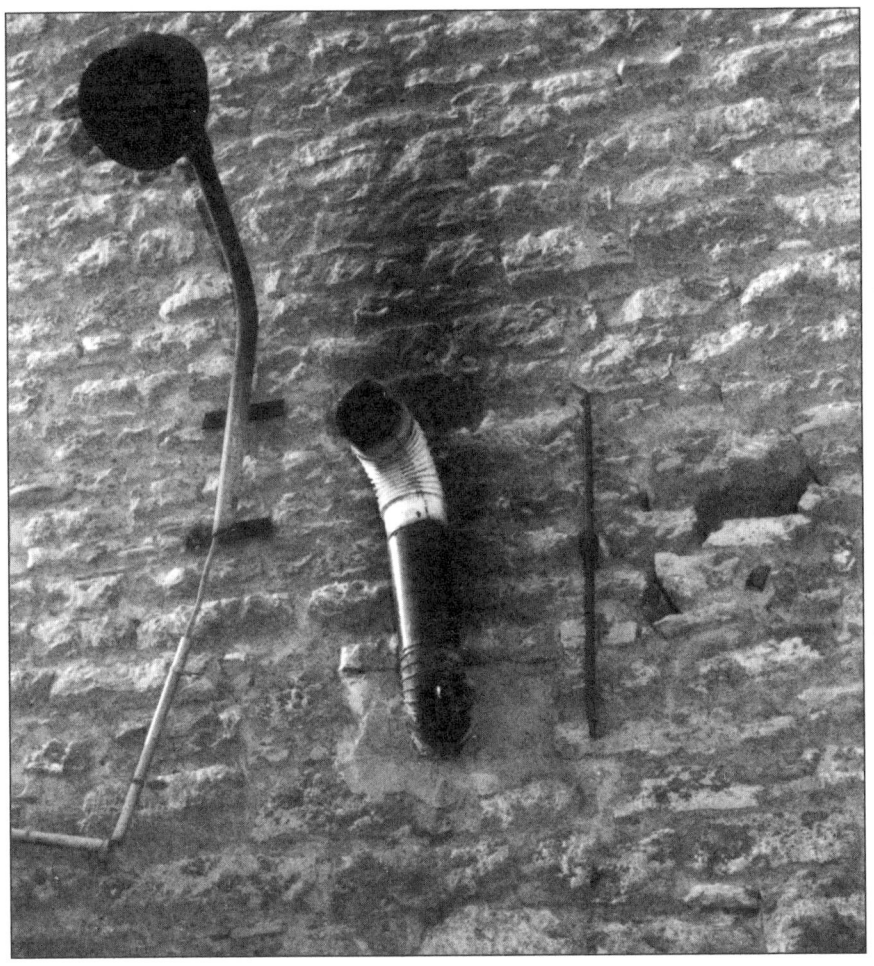

Sogar an der Lampe haben sich die unverbrannten Gase niedergeschlagen.

Bei meinem Eintreffen mit dem Kriminaltechniker Bernd Häusler konnte ich schon an der Außenwand der ehemaligen LPG-Scheune die Brandursache erahnen. Dort ragte ein unvorschriftsmäßig verlegtes Ofenrohr von nur einem Meter Länge heraus. Die Rußfahne darüber zeigte eine unvollständige Verbrennung an. Im Inneren der Scheune war – illegal – ein Partyraum eingerichtet.

259

Ein kleiner metallener Gußofen, der zuvor bestimmt woanders gute Dienste geleistet hatte, war über ein weiteres Meter-Stück an dem Rauchabzug angeschlossen. Die Gesamtauftriebsstrecke im Rohr betrug also nur zwei Meter, obwohl mindestens vier Meter vorgeschrieben sind. Als Ofensetzer erkannte ich schnell die Gefahr: Die Kombination von zu kurzem Rohr, schlechter Witterung und ungeeigneten Brennstoffen wie Linoleum oder anderen schwer brennbaren Stoffen war tödlich. Der natürliche Auftrieb in diesem kurzen Ofenrohr reichte nicht für die Abführung der unverbrannten Rauchgase. Die drei Jugendlichen verstarben an einer Kohlenmonoxidvergiftung. Sie sind demnach nicht verbrannt, wie es teilweise in der Presse stand, sondern an den CO-Gasen[29] »still und leise eingeschlafen«.

Der Schornsteinfeger kannte die Anlage nicht; er hätte solch ein Provisorium nie genehmigt. Leider findet man solche Anlagen auch heute noch in vielen Gartenlauben und Partyräumen, um Schornsteinfegergebühren einzusparen. Ihre Betreiber wissen um die Leichtfertigkeit ihres Handelns, aber sie schließen die Augen vor der Gefahr.

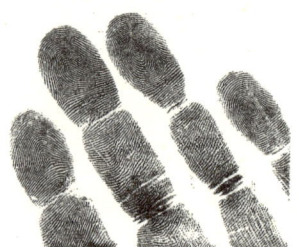

---

29 Kohlenmonoxid ist sehr tückisch und wird leicht unterschätzt, da es schwerer als Luft ist und am Boden kriecht. Schlafende Personen werden meistens noch einmal kurz wach, finden aber den Weg in die Freiheit nicht mehr, da das Gas den Orientierungssinn betäubt. Kohlenstoffmonoxid bindet sich etwa 250- bis 325mal stärker an den roten Blutfarbstoff Hämoglobin als Sauerstoff.

51

DER KRONKORKEN
IM GLEISBETT

In einer eisigen Nacht, in der ich Bereitschaft hatte, wurde ich zum Einsatz auf eine Gleisstrecke gerufen. Ungefähr ein Kilometer vor dem Bahnhof von Halberstadt wurden die Leichenteile einer männlichen Person gefunden. Das Spurenbild möchte ich hier nicht beschreiben, man kann es sich angesichts Hunderter Eisenbahnräder selbst vorstellen.

Gemeinsam mit einem Kriminaltechniker des zuständigen Polizeirevieres suchte ich zunächst den genauen Aufprallpunkt auf einer Strecke von zirka 30 Metern auszumachen. Dem Hinweis der Kollegen der Bahn zufolge sollte es sich bei dem Opfer um einen Mann handeln, der hockend im Gleisbett gesessen hatte. Zweifellos handle es sich um Suizid, so ihre Einschätzung.

Ob es wirklich Selbstmord war, suchten wir auf der Strecke festzustellen. Jedes mit dem Fall in Verbindung stehende Detail wurde mit einer Ziffer versehen und fotografisch gesichert. An einer Stelle fand ich eine Stofftasche, die zwei Flaschen Bier und Papiere enthielt, die die Identität des Toten klärten. Er war ein Lehrling, der zum Stellwerk des Bahnhofs gehörte, also jemand, der die Gefahr auf den Gleisen bestens kannte. Bei der Intensivsuche im Umkreis von drei Metern entdeckte ich eine dritte, jedoch zerbrochene Flasche der Marke »Ur-Krostitzer«, deren Kronverschluß nicht auf dem Flaschenhals saß. Hatte der Geschädigte etwa bei dieser Schweinekälte ein Bierchen getrunken? Ich suchte den Kronkorken ... und fand ihn mit dem typischen Knick nach dem Öffnen. Damit entkräftete ich den Verdacht, daß ihn möglicherweise jemand vorsätzlich dort abgelegt hatte. Wahr-

Vergleichsfoto eines eingeknickten Kronkorkens.

scheinlicher war, daß es sich um einen ungewöhnlichen Unfall handelte. Die Benachrichtigung der Eltern oblag meiner
Zuständigkeit.

In den nächsten Tagen kam etwas Licht in das verworrene
Ereignis. Der Lehrling hatte am frühen Abend bei einem Bekannten ein schwieriges Computerproblem gelöst. Als Dank
durfte er sich drei Flaschen Bier mitnehmen. Da er vermutlich wegen seines Schichtbetriebs in Zeitdruck geraten war,
kürzte er den üblichen Weg über die Bahnstrecke ab – er
kannte den Fahrplan und war sich dessen Einhaltung sicher.
Aus Freude über seinen Erfolg setzte er sich kurz darauf auf
die Gleise und gönnte sich ein Bierchen. Doch durch den
scharfen Ostwind hörte er den herannahenden Zug nicht …
Hinzu kam der tragische Umstand, daß es sich bei diesem
Zug um einen außerplanmäßigen Zug handelte, von dessen
Fahrt er keine Kenntnis besaß.

52

PYROMANEN IN DEN REIHEN DER FEUERWEHR – ES GIBT SIE IMMER WIEDER

Mit dem Thema Feuerwehrbrandstifter in den eigenen Reihen wurde ich leider bereits 1981 in meinem heutigen Wohnort Kloster Gröningen konfrontiert. Ich war Mitglied der Freiwilligen Feuerwehr, hatte gerade meinen Gruppenführerlehrgang an der Feuerwehrschule Nard (bei Hoyerswerda) bestanden und war im Kommando der Feuerwehr in Halberstadt tätig. Die Brandserie begann mit einem Kleinbrand und zwei Großbränden an den damaligen LPG-Gebäuden. Der zweite Brand entwickelte sich gleich zu dem zweitgrößten Brand in meiner Tätigkeit als Feuerwehrmann und Kriminalist. Ausgerechnet in der Brandnacht wollte ich mit meiner Familie erstmals mit dem Trabbi an die Ostsee fahren. Ich war gerade dabei, die Koffer zu verstauen, als die Feuerwehrsirene gegen 1 Uhr losheulte. Als ich mich gerade in meine Feuerwehrkombi zwängte, rief mir meine Frau noch zu: »Wenn du jetzt gehst, kannste bleiben!« Ich rief zurück: »Es könnten deine Kinder sein!« So ist es nun einmal, wenn man einen Feuerwehrmann zum Lebensgefährten hat. So ticken die meisten ehrenamtlichen Löscher ...

Um 4 Uhr hatte ich mit meinem Wehrleiter Werner Knappe insgesamt elf umliegende Feuerwehren zum Einsatz gebracht. Anschließend fuhr ich, noch höchst beunruhigt, in den Urlaub, da ich einen schlimmen Verdacht hegte. Der Brand ging mir einfach nicht aus dem Kopf – ich war der festen Überzeugung, daß wir es mit Brandstiftung zu tun hatten.

Nach dem Urlaub erfuhr ich, daß es ein junger 18jähriger Feuerwehrmann aus unseren eigenen Reihen war, der eigentlich zu den engagiertesten Jugendlichen gehörte. Eine Jugendsünde, die er später bereut habe, wie er mir einmal sagte.

Für unsere Wehr war das natürlich ein schwerer Schlag und mehr als nur peinlich. Erst in meiner Tätigkeit als Kriminalist und spezialisiert auf Brandursachenermittlung konnte ich die damaligen Erkenntnisse mit vielen anderen Brandereignissen vergleichen und analysieren. Im Ergebnis entstanden gut verwertbare Täterprofile, mit deren Hilfe wir über zehn junge Feuerwehrmänner der Brandstiftung überführen konnten. Mit Rücksicht auf die damals jungen Kameraden, die inzwischen ihre Taten sicherlich bereut haben und inzwischen unbescholtene, gestandene Männer geworden sind, möchte ich die Fälle nicht alle aufführen, aber heutigen Feuerwehrgenerationen gern allgemeine Hinweise mit auf den Weg geben.

Woran erkennt man erste Anzeichen von Pyromanie in den eigenen Reihen? Bereits nach drei bis vier Bränden, die außerhalb der üblichen Einsatzquote anfallen, sollte sich die Wehrleitung Gedanken machen, woran dies liegen könnte und aufmerksam beobachten, welcher der männlichen Kameraden zwischen 18 und 25 Jahren sich besonders engagiert und eine ungewohnt hohe Einsatzbereitschaft an den Tag legt. In solchen Fällen sollte man vorsichtig im kleineren Kreis mit den eventuell gefährdeten Kameraden sprechen, bei denen nachstehende Kriterien in Erscheinung treten:

Sie sind meist Brandentdecker oder Brandmeldender, oft als erster am Gerätehaus und wissen meist schon, wo es brennt. Sie kennen die Wegführung (bei Feld- und Waldwegen, Gartenanlagen u. a.), sie sind die eifrigsten Löscher und drängeln sich ans Strahlrohr.

Im normalen Dienstbetrieb erledigen sie auch gern minderwertige Aufgaben (wie Einkaufen, Bier holen, Garage ausfegen), meist haben sie keinen festen Arbeitsplatz oder Probleme mit dem Arbeitgeber. Sie sind durch die Erfolglosigkeit in ihrem Leben frustriert und haben oft Langeweile. Die Schulbildung läßt zu wünschen übrig, sie zeigen erste Anzeichen von Alkoholproblemen oder Suizidgefährdung (nach Beziehungsproblemen, Liebeskummer u. a.).

Langeweile im Dienst verführt dazu, selbst Brände zu legen: Wenn es nie brennt, kommt es mitunter sogar zur Demoralisierung. Fehlt gar die Anerkennung für kleine Leistungen oder der Anreiz für zukünftige Arbeit, stellt sich Frustration ein. Die Jugendlichen wollen ihr Wissen unter Beweis stellen. »Es geht ihnen vor allem darum, beim Löschen von Bränden, Retten von Menschen, Tieren und Besitz zum ›Helden‹ zu werden und so soziale Anerkennung zu bekommen«, berichtete mein ehemaliger Praktikant Frank D. Stolt über seine Ergebnisse, die sich auch mit meinen und denen internationaler Forschungen decken. An dieser Stelle tritt der Ausbilder als Motivator hinzu, der Anreize schafft, aber auch zu Bescheidenheit statt Heldenruhm aufruft.

Loben kann aber ebenso zu negativen Rückkopplungen führen, indem Erfolge wieder und wieder erlebt werden wollen. Wiederholungssucht spricht für Brandserien! Dieser Gefahr kann man jedoch im Vorfeld begegnen und in den eigenen Reihen darüber sprechen bzw. es zum Thema von Schulungen machen (»Habt ihr schon gehört, ein junger Kamerad aus der Nachbarschaft …, wie findet ihr das?«). Konfrontation hilft mehr als Tabuisierung.

Umseitig einige Beispiele, die zur Aufklärung von Bränden durch junge Feuerwehrbrandstifter führten. Jeder sollte hier hellhörig werden und schon im Vorfeld handelnd eingreifen.

Fall 1: Bei einem kleinen Waldbrand erfolgte die Alarmierung über Funkalarmempfänger. Auf der Fahrt wunderten sich die eingesetzten Kameraden, daß der erste Kamerad, der auf das Löschfahrzeug sprang, gar keinen Empfänger getragen hatte, da sich dieser in der Reparatur befand. Er stand also schon angezogen am Gerätehaus auf der Lauer, da er den Brand selbst gelegt hatte.

Fall 2: Der Stellv. Wehrleiter wurde nachts per Telefon über einen Barackenbrand informiert und ließ über die Leitstelle das volle Programm ablaufen. Er hatte ja eine Vorlaufzeit und war bereits vollständig angezogen, als sein Alarmempfänger aktiviert wurde. Als er startklar auf seiner Außentreppe stand, setzte gerade die Feuerwehr-Sirene ein. Völlig fassungslos erblickte er einen Kameraden, der schon in voller Montur mit dem Moped an ihm vorbeifuhr. Dieser wollte Erster sein, wußte im Gerätehaus auch schon, wo es brannte, trug aber keinen Funkalarmempfänger ... Es war der Wehrleiter!

Fall 3: Ein junger Kamerad hatte schon vor dem Einsatz schmutzige Hände und zudem noch angesengte Haare.

Fall 4: Ein 17jähriger Kamerad stand während meiner gesamten Brandortarbeit neben mir und beobachtete neugierig mein Tun. Eine riesige, unübersichtliche Scheune mit zwei Etagen war abgebrannt. Ich raunte halblaut: »Wenn ich nur wüßte, wie man hier hineingelangen kann, dann wüßte ich schon mehr.« Er tappte prompt in die Falle. Nicht einmal Eingeweihte des Objektes kannten die Einstiegsmöglichkeit, die er nannte: eine Bodenluke hinter einem Gebüsch. Meine Kollegen von der KT konnten an der Einstiegsstelle Fasern seiner Kleidung und Schuheindruckspuren sichern.

Fall 5: In einem Ort an der Grenze zu Niedersachsen: Einen Serientäter von mindestens vier nachgewiesenen Brandstiftungen und drei gelegten Ölspuren konnten wir anhand ei-

266

nes Weg-Zeit-Diagramms überführen. Als wir ihn als Zeuge vernahmen, konnte er genau sagen, wann er den Flammenschein der Scheune von weitem gesehen hatte. Zu diesem Zeitpunkt hatte es aber nachweislich noch gar nicht gebrannt, da sich mein Kollege aufgrund seiner Untersuchungen genau auf die Brandausbruchszeit festlegen konnte. Zum Verhängnis war ihm ein Fußball-Länderspiel in gemütlicher Runde geworden, welches er mit dem Abpfiff verließ. Daraufhin war die genaue Erstellung eines Weg-Zeit-Diagrammes möglich. Ein Telefonanruf beim Fernsehen reichte für die fast sekundengenaue Zeitangabe aus. Bei dem Brand wurde der größte Hof des Ortes zerstört, wobei drei Ponys ums Leben kamen. Da er meiner Meinung nach geistig eingeschränkt war, wurde er zunächst in die Psychiatrie eingewiesen.

Abschließend möchte ich darauf verweisen, daß sich die geschilderten Brandstiftungen durch Kameraden der Feuerwehr von denen der Versicherungsbetrüger, die ihr Hab und Gut anzünden, wesentlich unterscheiden. Die Feuerwehrbrandstifter handeln nicht rational, sondern eher spontan und nicht unbedingt gezielt, das heißt, sie benötigen keine lange Vorbereitungszeit und nutzen das zur Verfügung stehende brennbare Material. Sie handeln nach psychischem Zwang und zündeln unbedacht mit Streichhölzern oder Feuerzeugen. Dabei bevorzugen sie frei zugängliche Objekte wie alte Scheunen, alte Keller mit Unrat, also Orte, an denen ihrer Meinung nach kein großer Schaden entstehen kann. Die Anfänge solcher Handlungen liegen zumeist im Legen von Ölspuren zu nächtlicher Zeit. Ein Wehrleiter brachte es einmal auf den Punkt und sagte mir vertraulich: »Ich glaube, bei uns läuft abends einer von uns mit der Ölkanne rum!«

Werk eines Serienbrandstifters in Quedlinburg.

Aufgrund dieser Verhaltensweisen werden diese Straftaten auch häufiger aufgedeckt als die rationalen, planvoll gelegten Brände von Privatpersonen, die aus dem Schaden ihren Vorteil ziehen oder Spuren anderer Straftaten verwischen wollen.

53

EIGENBRANDSTIFTER UND BRANDLEGENDE VERSICHERUNGSBETRÜGER

Diese Kategorie von Straftätern handelt rational, berechnend und geht notfalls über Leichen. Nur selten werden solche Brände erfolgreich mit einer Täterverurteilung abgeschlossen, da die Brandleger ihre Alibis lange vorher wasserdicht gemacht haben. Rechtsanwälte lassen oft schon im Vorfeld grüßen: »Mein Mandant sagt dazu nichts« oder »Sollte der Name meines Mandanten in der Presse erscheinen, bekommen Sie ein Verfahren an den Hals!« Man bedient sich notfalls auch anderer Personen, die über Spezialwissen verfügen, oder macht sich im Internet kundig, wie man aus der Ferne zündeln kann.

In diesem Metier werden bevorzugt Brandbeschleuniger eingesetzt, wie wir es häufig in Möbelhäusern, Hotels, Autohäusern, Pleite gegangenen Betrieben und Gaststätten vermehrt registriert haben. Alle notwendigen Schritte sind akribisch geplant: Benzin in Kanistern kaufen oder es zu Hause abfüllen (wobei sie meist kleckern), den Kraftstoff heimlich und verdeckt zum auserwählten Brandort bringen, dort verkippen, zünden oder fernzünden und letztendlich ein wasserdichtes Alibi erfinden.

Trotz bester Planung begehen die Eigenbrandstifter fatale Fehler bei der Brandlegung. In einem Fall war der Täter so unbedacht, daß er gar nicht bemerkte, daß er nach dem Verkippen von Benzin in jedem seiner Hotelräume die Türen wieder sorgfältig hinter sich verschloß. Vermutlich war das Abschließen der Türen als Hotelier schon ins Blut übergegangen. Ein Fremdbrandstifter hätte dies nie getan! Da kein Einbruch vorlag und ein Totalschaden zu verzeichnen war, versagte die Versicherung die anteilige Schadensbegleichung.

Meine Eselsbrücke »B + B = B« hat mich selten getrogen: **B**enzin + **B**rand = **B**etrug.

Bei der Mehrheit meiner geschilderten Fälle ging diese Formel auf. Im Prinzip bringt sich jeder Brandgeschädigte, bei dem im versicherten Bereich Benzin verkippt wurde, selbst in dringenden Tatverdacht.

Diese Schlußfolgerung hat etwas mit der Typologie des Brandstifters zu tun. Oft gelingt es mit Hilfe eines Täterpsychogramms, das ein denkerisches Hilfsmittel für den Kriminalisten ist, die Hauptkomponenten der psychologischen Grundstruktur eines jeden Täters zu ergründen. Dazu zählen der Sozialstatus, das Wissen und Können, der Charakter, psychische Erkrankungen, Triebe, Gefühle usw.

So mancher Brandstifter mag denken, daß bei einem Vollbrand eines Gebäudes der Brandbeschleuniger ohne Rückstände verbrennt. Dem ist nicht so, denn der nachträglich herabfallende Brandschutt konserviert die Verkippungsspuren auf dem Boden in Form von sogenannten »Landkarten«. Auch in Fugen, Ritzen und sogar in der Täterbekleidung ist der sichere Nachweis mit Spezialgeräten möglich. Ziemlich oft überschätzen sich die Brandstifter selbst beim Umgang mit brandfördernden Mitteln, da sie die Komponente des Sauerstoffs nicht in das gewollte Mischungsverhältnis bekommen. Bei zu wenig Sauerstoff verlischt der Brand oft von selbst, da der hohe Rußgehalt den Sauerstoff verdrängt. Neugierig begeben sie sich dann an den Brandort zurück und verwenden dabei die Originalschlüssel. Sie können sich das Phänomen des Alleinverlöschens nicht erklären und verursachen bei der Sichtung Schuhabdruckspuren im Ruß und an anderen Gegenständen. Ein erfahrender Kriminalist erkennt die Situation relativ schnell.

Bei zu viel Sauerstoff oder gar Durchzug sieht man dem Täter sein Vorhaben bzw. das Ergebnis dessen an: versengte Haare an Augenbrauen und Kopfhaaren, aber auch an den Armen sind verräterisch.

Die fliegende Variante von brandfördernden Mitteln wie Benzin ist der Molotowcocktail. Schon oft haben solche Wurfgeschosse ihren Werfer überführt:

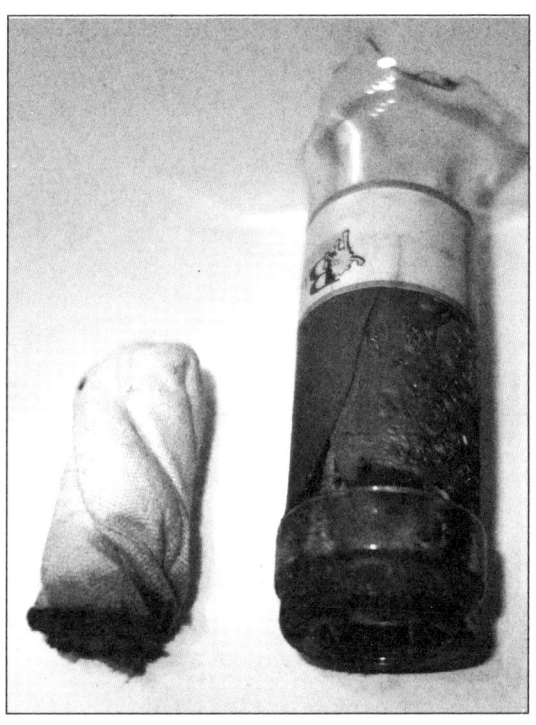

Molotowcocktail mit gut erhaltenem Docht im Flaschenhals. An der eingedrehten Binde konnte DNA-Material gesichert werden.

durch Rückstände dieser Stoffe in der Kleidung, Ränder an den Schuhsohlen, ölige Rückstände an den Fingern oder den Taschentüchern. Bei einem Brandanschlag auf das Arbeitsamt in Wanzleben fanden wir auf dem Hof einer Tatverdächtigen diverse Verkippungsspuren der Werfer, die beim Abfüllen in kleine Behältnisse entstanden waren.

Die ganze Bandbreite an Spurensicherungsmöglichkeiten möchte ich hier nicht verraten, denn Trittbrettfahrer gibt es immer. Und Ganoven lesen manchmal auch Bücher …

271

54

MEINE SPEKTAKULÄRE VERABSCHIEDUNG VOM DIENST

Am 31. Juli 2007 ging ich nach 17 Jahren Dienst bei der Kripo in den Ruhestand und wurde am letzten Arbeitstag im Versammlungsraum von der Präsidentin der Polizeidirektion in Halberstadt, meinen anderen Vorgesetzten und meinen Kolleginnen und Kollegen verabschiedet.

Nach kleinen Erinnerungsgeschenken und den üblichen Lobhymnen las ich meine ausgearbeitete Rede vor, da ich ansonsten wohl nur gestottert hätte. Als ich in den letzten Zügen meiner Worte lag, ärgerte ich mich schon über Motorengeräusche, die dem mittleren Fenster in der 3. Etage immer näher kamen. Unerwartet wurde es dann auch noch von außen aufgestoßen und der Drehleiterkorb der Halberstädter Feuerwehr zeigte sich in Fensterbretthöhe! Ein Raunen ging durch die Reihen und ich bekam feuchte Augen. Im Leiterkorb saß Thomas Bothe, warf mir eine Feuerwehrjacke mit Helm zu und rief: »Du weißt doch, was du jetzt zu machen hast, oder hast du Angst?!«

Und so stieg ich nun im wahrsten Sinne des Wortes aus dem Dienst aus. Im Korb, der leicht wackelte, kamen schnell alte Gefühle hoch – auch Tränen! Thomas, mein einstiger Lehrling, fuhr die Drehleiter auf 30 Meter aus und drehte damit eine herrliche Runde über dem Polizeigebäude. Unten angekommen, erwarteten mich die alten Kameraden des damaligen Feuerwehr-Kommandos unter Leitung von Harald Böer und verabschiedeten mich in den Ruhestand.

Hier befinde ich mich im Leiterkorb der hauptamtlichen Freiwilligen Feuerwehr Halberstadt. Mein ehemaliger Kamerad Thomas Bothe fuhr mit dem Korb eine große Runde über dem Polizeigebäude.

Der aufmerksame Leser wird bemerkt haben, daß ich immer noch im Unruhezustand bin, aber ich kann jetzt ohne jeglichen Zeitdruck arbeiten, zwischendurch mal die Füße hochlegen oder im Garten werkeln ...

273

FARBTAFELN

Um die Notwendigkeit von Fotos für die Polizeiarbeit zu unterstreichen, stelle ich der Farb-Fotostrecke einen Fall voran, bei der die Brandursache durch Mithilfe eines Fotos aufgeklärt werden konnte. Es handelte sich um einen Großbrand in einem Möbelhaus in Aschersleben. Nachdem der Besitzer des brennenden Möbelhauses schon einmal in Staßfurt als Geschädigter in Erscheinung getreten war, wurde er nun zum zweiten Mal Opfer einer schweren Brandstiftung.

Am Brandfolgetag nahm ich gemeinsam mit Heinz Fiedler vom LKA meine Arbeit auf. Alsbald wurden wir im Eingangsbereich des Möbelhauses fündig. Wir stießen auf »Benzin-Landkarten« auf den Fußbodenfliesen, die uns in Richtung Brandstiftung lenkten. Zusätzlich trat eine Bildserie des Ascherslebener Journalisten Frank Gehrmann, die er während der Vollbrandphase aufgenommen hatte, zu unserer Untersuchung hinzu. Auf vielen Bildern sah man den aufopferungsvollen Kampf unserer Feuerwehrkameraden.

Aber ein kleines, fast unscheinbares Foto erhärtete den Verdacht der Brandstiftung. Während es in der gezeigten Fensterfont hinter zwei Fenstern brannte, fehlten beim mittleren die Flammen. Nach Prüfung des Grundrisses stand fest, daß es zeitgleich in zwei voneinander getrennten Räumen brannte.

Solche Zufälle gibt es nicht! Ab diesem Zeitpunkt wurde Richtung Brandstiftung ermittelt. Das kleine Foto trug damit wesentlich zur Feststellung der Brandursache bei.

Möbelhaus Aschersleben: Vollbrandphase.
(Foto: Frank Gehrmann)

Hinter diesem Fenster brannte es nicht. Somit gab es zeitgleich zwei
Brandausbruchsstellen. (Foto: Frank Gehrmann)

Die Ursache dieses Brandes in Deesdorf konnte nicht eindeutig geklärt werden, da kurz nach der Brandlöschung das THW zum Einsatz kam und alle Trümmer und somit Spuren zusammenschob. Ein Alptraum für jeden Kriminaltechniker.

Ein weiterer Alptraum: Alles wurde aus dem Fenster geworfen!
Hier findet man ganz schlecht eine auslösende Zündquelle.

Ein typischer Brandfächer.
Im Tiefpunkt findet man fast immer eine Zündquelle.

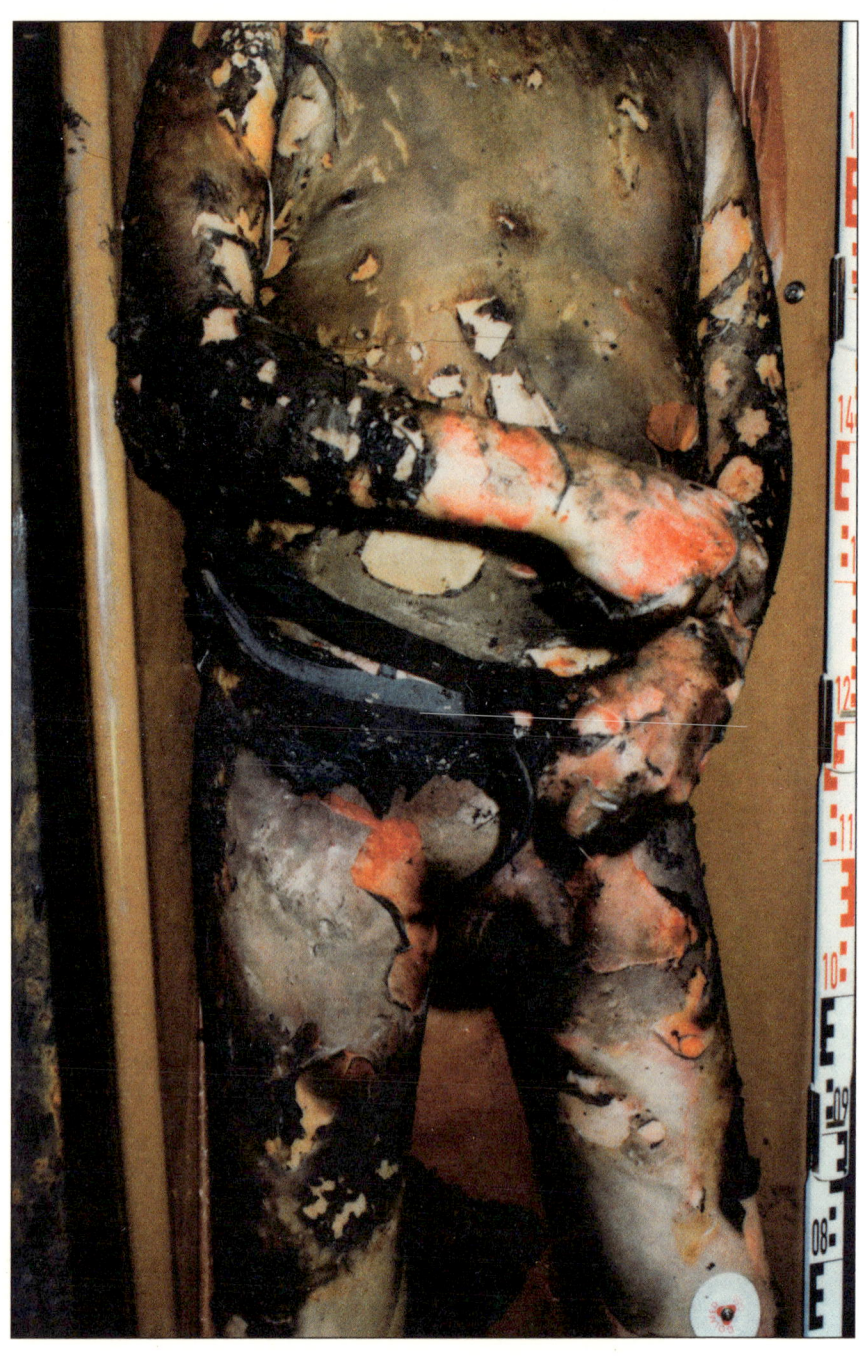

Brandleiche übersät mit Verletzungen 3. und 4. Grades.

278

Eine Küche als Tatort für einen Mord.

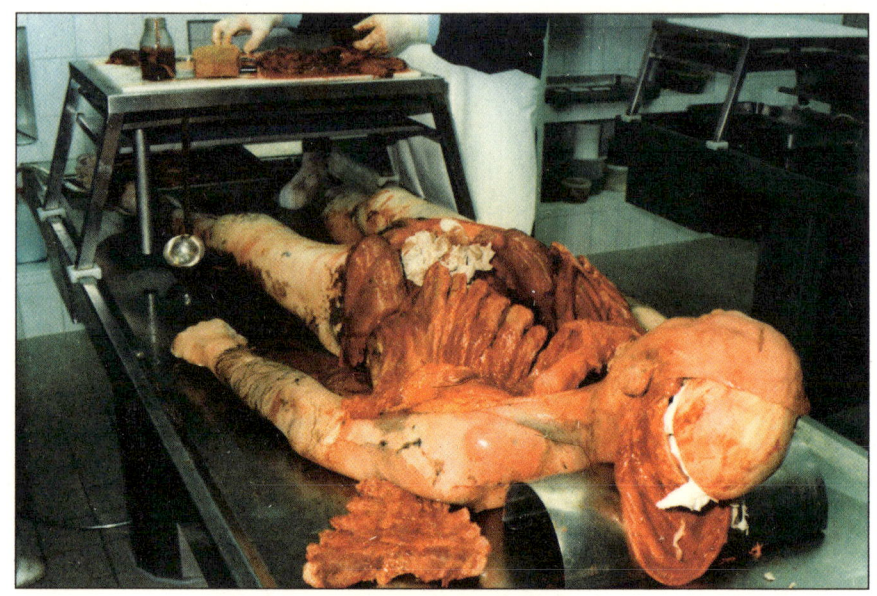

Im Sektionssaal geht die Arbeit der Ermittler weiter.

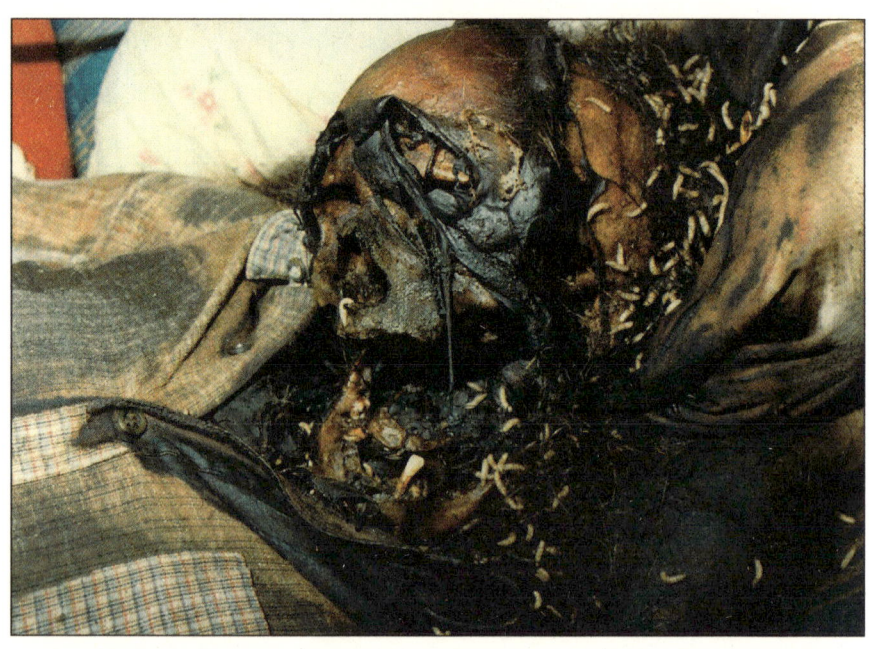

Mittlerweile gelingt es der Kriminaltechnik auch anhand der Größe diverser Maden, den genauen Todeszeitpunkt zu bestimmen.

QUELLEN UND LITERATUR

(Auswahl)

Der Hauptinhalt dieses Buches beruht auf meiner 17jährigen Tätigkeit als Kriminalist und wurde ohne Akteneinsicht niedergeschrieben, da ich bei fast allen Fällen die Untersuchungen an den Ereignisorten selbst führte. Bei einigen Beiträgen griff ich auf Unterlagen aus meiner Lektorentätigkeit beim Landeskriminalamt des Landes Sachsen-Anhalt in Magdeburg, der Polizeifachhochschule von Sachsen-Anhalt in Aschersleben oder auf Vorträge beim Landesbranddirektor im Regierungspräsidium, am Institut für Brand- und Katastrophenschutz Heyrothsberge und bei verschieden Freiwilligen Feuerwehren zurück.

Allgemeine Literatur

Dieter Krause mit V. Schneider und R. Blaha: *Leichenschau am Fundort: Ein rechtsmedizinischer Leitfaden.* Leipzig 1980.

Jörg Cicha: *Die Ermittlung von Brandursachen.* 2013.

Dirk Schneider: *Brandursachenermittlung.* 1998.

Alfons Rempe und Gisbert Rodewald: *Brandlehre.* Stuttgart 1993.

Spezialliteratur

Ralf Staufenbiel: Metallbrand an Pkw. In: *Deutsche Feuerwehr-Zeitung* 6/1998, S. 574f.

Siegfried Bussenius: Wissenschaftliche Grundlagen des Brand- und Explosionsschutzes, Band 1. Köln, Kohlhammer 1996.

Wolfgang Holzmann: Die neuen Brandstiftungstatbestände –
Veränderungen im Brandstrafrecht. In: *Deutsche Feuerwehr-Zeitung* 3/1999, S. 267f.

Ralf Staufenbiel und Hans-Detlef Hahn: Brandermittlungen.
Eine Anleitung für ungeübte Polizeibeamte im Bereitschaftsdienst. In: *Kriminalistik* 3/2001, S. 191–194.

Bedingt durch meine Lektorentätigkeit standen mir eine
reichhaltige Sammlung an Repräsentationen und Fotomate-
rial sowie zahlreiche Aufsätze zur Verfügung.
Bezüglich des Brandes im Obdachlosenheim in Halberstadt
gestatteten mir meine ehemaligen Kameraden eine Abschrift
der wichtigsten Passagen von ihrer Webseite.

ZU DEN EINZELNEN FÄLLEN
(Auswahl)

Brand des Renaissanceschlosses Groß Germersleben – ein Denkmal wurde in Schutt und Asche gelegt

Hartmut Beyer: Brandursachen-Ermittlung im Schloß Groß
Germersleben. Spurensuche im Brandschutt in den selten-
sten Fällen erfolglos. In: *Volksstimme* v. 5. November 1999.
Bernd Kaufholz: Verdacht des »heißen Abrisses«: Schloß war
17-mal höher versichert. In: *Volksstimme* v. 30. Juni 2000.
Bernd Kaufholz: Schlossherr kassierte nach Brand 2,2 Mil-
lionen von der Versicherung. In: *Volksstimme* v. 9. August
2000.
Yvonne Heyer: Thema: Schlossbrand in Groß Germersleben.
In: *Börde Volksstimme* v. 3. November 2001.

Der Brand aus der Fischbüchse

Hendrik Kranert: Der Großbrand aus der Fischbüchse. Ralf Staufenbiel ist der Archäologe der Polizeidirektion Halberstadt: Er sucht in Ruß und Brandschutt nach verräterischen Spuren. In: *Mitteldeutsche Zeitung* v. 20. Februar 1999.

Er gab sein Leben für seinen Sohn

Tom Koch: Großalslebens Pfarrer stirbt in den Flammen seines Wohnauses. In: *Volksstimme* v. 23. Februar 2006.

Neun Brandtote in einer Halberstädter Obdachlosenunterkunft

Bernd Kaufholz: Feuer in Halberstädter Obdachlosencontainern / Tatverdächtiger wieder auf freiem Fuß. Jeziorsky informiert Kabinett über Katastrophe. In: *Volksstimme* v. 6. Dezember 2005.

Katrin Löwe: Narben auf der Seele bleiben. Überlebender der Brandkatastrophe von Halberstadt erinnert sich – Gutachten lässt Ursache noch offen. In: *Mitteldeutsche Zeitung* v. 18. Januar 2006.

Mysteriöser Tod im Partyraum

Andreas Radeck: Hier verbrannten 3 junge Männer. Sie zündeten sich in einer alten LPG einen Ofen an – und erstickten. In: *BILD* v. 12. Februar 2001.

Volksstimme, *Mitteldeutsche Zeitung* und *BILD* erlaubten mir ganze oder teilweise Abdrucke von Fotos und Beiträgen.

DANKSAGUNG

Damit dieses Buch nicht nur aus »trockenen Berichten« besteht und auch einen gewissen Unterhaltungswert bekommt, habe ich meinen langjährigen Heimatfreund Uwe Reinhardt gebeten, mir bei der Niederschrift behilflich zu sein. Uwe opferte viel Zeit und hat von vornherein an den Erfolg dieses Buchprojektes geglaubt, mir Mut gemacht und mich auch hin und wieder angetrieben, es durchzuziehen. Er war sozusagen in der ersten Buchphase mein Ko-Autor. Wäre er nicht gewesen, hätte ich wahrscheinlich noch nicht eine Zeile geschrieben. Hierfür danke ich ihm von ganzem Herzen, auch für seine Vermittlungstätigkeit an die beiden Journalistinnen Birgit Fischer und Anka Seyfert, die mir viele Ratschläge geben konnten.

In diesem Zusammenhang möchte ich mich auch bei all meinen ehemaligen Chefs von Feuerwehr und Polizei sowie meinen Kollegen vom FK 1 und FK 2 bedanken, die mich auf dem steinigen Weg der Berufsneufindung begleiteten, mich förderten, an mich glaubten und mit denen ich gekämpft habe.

Dies waren zu Feuerwehrzeiten:
Hauptmann der Feuerwehr (Hptm. der F.) Hans Schröder
Hptm. der F. Reinhardt Kelle
Hptm. der F. Hans-Detlef Hahn
Brandrat (BR) Harald Böer
Oberleutnant der Feuerwehr (Oltn. der F.) Hans-Joachim Dreikandt (†)
Oltn. der F. Winfried Sarömba
Oltn. der F. Gerhard Kluth
Ltn. der F. Karl-Heinz Staufenbiel
Obermedizinalrat (OM) Dr. Manfred Temme (Leiter SMH)

Wichtige Wegbegleiter waren auch:
Hauptfeuerwehrmann (Hfm.) Friedrich Günther
Hfm. Klaus Günther, Hfm. Uwe Günther
Kreisbrandmeister Bodo Fuckert

Im Bereich der Polizei waren es besonders:
Leitender Kriminaldirektor (LKD) Wolfgang Fritzlar
Kriminaloberrat (KOR) Klaus Brandt (†)
Kriminalrat (KR) Andreas Haberlag
Erster Kriminalhauptkommissar (EKHK) Frank Götze
Polizeihauptkommissar (PHK) Burkhard Hocke und
PHK Uwe Becker als Vorgesetzte

Weitere Wegbegleiter:
KHK Gerd Pötter, KHK Knut Petsche, KHK Wolfhardt
Hentrich (†), Kriminaloberkommissar (KOK) Achim
Weddeler, KOK Hans-Detlef Hahn, Kriminalhauptmeister
(KHM) Heike Hirschelmann, KHM Volker Knappe,
KHM Werner Heinl, Kriminalmeister (KM) Gert Brugger,
KHM Bernd Häusler, KHM Hartmut Helm, KHM Christoph
Heicke, Kriminaltechnischer Angestellter (KTA) Andreas
Lehmann, KTA Hana Buchhold, Edeltraud Fricke,
Jeannette Weißkopf, Petra Fritzl, Dietmar Schäfer (†),
Gudrun Meynhard, Christa Hecht und die Kollegen Heinz
Fiedler und Peter Kietz vom LKA-LSA
Ein Dank geht auch an Werner Neum von der Unteren
Denkmalschutzbehörde in Oschersleben.

Zum Schluß bedanke ich mich ganz herzlich bei meiner lie-
ben Frau Gabriele, die viel Geduld für meine zeitraubende
Arbeit aufbrachte und mir den Rücken freihielt. Ich weiß,
daß ich ihr in schweren Stunden oft gefehlt habe ...

Ralf Staufenbiel

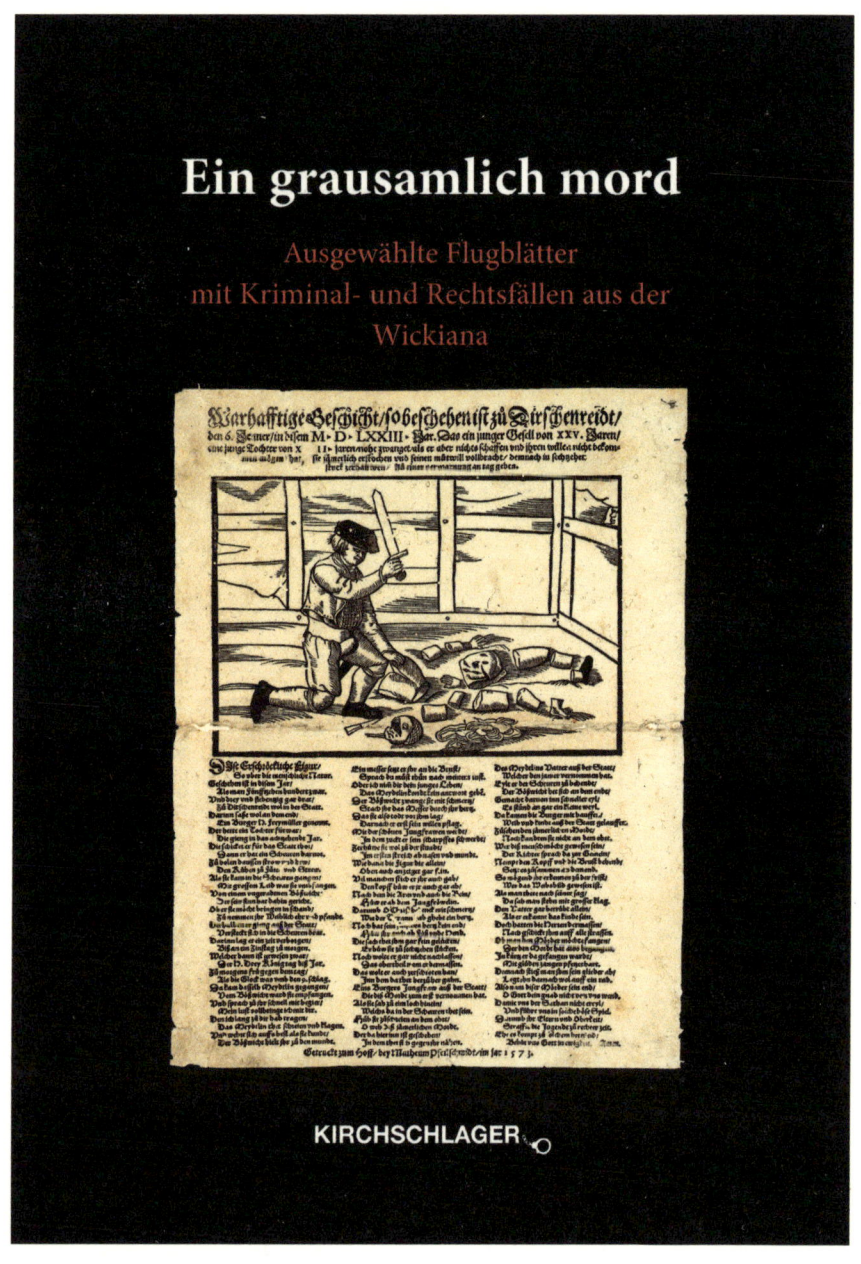

TRAUGOTT VITZ

LANGES SEIL
SCHNELLER TOD

Wie Großbritannien seine Mörder hängte

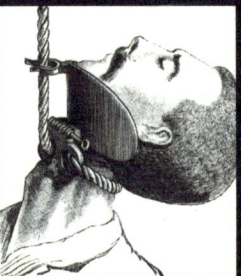

KIRCHSCHLAGER

Fotos:
Wenn nicht anders angegeben,
stammen alle Fotos vom Autor.

IMPRESSUM

1. Auflage Arnstadt 2016
© für diese Ausgabe 2016 beim Verlag Kirchschlager,
Arnstadt
Satz: Ute Schmidt, Geraberg
Lektorat: Janine Kaitzl, München;
Michael Kirchschlager, Arnstadt
Druck und Bindung: PBtisk s. r. o., Příbram

Alle Rechte vorbehalten

ISBN 978-3-934277-68-7